数字营销传播

黄昕恺 ◎ 编著

西南交通大学出版社

·成　都·

图书在版编目（CIP）数据

数字营销传播 / 黄昕恺编著. —成都：西南交通
大学出版社，2023.6
ISBN 978-7-5643-9207-9

Ⅰ. ①数… Ⅱ. ①黄… Ⅲ. ①网络营销 Ⅳ.
①F713.365.2

中国国家版本馆 CIP 数据核字（2023）第 047862 号

Shuzi Yingxiao Chuanbo

数字营销传播

黄昕恺　编著

责 任 编 辑	居碧娟
封 面 设 计	原谋书装
出 版 发 行	西南交通大学出版社
	（四川省成都市金牛区二环路北一段 111 号
	西南交通大学创新大厦 21 楼）
发行部电话	028-87600564　028-87600533
邮 政 编 码	610031
网　　　址	http://www.xnjdcbs.com
印　　　刷	成都蜀雅印务有限公司
成 品 尺 寸	185 mm × 260 mm
印　　　张	16
字　　　数	398 千
版　　　次	2023 年 6 月第 1 版
印　　　次	2023 年 6 月第 1 次
书　　　号	ISBN 978-7-5643-9207-9
定　　　价	49.00 元

　　网络和数字化信号的无处不在逐渐消弭了网络营销的边界，数字技术的迭代升级、信息传播与营销平台的快速崛起则推动着数字营销传播发生创新性的变革。因而对于品牌营销手段的理解，从数字营销传播的角度进行学习将更加全面。在当今跨时代、多业态的商业环境中，品牌传播已不能被简单地分为线上和线下，品牌所运用的数字营销手段也需要传统与新潮双驱并行。

　　基于信息交互场景构建的底层逻辑，本书梳理了数字营销从简单到复杂的发展过程，洞察了多重宇宙交叠的新时代下消费者的变化，并对数字营销的主要理论框架、传播工具基础进行了呈现，同时以技术发展为主线，分析了从传统数字营销到新媒体营销再到5G、元宇宙等技术赋能营销的运营体系和策略，尤其是短视频、电商平台等维度的发展路径和运营法则。

　　本书的特色与创新之处：

　　本书以提高实践操作能力为目标，以市场为导向，分模块、分技能进行编写，引导学生关注数字营销的实时发展和网络品牌传播的实际需求。

　　在品牌传播线上与线下融合的趋势下，本书对新媒体及其他新兴平台的运营法则和策略进行了新的解读，并对其发展路径展开了讨论。

　　本书重点关注了技术进步对网络品牌传播发展趋势的影响，从直播电商、知识付费、元宇宙等创新应用场景到人工智能、5G等前瞻技术，逐次展开，提高学生的创新能力和专业水平。

　　本书采用推荐阅读形式链接高质量的公众号文章，读者通过搜索文章名称以拓展学习相关知识点。

　　本书共分为十一章：第一章　重新认识数字营销、第二章　数字营销的消费者洞察、第三章　数字营销传播理论基础、第四章　数字营销传播工具基础、第五章　经久不衰的数字营销方式、第六章　品牌新媒体运营法则、第七章　网络广告运营、第八章　短视频运营、第九章　电商平台运营、第十章　知识付费平台运营、第十一章　技术赋能下的数字营销。

　　本书从策划到编写历时近两年，由西南交通大学研究生教材经费建设项目专项资助（SWJTU-JC2022-014）。感谢西南交通大学出版社的大力支持。特别要感谢参与本书编写辅助工作的同学们。在案例选择和文稿校对等环节，西南交通大学新闻传播学专业2020级硕士生刘丝棋、胡涛，2022级硕士生夏怡帆、陆俊汝、张玉做了非常细致的工作。

　　由于时间仓促，编著者学识水平有限，书中不足之处在所难免，敬请广大读者对本书提出批评指正。

2022年9月于成都

1 重新认识数字营销

学习目标

➤ 了解数字营销的诞生及发展历史

➤ 了解中国数字营销市场的发展历程及特征

➤ 探讨未来数字营销的发展趋势

推荐阅读

➤ 公众号"TOMslnsight"《成本黑洞：数字营销的隐藏逻辑》

➤ （2015-04-25）

➤ 公众号"TOPMarketing"《AI 时代，品牌营销发生了哪些变革？》

➤ （2018-09-14）

➤ 公众号"清华管理评论"《AI 智慧营销》（2022-05-24）

网络空间中，媒介总是会以各式各样的形式进行信息推广。无处不在的信息流里，数字营销传播处处可见。例如观看网络视频时前几十秒钟的广告内容；浏览网页界面时各种形式的展示广告；搜索信息时出现在搜索结果前的商家的推广信息；进入电子邮件收件箱时看到的优惠推广邮件；在公共场所用手机连接了免费 Wi-Fi 时手机界面弹出的附近某个商家的推广信息；即使走在大街上，路边发的传单上也可能会有醒目的二维码图标。

仅从种种复杂的现象中，或许很难清晰地理解数字营销的轮廓以及操作方法，所以，认识数字营销，还要从数字营销的起源说起，通过梳理数字营销从简单到复杂的发展过程，解析数字营销的发展规律，进而把握数字营销的本质和方向。

1.1 数字营销的诞生及发展演变

1.1.1 互联网应用与数字营销的诞生

1.1.1.1 从网页浏览器到第一个网络广告

如今，对上网者来说，通过网页浏览器进入网络空间获取信息时，看见网页上的各种网络广告，是一件稀松平常的事。但在 1995 年之前，网络广告极为罕见，网页端广告还未出现。

1990 年，互联网历史上第一个网页浏览器 World Wide Web（后改名为 Nexus）诞生，由蒂姆·伯纳斯·李（Tim Berners-Lee）发明。

1993 年，马克·安德森（Marc Andreessen）发布 Mosaic 浏览器[1]，进一步推动了浏览器的创新。不久之后他成立网景公司（Netscape），对浏览器进行了更多的改进。

1994 年 12 月，网景浏览器（Netscape Navigator 1.0）正式发布，成为互联网发展的重要里程碑。这个版本的浏览器支持所有的 HTML2 语言的元素和部分 HTML3 语言的功能，使得图片显示和超级链接更为便捷，网页能够展示丰富多彩的内容，很多人正是通过这一浏览器开始了上网历程。不过网景浏览器并没有风光多久，IE 浏览器[2]就占据了绝对主导地位，成为浏览器市场的领先者。

1994 年 10 月 27 日，在网景浏览器 1.0 版本发布前一个月，第一个网络广告诞生了。美国电话电报公司（AT&T）在《连线》杂志的官方网站（http：//www.wired.com）刊登了创意文案 "Have you ever clicked your mouse right HERE? YOU WILL"（你是否用鼠标点击了这儿？你会的），费用为 30 000 美元，展示时间三个月。该广告（图 1-1）以 "BANNER"（横幅）形式呈现，长 468 像素、高 60 像素，这一规格成为网络广告的第一个标准尺寸。当时，其点击率达到了惊人的 44%，远超互联网广告今天普遍不超过 2%的点击率。

图 1-1 互联网上第一个 BANNER 广告

---

① Mosaic 浏览器是互联网历史上第一个获普遍使用和能够显示图片的网页浏览器，由伊利诺伊大学厄巴纳-香槟分校的 NCSA 组织在 1993 年所发表，并于 1997 年 1 月 7 日正式终止开发和支持。Mosaic 大受欢迎，它的出现也点燃了后期互联网热潮。

② 微软宣布于美国当地时间 2022 年 6 月 15 日（北京时间 6 月 16 日），停止对 IE（Internet Explorer）浏览器的所有支持和更新，为这款服务用户超过 27 年的浏览器画上句号。

网络广告的出现具有标志性意义，主要体现在以下三个方面：

（1）网络广告的出现，表明网站也可以成为广告媒体，从而使得广播电视及报纸杂志被归类为传统媒体。

（2）网络广告改写了广告的历史——它使得广告效果第一次可计量，即可以记录有多少人浏览过广告，以及多少人点击过这个广告。

（3）事实上网络广告诞生更大的意义在于展示了互联网的广阔前景，吸引了大量风险投资进入互联网领域，刺激了早期互联网门户网站的蓬勃发展。

1.1.1.2　电子邮件营销的起源

1971 年秋季，汤姆林森（Tomlinson）发送了世界上第一封电子邮件（Email）。但在互联网普及之前，电子邮件的应用范围非常有限，并没有被应用于营销领域。当时，新闻讨论组（News Group）是人们获取信息和互相交流的主要方式之一。新闻组也是早期数字营销信息发布的渠道，对 Email 营销方法的产生具有重要的影响。

1994 年 4 月 12 日，美国亚利桑那州一对从事移民签证咨询服务的律师夫妻坎特（Laurence Canter）和西格尔（Martha Siegel）把一封"绿卡抽奖"的广告信发到他们可以发现的每个新闻组，这在当时引起了轩然大波，他们的"邮件炸弹"让 6000 多新闻组的服务处于瘫痪状态。在互联网史上，这是第一次有人借助 Email 发布大量的广告信息。

尽管这种未经许可的电子邮件与正规的数字营销思想相去甚远，但由于这次事件所产生的影响，人们开始认真思考和研究数字营销的有关问题，数字营销的概念也逐渐开始形成。此后，随着企业网站数量和上网人数的日益增加，许多企业开始尝试利用数字营销手段来开拓市场，各种数字营销方法也陆续出现和完善。

1.1.1.3　搜索引擎与数字营销

随着互联网信息的日益丰富，用户产生了快速获取所需信息的巨大需求，搜索引擎也就应运而生，并成为常用的互联网服务之一。从搜索引擎的发展历程中，也不难看出其对数字营销的价值。

1993 年 6 月，美国麻省理工学院（MIT）的学生马休·格雷（Matthew Gray）用 Perl 语言开发了名为"WWW Wanderer"的网络爬虫程序，其开发目的在于协助度量互联网的规模，如联网的计算机数量等，这并不是真正意义上的搜索引擎，但是这种爬虫程序后来发展成为搜索引擎的核心，其运营原理至今仍被广泛应用于搜索引擎中。从某种意义上说，"WWW Wanderer"程序的出现标志着搜索引擎的诞生。本书所讲的搜索引擎，在没有特别说明的情况下，均指基于万维网的搜索方式。

从搜索引擎发展的相关资料可以看出，1994—1998 年是国外搜索引擎的快速发展时期，出现了许多至今全球知名的搜索引擎，而在 2001 年之后，新的综合搜索引擎几乎不再出现，但针对某一个行业的专业搜索引擎（也称垂直搜索引擎）则不断涌现。

搜索引擎的蓬勃发展对数字营销具有重大意义：

（1）为用户获取有价值的信息提供了基本工具，打开了信息传递的渠道。

（2）为网站推广方式提供了基本的手段，初步形成了网络推广的常用方法。

（3）搜索引擎在一定程度上促进了网站数量的增长及网页内容质量的提升。

1.1.1.4　数字营销的诞生

前面介绍了 1994 年前后部分重要的互联网事件：互联网上第一个网络广告诞生、利用互联网赚钱、电子邮件营销的起源、搜索引擎诞生及其作用等，这些里程碑式的历史事件可以说明一个事实：1994 年对于数字营销的发展来说是奠基性的一年，因而可以认为数字营销诞生于 1994 年。

通过对当年这些互联网事件现象的分析不难看出，数字营销得以产生和发展应具备以下基础条件：

（1）网络信息的内容及形式适合通过互联网传播。

（2）有实用的互联网工具及一定数量的互联网用户。

（3）用户接收或浏览信息后可产生后续行动。

（4）网络信息的传播对网络信息发布者及浏览者都是有价值的。

互联网的发展表明，每一种具有信息传递功能的互联网应用，都具有一定的数字营销价值，因而都可能成为一种数字营销工具。因此，互联网工具及其应用成为数字营销的基础条件之一，这也是为什么数字营销内容体系的形成与数字营销的工具和方法密不可分的原因。

1.1.2　数字营销的三次变革

1.1.2.1　第一次变革：网络信息展示与获取的"搜索技术变革"

2000 年之前登录搜索引擎是网站推广的主要手段，其中雅虎是最重要的搜索引擎，是用户访问网站的主要门户。早期的雅虎实际上属于分类目录，即类似于目前的网址导航网站，通常仅收录网站的首页，而不是收录所有的网页内容，这决定用户对网站的访问通常只能从分类目录收录的网站首页进入。

1. 网站登录分类目录的流程与问题

当年网站登录雅虎搜索引擎的基本流程：网站管理员登录雅虎的提交网址入口，填写网站名称、网址和网站简介（一般在 30 字左右），然后就只能被动地等待搜索引擎审核结果。网站是否会被收录，以及何时收录，站长都无法知道。同期还有其他一些分类目录，网站登录流程与雅虎大致类似，只是在审核标准、审核方式等方面有一定差异。

在这种环境下，网站登录搜索引擎是一件艰难的工作，当时甚至出现了一些代理登录的业务，即工作人员利用自己的经验帮网站管理员向搜索引擎提交信息。与此同时，为了减少人工劳动并尽可能多地登录各个搜索引擎，出现了一些"搜索引擎登录软件"，声称可以将网站登录到全球众多搜索引擎。事实上真正有影响力的搜索引擎数量并不多，且网站登录搜索引擎需要经过严格的人工审核，因此靠软件登录的结果可想而知。

由于第一代搜索引擎（分类目录）收录网站速度慢且数量有限，对网站推广造成了一定的制约。因此，以谷歌为代表的第二代搜索引擎（即技术性搜索引擎）迅速发展，逐渐超越了基于人工审核的分类目录型搜索引擎。

谷歌（Google）诞生于 1998 年，谷歌中文搜索获得广泛应用开始于 2000 年（当时尚未启用中文名称）。这种技术性搜索引擎真正提供了"将每个网页提交给搜索引擎"的机会。事实上，根本无须人工提交网站的信息，谷歌甚至可以通过网页链接关系把一个网站的所有网页都收录到数据库中，这也就意味着，每一个网页都可能直接带来访问量。可以推测，技术性搜索引擎的发展将会使得"传统数字营销走向没落"。

2. 数字营销第一次变革的特征

第一次数字营销变革的特征是以信息展示与获取为核心逻辑的网站技术导向，即建设良好的网站结构、优质的内容和高质量的外部链接，通过搜索引擎带来较高的访问量。这种导向成为搜索引擎优化思想的萌芽，也为随之出现的"搜索引擎导向的数字营销"提供了机会。但由于利益驱动，一些网站管理员投机取巧，针对搜索引擎反向制造内容和外部链接从而获取访问量，由此产生了大量垃圾网页信息，降低了搜索引擎搜索结果的质量，影响用户获取有价值信息的效率。就目前来看，搜索引擎技术和搜索引擎作弊的斗争将会持续下去。

3. 数字营销第一次变革的意义

之所以说以谷歌为代表的搜索技术变革带来了数字营销第一次变革，其原因和意义在于：

（1）提升了搜索引擎收录的网页信息量，提高了用户获取信息的效率，进一步巩固了搜索引擎在互联网应用中的基础地位。

（2）提高了网站信息的网络可见度，扩宽了网络推广渠道，让网站获得更多被用户访问的机会，确立了搜索引擎作为网站推广的主流工具。

（3）网站运营人员更加重视网页内容质量，有助于提高网站内容质量，对内容营销思想的诞生产生了积极影响。

（4）由于网站外部链接与搜索结果具有直接关系，使得传统的网站友情链接的意义更重大，外部链接推广受到重视。

1.1.2.2　第二次变革：社会化营销导入期

由于搜索引擎的快速发展与日趋成熟，数字营销在 2006 年迎来了第二次变革——以网络信息发布与传播为核心逻辑的"网络可见度变革"。

技术型搜索引擎第一次大规模提高了网站的信息可见度，开创了基于网站内容进行的数字营销时代，促进了网站建设及网络推广的发展，也为数字营销带来了更大的期望目标。由于网站访问量与网页数量成正相关，因此增加网页数量成为搜索引擎营销的必然选择。但是网页内容的创作总是有限的，也就是说网站内容营销有一定瓶颈。那么如何才能不断增加网页数量呢？以 blogger.com 和 twitter.com 等为代表的社会化网络让网页数量及传播模式再上一个台阶，从而引发网络信息可见度的变革，这就是数字营销发展史上的第二次变革。

1. 博客及其对数字营销的意义

blogger.com 创建于 1999 年 8 月，真正流行于 2002 年，是全球第一批专用于博客发布的工具之一，被公认对博客的推广有重要贡献。2003 年，谷歌公司收购了 Blogger 网站，实现了免费试用，进一步促进了 Blogger 的发展。

博客的发展对数字营销的贡献主要表现在以下三个方面：

（1）个人用户发布信息变得简单，无须建个人网站，也无须懂网页制作技术，任何人都可以通过博客免费在网上发布及管理信息，极大地丰富了互联网的信息。企业员工也可以为企业网站贡献内容，这大大增加了网页内容数量，使得企业信息网络可见度实现爆发式增长，在一定程度上实现全员营销。

（2）通过第三方博客平台，企业扩展了官方网站内容的发布渠道，有利于提高企业信息的网络可见度。

（3）与第一次数字营销变革基于搜索引擎技术的特征相比，数字营销第二次变革开始重视人的因素，体现了人尤其是全体企业员工在数字营销中的重要性。

总之，博客及微博客对于内容营销发挥了巨大的推动作用，同时也为数字营销社会化奠定了用户基础。以博客及微博客为标志的第二次数字营销变革，使得内容营销得以发挥出更大的威力。

2. 新型数字营销概念和方法受到关注

自 2004 年以来 Web2.0 思想逐渐被认识，随之出现了一些新的数字营销概念和方法，如博客营销、社会性网络服务（SNS，Social Networking Services）营销、网络分享等，这些新型数字营销方法正逐步为企业所采用。

2002 年国内开始出现博客概念并产生了一批有影响力的中文博客网站，而且逐渐出现利用博客来开展数字营销的实践尝试。部分博客网站开始提供企业博客服务，一些企业也开始开设企业自己的博客，将博客引入企业官方网站中，为企业数字营销增加了新的模式和新的机会。

事实上，到 2008 年之后，博客营销已经成为国内企业数字营销的主流方法之一。其他Web2.0 营销如基于开放式在线百科平台营销和问答式社区营销等也逐步为企业所了解，出现了数字营销社会化的萌芽。这些社会化网络服务的应用，为数字营销进入社会化阶段打下了基础。

3. 更多有价值的网络资源为企业数字营销提供了新的机会

随着互联网经济的再度火热，出现了越来越多的数字营销资源，其中包括可用的免费推广资源以及数字营销管理服务，如免费网络分类广告、网上商店平台、博客平台、免费网站流量统计系统等。数字营销资源的增加不仅表现在免费资源的数量，同时也表现在数字营销资源可以产生的实际价值方面。例如，B2B（Business to Business，企业对企业）电子商务平台通过与搜索引擎营销策略相整合，为潜在用户获取 B2B 网站中的商业信息提供了更多的机会，从而提高了 B2B 电子商务平台对企业数字营销的商业价值，也使得 B2B 电子商务打破了原有的只有付费会员登录才能获取商业信息的局面。在这方面，阿里巴巴、慧聪网等行业领先者已经取得了突破性进展。这些更有价值的网络推广资源扩展了数字营销信息传递渠道，增加了中小企业数字营销的成功机会。

1.1.2.3 第三次变革：移动网络营销背后的"信息可信度变革"

移动化、社交化是 2009 年之后互联网发展的典型特征，尤其以微博、微信、QQ 空间等应用为代表。微博、微信、QQ 空间等社交化应用可以通过 PC（Personal Computer）①或者智能手机及时获取所关注的朋友的信息，成为大部分用户每天使用的获取信息的工具。以微信为例，根据腾讯公布的 2021 年第三季度财报，截至第三季度末，微信及 WeChat 的月活跃合

---

① 个人计算机，是指一种大小、价格和性能适用于个人使用的多用途计算机。从台式机、笔记本电脑到小型笔记本电脑和平板电脑以及超级本等都属于个人计算机。

并账户为 12.6 亿，基于微信朋友圈和粉丝关注公众号的微信营销在移动数字营销中具有举足轻重的地位。

从传统 PC 数字营销到手机移动数字营销，用户获取信息的方式发生了显著变化，不仅仅是获取信息的设备变化，更重要的是获取信息的行为发生了改变。传统 PC 互联网用户获取信息往往是通过浏览器或者利用搜索引擎搜索到达目标网站，在这个过程中，浏览器发挥着信息传输的基本作用，这表明信息是以网页的形式存在和被浏览的。而通过手机上网，用户更多是通过移动社交软件如微信、微博等浏览信息，每个朋友、每个关注对象都可能成为信息源及信息的传播渠道，其形式与传统网页有较大的区别。

1. 什么是网络信息可信度的概念

简单来说，网络信息可信度就是人们对网络信息来源的信任程度。一般来说，人们倾向于通过可信任的渠道获取信息，这也是通过移动社交网络获取信息的基础。因此仅仅把信息发布在官方网站或第三方网站平台上是远远不够的，还需要通过社会关系资源对其进行传播，这与扩大网络可见度即可增加访问量的模式有着显著的区别。

基于网络可信度的数字营销对传统数字营销模式带来巨大的变革，因此移动网络营销背后的网络信息发布与传播变革被称为数字营销的第三次变革。

2. 数字营销第三次变革的意义

从网络可见度到网络可信度的数字营销变革，其意义主要表现在以下四个方面：

（1）揭示了移动网络营销背后用户信息发布与传播规律的本质，有利于把握数字营销发展的方向。

（2）反映了数字营销思想从关注企业人员群体到关注社会关系网络的演变，因而社会关系资源与网站资源一样成为重要的数字营销资源。

（3）从传统互联网以网站/网页的超级链接为基础，到移动互联网用户的社交关系连接，从全员数字营销到全员价值营销，人的互联价值逐渐超过网页互联的价值，人在数字营销中的核心地位不断被证明。

（4）有利于规范数字营销环境，减少垃圾信息的影响，提高信息质量，基于用户许可的内容营销价值得以充分体现。

可见，以网络可信度为核心的数字营销第三次变革，让内容、用户、价值紧密结合，以用户价值为核心的数字营销理念得以体现。当然，数字营销的第三次变革的结论还有待实践及时间的检验。同时，第三次变革到底是以 2015 年作为起点，还是自移动互联网快速发展的 2012 年，抑或在 2016 年之后的某个点才真正到来，也都有待几年后再做检验。

此外，任何阶段所谓的传统营销、新营销、营销变革，都只具有相对而言的阶段性，目前一切最新的、主流的方法，最终都将进入传统行列，甚至成为被人遗忘的历史。中国数字营销仍处于快速发展中，还有更多的问题值得深入研究和探索。

1.1.3　中国数字营销市场的发展历程及特征

相对于互联网发展较早的美国，我国的数字营销大致诞生于 1997 年，大约滞后 3 年的时间。在 1997 年之前，国内的数字营销相对比较初级，尚未形成有影响力的网站及数字营销应用。1997 年之后，我国一些企业才开始尝试数字营销，它的发展是以一批搜索引擎网站和商业性网络广告网站的出现为标志的。虽然我国数字营销起步较晚，但发展非常迅速，互联网技术的逐渐成熟和政府的大力支持，已经使数字营销成为任何企业都无法舍弃的营销手段。

从 1994 年至今，我国的数字营销大致经历了五个发展阶段：传奇与萌芽阶段（2004 年以前）、发展应用阶段（2004—2009 年）、市场形成和发展阶段（2010—2016 年）、数字营销社会化转变阶段（2017—2020 年），数字营销多元化与生态化阶段（2021 年至今）。

表 1-1　我国数字营销的发展阶段及特点

2004 年以前	2004—2009 年	2010—2016 年	2017—2020 年	2021 年至今
市场雏形	市场规模化	市场转型	市场多维化	市场纵深化
互联网网站萌芽	新型数字营销	全员数字营销	数字营销生态化	数字化全链路
网站营销市场奠基	市场与认知需求突增	社会化媒体网络营销	数字营销多元化	触屏矩阵联动
第一次数字营销变革	第二次数字营销变革	第三次数字营销变革	数字营销开放化	多场景营销

1.1.3.1　传奇与萌芽阶段（2004 年以前）

1994 年 4 月 20 日中国国家计算机与网络设施（NCFC，The National Computing and Networking Facility of China）正式全功能开通国际互联网。1997 年之前，互联网在我国还仅有少数人了解，数字营销仅仅带着点传奇的色彩，而 1997～2004 年之间，数字营销开始进入萌芽期，在此期间，出现了许多经典的营销事件。

1. 数字营销的早期传奇

早期有关数字营销的文章，经常会描写某个企业在网上发布商品供应信息，然后接到大量订单的故事，给人造成只要上网就有滚滚财源的印象。例如，作为数字营销经典神话的"山东农民网上卖大蒜"。由于无从考证中国企业最早利用互联网开展营销活动的历史资料，所以只能从部分文章中看到一些无法证实的细枝末节。据资料记载，山东陵县西李村支部书记李敬峰上网的时间是 1996 年 5 月，所采用的数字营销方法为"注册了自己的域名，把西李村的大蒜、菠菜、胡萝卜等产品信息一股脑儿地搬上互联网，发布到了世界各地"。对这次"数字营销"所取得的成效的记载为："1998 年 7 月，青岛外贸通过网址主动与李敬峰取得了联系，两次出口大蒜 870 吨，销售额 270 万元。初战告捷，李敬峰春风得意，信心十足。"其实，即使这些故事是真实可信的，但也都是在互联网信息很不丰富的时代发生的传奇罢了。

可以说，在很大程度上，早期的"数字营销"更多地具有偶然性，离数字营销的实际应用还有很远一段距离，何况在当时无论学术界还是企业界，大多数人们对数字营销的概念都还相当的陌生，更不用说将数字营销应用于企业经营了。

在数字营销的传奇阶段，"数字营销"的基本特征为：概念和方法不明确，是否产生效果主要取决于偶然因素，多数企业对于上网几乎一无所知。因此数字营销的价值主要在于其对新技术新应用的新闻效应，以及对于了解和体验营销手段变革的超前意识。

2. 中国数字营销的萌芽：互联网网站快速发展

1997—2004 年，中国互联网进入快速发展阶段，多个有重要影响力的网站相继诞生，并且至今仍是中国互联网领域有影响力的网站。同时，多种数字营销平台及数字营销模式也陆续出现并进入应用阶段。

据中国互联网络信息中心（CNNIC，China Internet Network Information Center）发布的《第一次中国互联网络发展状况调查统计报告（1997年10月）》，1997年10月底，我国上网人数为62万人，www站点数约1500个。虽然当时无论上网人数还是网站数量均微不足道，但发生于1997年前后的部分事件标志着中国数字营销进入萌芽阶段，如网络广告和Email营销在中国的诞生、电子商务的促进、网络服务（如域名注册和搜索引擎）的涌现等。根据CNNIC的调查统计，到1999年年底，我国上网用户人数已达890万人，www站点数15 153个，互联网应用环境初具规模，多种数字营销模式出现，数字营销呈现出快速发展并且逐步走向实用的趋势。在此阶段与我国出现了大量专业网站。

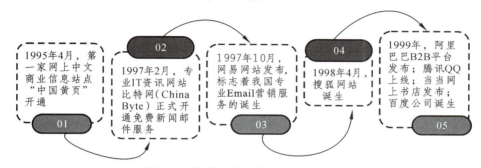

图1-2　大型网站和专业网站的发展

值得说明的是，除了大型网站和专业网站的发展，对数字营销有直接促进作用的还包括搜索引擎的重要影响。1997年前后，除了中文雅虎之外，国内也出现了一批影响力比较大的中文搜索引擎，如搜狐、网易、常青藤、悠游中文、搜索客、北极星、若比邻、北大天网等，并且为企业利用搜索引擎开展数字营销提供了最初的试验园地。后来随着门户网站的崛起和搜索技术的迅猛发展，尤其是2000年Google中文服务的开通以及百度搜索引擎的出现，一些早期的搜索引擎在2004年之后开始日渐衰退，其中有些已经销声匿迹，有些则经历业务转型或者专注于某些领域的搜索服务，但这些搜索引擎对中国数字营销的启蒙发挥了举足轻重的作用。期间诞生的百度搜索引擎不断发展，如今已成为国内最有影响力的中文搜索引擎，对国内的搜索引擎营销一直发挥着不可替代的作用。

1.1.3.2　发展应用阶段（2004—2009年）

进入2000年后半年，第一波互联网泡沫破裂后，数字营销进入了实质性的应用和发展的规模化时期。这个阶段数字营销主要展现出以下四个特征：

（1）数字营销市场初步形成。

一方面，以"企业上网"为主要业务的一批专业服务商开始快速发展，域名注册、虚拟主机和企业网站建设等成为数字营销（实际上是广义的数字营销）的基本业务内容。其他比较有代表性的数字营销包括大型门户网站的分类目录登录、搜索引擎的关键词广告和竞价排名、供求信息发布等。另一方面，以出售收集邮件地址的软件、贩卖用户邮件地址、发送垃圾邮件等为主要业务的"数字营销公司"也在悄然发展，成为数字营销健康发展信息的噪声。

（2）网站建设成为企业数字营销的基础。

根据 CNNIC 的统计报告，2001、2002、2003 年我国的 www 网站数量分别为 242 739 个、293 213 个、473 900 个，其中绝大多数为企业网站。据 CNNIC 第 14 次调查统计报告，到 2004 年 6 月底，我国 www 网站数量达到 626 600 个，上网人数 8700 万人，网络推广、网上销售、网上购物等已成为用户常用的网络服务内容。企业网站数量的快速增长，反映了网站建设已成为企业数字营销的基础。

（3）网络广告形式和应用不断发展。

从 2004 年开始，网络广告从表现形式、媒体技术等多方面发生变革，如广告规格不断加大、表现方式更加丰富多样、网络广告内容越来越多等。

（4）Email 营销在困境中期待曙光。

Email 营销是国内较早诞生的一项数字营销专业服务，受到市场不成熟、垃圾邮件的冲击、服务商的屏蔽等多种问题的困扰，自 1997 年诞生以来一直没有在数字营销市场占据重要地位，但 Email 营销的重要性始终存在，期待更加规范的市场环境及用户认识的提升。

（5）搜索引擎营销向深层次发展。

搜索分类目录开创了收费登录的先河，国内的主要搜索引擎服务商陆续开始了收费登录服务，引领国内搜索引擎营销进入付费阶段。部分搜索引擎广告也开始出现，为搜索引擎营销带来了更大的想象空间。

（6）网上销售环境日趋完善。

建设和维护一个电子商务功能完善的网站并非易事，不仅投资大，还涉及网上支付、网络安全、商品配送等一系列复杂的问题。随着一些网上商店平台的成功运营，网上销售产品不再复杂，电子商务也不再是网络公司和大型企业的特权，逐渐成为中小企业销售产品的常规渠道。尽管当时的在线销售额还不高，但是人们对于网上销售的信心和前景在当时仍然具有十分重要的意义。

1.1.3.3　市场形成和发展阶段（2010—2016 年）

2010 年之后的中国数字营销主要展现以下几个特征：

（1）数字营销市场快速增长，新型数字营销不断出现。

经过几年的发展，企业数字营销已经具备一定的基础，用户数量的快速增长与企业数字营销应用的发展，推动了数字营销市场规模不断扩大，同时数字营销产品类别也在不断增加。除了传统的域名注册、网站建设等基础服务之外，网络推广产品如 3721 中文网址①、搜索引擎关键词广告等开始快速扩张，成为企业付费网络推广的主要方式。同时，传统的门户网站、网络广告等也在持续高速发展。值得关注的领域还包括数字营销管理工具（如网站访问统计分析系统、实时在线服务工具等）、专业的数字营销顾问咨询服务、数字营销培训等。

（2）企业对数字营销的认识和需求层次提高。

国内数字营销服务市场逐渐走向成熟，企业对数字营销综合的需求有明显增加的趋势，而不仅仅是关注建立网站或购买独立的网络推广产品。以搜索引擎推广为例，随着企业对网站推

---

① 提供网络实名中文上网服务，开创了中文上网服务的先河。后曾更名为"网络实名"，2003 年被中国雅虎收购。2005 年 8 月阿里巴巴收购中国雅虎，其中包括 3721 公司全部资产。网络实名于 2009 年初退出市场。

广效果的要求进一步提高，企业更需要的是基于搜索引擎优化的自然搜索和付费搜索引擎广告相结合的方式，而不仅仅是购买搜索广告。

（3）搜索引擎营销呈现专业化、产业化趋势。

2009年之前，正处于以流量为主导的企业数字营销时期，搜索引擎营销是这一时期中最具主导的网络推广方法。经过几年的发展，传统的登录免费搜索引擎等简单初级的推广手段已经不适应数字营销环境，搜索引擎服务提供商适时地推出关键词竞价广告、内容关联广告等产品（如百度的主题推广和搜狗的搜索联盟等），进一步增加了搜索引擎营销的渠道，并且扩展了搜索引擎广告的投放空间。

搜索引擎营销已经逐渐发展成为数字营销知识体系的一个专业分支，搜索引擎营销的专业性提高也为专业的搜索引擎营销服务商提供了发展机会。搜索引擎营销的产业化趋势逐渐形成。

1.1.3.4　数字营销社会化转变阶段（2017—2020年）

数字营销多维化的表现是数字营销从专业知识向社会化普及知识发展演变。这种趋势反映了数字营销主体必须与数字环境相适应的数字营销多维化实质，也是互联网应用环境发展演变的必然结果。需要说明的是，数字营销多维化并不简单等同于基于SNS的社会化数字营销。社会化数字营销，只是数字营销社会化所反映的一个现象而已。正是由于这种趋势，加之移动互联网对社会化数字营销的促进，数字营销逐渐从流量导向向粉丝导向演变，尤其是微博、微信等移动社交软件的普及，为粉丝经济环境的形成提供了技术和工具基础。

以数字营销多维化为基本特征，这个阶段的数字营销大致可归纳出六个特点：

（1）数字营销开始向全员数字营销发展。

博客营销形式灵活多样，Web2.0人人皆可参与，这些互联网服务为全员数字营销奠定了技术基础和思想基础。事实上企业的每个员工乃至每个合作伙伴或者顾客都直接或者间接对企业的数字营销产生正面或者负面的影响，每个人都成为数字营销的组成部分，因此全员数字营销的影响将是持久而深远的。

（2）不断出现基于Web2.0的数字营销平台。

在传统数字营销如搜索引擎营销、网络广告、网络会员制营销广泛应用的同时，开放式在线百科（WIKI）平台营销、问答式（ASK）社区营销、文档分享等多种形式的Web2.0应用平台为企业开展数字营销提供了平台和工具，使得数字营销的形式更加丰富多彩。这意味着数字营销的内容和方法更加庞大，企业开展数字营销的竞争也更为激烈。

（3）社会化媒体数字营销蓬勃兴起。

2014年，微博热搜在客户端上线实时榜，用每十分钟一次的更新速度，让用户能随时随地看到最新热点资讯。2017年，实时热搜榜提速至分钟级更新，创行业先河，为用户提供更实时新鲜的热点内容。微博逐渐发展成人们获取信息的主要渠道，也成为当时最热门的数字营销分支领域之一。微博的普及速度远远高于当年的博客营销，成为"粉丝经济"的典型标志。

（4）数字营销与网上销售的结合日益紧密。

如果说早期的数字营销以网络宣传、品牌推广为主，那么这一时期，网上销售已经成为数字营销要求的必然结果之一，尤其是淘宝、京东等具有巨大影响力的网上商店平台，吸引了大量企业和个人利用淘宝或天猫开设企业的网上专营店和旗舰店，让企业的数字营销与在线销售结合得更加紧密。同时，大量企业逐步建设自己的网上商城，消费者可通过企业官方网站而不是第三方 B2C（Business to Consumer，企业对个人消费者）网站平台实现在线购买。在这方面，航空公司的机票在线购买、酒店行业的网上预订，以及部分消费类电子产品企业及品牌服装企业的网上直销等都显现出勃勃生机。真正的企业电子商务时代已经到来。另外，这一阶段的团购电子商务模式如雨后春笋般涌现，也显示出电子商务环境已经基本成熟。

（5）部分传统数字营销模式逐渐被冷落。

由于营销人员对新型数字营销资源的关注，使得部分传统数字营销模式的受关注程度降低，如 B2B 电子商务平台逐渐被用户冷落，曾作为网站推广主要方法的搜索引擎优化也不再是主流，微博出现之后博客的被关注程度有一定的弱化，微信的出现则对微博有一定的影响。

（6）移动数字营销重要性不断增长。

数字营销的投入在各企业营销中不断被加大，数字营销所涉及的行业和领域更加广泛，营销的产品和服务在创意、质量、效果以及精准度等方面不断被优化。尤其是随着移动网络技术的发展、智能手机和 4G 网络的普及，营销的方式日趋多样。微博、微信、二维码、手机 App、网络微视频等新媒体、自媒体的广泛应用，以及后来的微商、O2O（Online To Offline，指将线下商务机会与互联网结合）电商体系对数字营销信息、数字营销方式和数字营销思路带来的强烈冲击，使数字营销更具平台性、开放性、互动性和精准性，为用户提供了更好的消费体验和服务。

1.1.3.5 数字营销多元化与生态化阶段（2021 年至今）

2021 年之后的数字营销环境，显著特征之一是多元化，如数字营销渠道的多元化、数字营销方法的多元化、数字营销资源的多元化和社会关系网络的多元化等。

与多元化相对应的是分散化，即传统的主流数字营销方法重要程度相加，多种新型数字营销方法尤其是基于手机的数字营销方法不断涌现。分散化也将带来一系列新的问题，例如，难以在短期内形成被公认的数字营销效果评价方式，数字营销效果的不确定性增加等。

多元化环境下的数字营销特征及趋势体现在以下几个方面：

（1）数字营销分散化程度将继续提高。

数字营销主流渠道分散化的趋势，从 2009 年开始显现。随着移动互联网的兴起，传统 PC 搜索受到严重冲击，百度搜索公司市值缩水，移动网络营销进一步加剧了数字营销渠道的分散化。首先是信息内容，微博、微信等成为赢家，后来建立了短视频生态系统，西瓜、火山、抖动等短视频应用占据了视频行业的半壁江山。移动新闻客户端也聚集了大量用户。用户分散在各个渠道，数字营销等渠道也越来越分散。

（2）数字营销的融合化将提速。

过去，数字营销被分为移动终端和计算机终端，2014 年之后，数字营销进入网络可信度与网络可见度融合的阶段，PC 网络营销与移动网络营销的融合速度越来越快。于是开始将数字营销在形式上分为 SEO、内容营销、自媒体营销等。但随着网络平台不断增多，用户群体被划分为各种平台，网络成本大大增加，这意味着企业只能用"全网营销"布局来做网络推广，各种营销形式之间的边界越来越模糊。

（3）内容营销形式及思想将进入高级阶段。

传统的内容营销形式如许可 Email 营销、博客营销、微博营销等，在移动互联网环境下将不断发展演变，从内容形式及营销模式方面继续创新，以用户价值为核心的理念将进一步得到体现。基于数字营销生态思维的用户价值营销策略将在实践中不断完善，数字营销思想的层次也将在实践中进一步提升。

1.2　数字营销的 X 次变革

1.2.1　数字营销发展趋势探讨：生态化与多元化

1.2.1.1　不断创新的数字营销生态化思维

根据数字营销的发展历程分析，每个重要的历史阶段都会伴随相应的指导思想和思维模式。数字营销的思维模式大致经历了四个层次：技术思维（2000 年以前）、流量思维（2000 —2009 年）、粉丝思维（2010—2014 年）、生态思维（2015 年以后）。如图 1-3 所示。

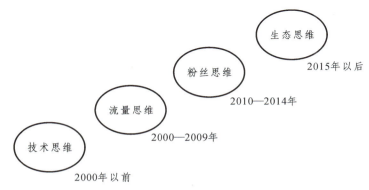

图 1-3　中国数字营销思维模式的演变

1. 关于数字营销思维模式的简要说明

（1）技术思维：注重网站及推广技术本身。

网站建设的前期准备包括了前期网站定位、内容差异化、页面沟通等战略性调研，这个过程需要网站策划人员、美术设计人员、程序员共同完成。网页设计师预计将为有意识的可用性需要创建标记，那么它们有望成为最新的网页易读性指引。而在网站搭建中需要运用技术思维，注重网站本身构建的合理性，并以推广为目的去优化结构。

（2）流量思维：以网站访问量为运营的核心目标。

网站运营中需要了解访问量数据，作为后续业务调整的依据。比如，每天有多少人访问了网站，人均浏览了多少页面，其中又有多少人访问了哪些页面，等等。流量数据分析的目标就是数字化地呈现网站运营的状况，从流量角度了解访客的行为。

流量数量指标、流量质量指标、流量转化指标是衡量网站运营的三大指标。浏览量是反映网站流量数量的主要指标之一，但评价网络的运营水平还要增加跳出率，这是反映网站流量质量的关键指标。跳出率指仅浏览了一个页面便离开了网站的访问次数占总访问次数的百分比，展示了访客对新闻网站的兴趣程度。跳出率越低，说明流量的质量越好。此外，有时还要结合平均访问时长和平均访问页数两项指标来进一步考察访客对网站的了解程度和喜好程度，进而衡量网站的用户体验情况。这两项辅助性指标越高，代表网站内容越丰富，内容的整体质量越好。

（3）粉丝思维：获取粉丝关注传递数字营销信息。

过去，媒介从业者在"内容为王"和"媒介为王"之间摇摆，但本质都是从经营者的角度出发，强调媒介在信息传播时的主导性和控制性，受众总是处在一个被动的状态。未来，随着 Z 世代逐渐成长为整个市场的主体，"得粉丝者得天下"的理念会成为主流，正如基于粉丝的策略在于抓住 1%的核心粉丝，借此带动 10%的忠诚粉丝，再由此拉进 90%的用户，会影响到 100%的粉丝群体。这种强调互动的 Web2.0 概念大大提高了用户对于网站的黏度和忠诚度，便于网站开发出属于自己的独特商业模式。网站需要树立粉丝思维，尽可能多获得粉丝关注，让黏性粉丝去提高网站的影响力与知名度，通过向粉丝传递数字营销信息，去推动营销的落地与转化。

（4）生态思维：以用户关系网络的价值体系为基础设计数字营销战略。

网络呈现出的小世界特征，即整个网络不松散、节点和节点之间紧密相连、通过很短的路径就相互可达。该理论与六度分割理论相呼应，说明人们可以通过少数的关系（如自己的关系、朋友的关系）去认识任何陌生人。这样的理论也被用到了很多社交网站中，例如，LinkedIn 的职场关系网络可以帮助求职者通过人脉找到合适的工作。有研究表明，网络的小世界特性有助于高效地进行信息传递，并促进群体创新。新媒体搭建的社会网络已经对商业和市场营销产生了变革性的影响。网站通过对用户关系网络的识别，有利于理解信息传播的机制，也可以利用用户之间的相互关系和共同特征进行营销或个性化推荐。因此当下网站需要树立生态思维，建设以用户关系为网络的价值体系。

2. 关于数字营销生态思维的创新

数字营销的生态思维是粉丝思维进一步发展的结果，其核心思想是：在吸引粉丝关注的基础上，进一步建立用户之间、用户与企业之间的价值关系网络，明确用户之间的关联关系及用户价值体现，使得用户成为企业价值链的组成部分，通过社会关系网络互联及全维度价值传递，从而最大化实现用户价值。因此，数字营销的生态思维可简单描述为用户价值型数字营销。数字营销生态思维与企业生态思维、行业生态思维等都有一定的共性，同时又有特定的含义。企业生态思维注重产品系列的关联，而数字营销生态思维的重点在于用户价值的关联关系。

3. 数字营销生态化的意义

（1）链接用户，实现利益共享。

新媒体模式下，新的媒介平台能让用户参与到企业营销的过程，用户作为消费者的同时，也是产品及品牌的传播者，企业和用户的利益实现了链接，营销效果也更显著。在企业生产和营销活动中，企业给用户提供营销平台及推广，用户创造相关的内容，通过合作实现共赢。这种模式在确保多样性产品的同时，也大大提升了用户的创新力、提升用户黏度，同时在用户病毒式的传播中，企业也获得更大利润。

（2）企业竞争力得到提升。

社会经济发展，市场环境的竞争越来越激烈，提升企业的综合竞争力是重要的发展之路，为了满足客户的需求，企业在数字营销中以客户需求为主，重视差异化营销。数字营销带来了更多市场营销需求，企业借助网络信息技术手段，根据不同需求制定不同的营销策略，既满足了用户的需求，又提升了售后服务质量，在一定程度上提升了企业的竞争力。

（3）营销市场国际化态势已初步形成。

网络把国内市场和国外市场连接成了一个统一的整体市场，营销市场无国界，将成为未来市场营销领域的一种常态。此后，企业竞争对手不再只限于本国的行业竞争者，外部势力来势汹汹，国外先进的市场营销手段，倒逼国内企业必须发展数字营销才能迎头赶上。

1.2.1.2　日益复杂的数字营销多元化环境

2016 年之后的数字营销环境，显著特征之一是多元化，如数字营销渠道的多元化、数字营销方法的多元化、数字营销资源的多元化和社会关系网络的多元化等。

1. 多元化环境下的数字营销特征

（1）多对多的传播方式。

新媒体发展背景下，网络信息传递的方式发生了颠覆性的改变，原有的一对多的单向传播方式逐渐被改变，出现了多对多的信息传播，原有的营销中，多是单向性、强制性的营销活动，借助给消费者留下深刻的印象，引导消费者购买。而新媒体环境下，数字营销主要是以用户为中心，了解用户的需求和服务体验。这种传播方式带来的传播范围更广，覆盖人数更多，效果是传统传播模式无法比拟的。同时，互联网营销媒体的发展，还促进了信息传播速度的提升。

（2）不受时间、空间限制。

互联网的高速发展，数字营销活动的开展呈现出超越时空的特点，不再受到时间和地点的限制，为其营销活动的开展提供了很大的便利，同时营销的内容更加丰富，承载量更多，脱离时间空间限制的交易也能达成，从而更能满足用户的不同需求，提升营销效果。

（3）点播方式的出现。

点播方式主要是伴随受众的需求出现和发展，这种方式能给部分有需求的客户呈现个性化的传播内容，在一定程度上提升了用户的黏度，更好地提升了数字营销的效果。

2. 数字营销将从封闭式向开放式转变

新媒体行业的飞速进步，让企业产品的营销途径变得更为广阔。多样化的数字营销途径以成熟、先进的网络信息技术为支撑，可谓未来市场发展的必然势态。从前较为单一固定化的营销模式也逐渐转变，多元化、交互性成了全新的数字营销特点。尤其是在自媒体平台的数量不断增多的情况下，更多的消费者将自媒体平台作为了解企业新产品的重要渠道，而企业则可以依靠此种数字营销方式实现顾客与商家间的互动和沟通。在未来，企业浏览消费者相应的自媒体平台信息后，能够及时掌握其需求情况，进而完成产品目标人群的精准定位，以更多的数字营销渠道，实现对产品的宣传与推广。例如企业进行数字营销时借助微信社交工具，能够在微信上通过公众号、小程序、社群等形式实施产品的多样化宣传。数字营销在发展的过程中，必然会紧密关联自媒体平台资源，依靠其技术，使产品营销的吸引力更大，达到良好的营销效果。

3. 从企业自有网站为核心到多平台的综合利用

企业官方网站是构建企业官方数字营销信息源的主要平台之一，是企业数字营销的核心资源，而网站的数字营销效果，最终通过网站内容才能体现出来。网站内容创建及传播，需要具备一定的条件，即基于网站的结构、功能和服务等基本要素。因此，在以企业网站为基础的 PC 数字营销体系中，网站建设、内容维护、推广及运营管理是企业数字营销的基础工作。

纵观我国的社会发展形势，互联网产业作为新兴的战略产业，在促进社会各项事业进步、造福群众生活等方面正在发挥着不可替代的作用，互联网产业的繁荣与发展也必将为数字营销事业的创新带来难得的机遇。随着互联网不断向社会各个方面渗透，越来越多的传统企业，特别是中小企业对数字营销的认知和需求进一步增强，数字营销的投入在各企业营销投入总和中的占比不断加大。依托电子商务、移动互联网、网络社区、微博等迅猛的发展，如今互联网营销越来越普遍，企业要想打造有影响力的活动，必须掌握各个网络平台的特点，合适的平台搭配好的活动内容，才会在信息爆炸时代触动大众的内心情感，引起大众的关注。

1.2.2 新技术引领新变革

1.2.2.1 基于大数据的智能营销

智能营销，是伴随着人工智能应用的发展而产生的一个新的营销概念。智能营销不等同于电子营销，它是建立在大数据、人工智能、云计算等综合技术基础上的一种智能化运作模式，可以模仿营销人员的部分行为活动的过程。随着人工智能技术在营销领域的应用，智能化的设备通过仿真、思考、行动等模式完成了营销人员所需要进行的一部分工作，深刻改变了营销思维和方式。

在数字化时代，用户在网络上的行为数据和产品属性数据源源不断地实时产生，依托对这些海量营销数据的分析和学习，人工智能可以对用户行为做出判断和预测。并且，通过不断地"学习"，人工智能技术能够从输入、分析、输出三个阶段进行优化。输入阶段主要是通过获取、识别各类外部输入的信息，将复杂的外部数据转化为机器可理解的、结构化的、完整的表示。分析阶段主要涉及机器学习技术，此技术不仅能够从数据中学习复杂的特征，提取隐含的知识，还可以从自身的流程中学习，不断用新的概念或事实扩展存储的知识，从而做出智能决策或预测。输出阶段主要包括自然语言生成、图像生成等。

1.2.2.2 基于5G的新场景营销

一直以来，移动通信技术的发展都与品牌营销的更迭密切相关：2G推动短信的诞生，品牌营销进入传统大众营销时代；3G催生了移动互联网，推动了互联网营销兴起；4G环境下，移动短视频兴起，营销也跟随进入了短视频营销时代。如今，5G的出现将会全面重塑商业生态，开启各行各业的数字化浪潮，营销业也会发生颠覆式变革。

1. 内容形式革新，交互体验创新

无互动，不营销，这在5G时代将成为现实。

5G带来的移动高速网络可以使得数据可以在云端进行储存和运算，产品硬件的重量体积被减小，硬件成本被降低，原本需要在本地进行数据处理的AR/VR（增强现实/虚拟现实）产品得以在形态和成本上大大"减负"，以更能被大众接受的价格和更轻便的形态出现，再加上5G的高可靠低时延通信技术（URLLC，Ultra-Reliable Low-Latency Communications）能让用户不再因为头戴式VR时延过长而产生眩晕感。普及度和使用体验度提升将刺激AR/VR产品的使用频率，也将让营销在现实世界和虚拟世界的融合之中探索出更丰富的表现形式。

5G也将推动信息传播的加速变革，视频尤其是短视频会成为一个更重要的内容载体。更高分辨率的广告格式，如4K、8K超高清视频内容的产出与传播，将进一步提升广告品质与体验。发布和观看成本越来越低，拍摄及传输效率大幅提升等原因，也将使长视频、短视频、高清直播等爆发，成为品牌营销标配。

除此之外，5G还增加了更多场景式互动，有可能给人们带来一些新的感官层面的互动方式。比如，在淘宝购物时不仅可以虚拟试衣，感知穿着效果，还可以通过物联网感知衣服的质地等。让一个品牌或者产品变得可以触摸，品牌印象可能会更加深刻，这对于未来的品牌营销非常关键。

在智能终端增多，各类物品、设施的智能化程度加深后，这些从方方面面触达消费者生活的智能终端，皆能成为营销的载体，伴随5G应用的成熟，向消费者传递信息的场景和媒介的界限也在被不断突破和延展。

2. 营销技术革新，精准化成为现实

在数据与技术的赋能下，品牌将有机会实现从人群画像、用户洞察、需求识别，到精准触达、"千人千面"、转化承接、数据资产沉淀、价值评估等全链路智能化，全面提升营销效率。在4G网络下，日常生活中如电灯开关、音响、电视、汽车、体重秤等物品已经开始与互联网联通，并能记录使用者的相关数据，但这只是初级的物与人的相连。

5G时代，网络容量得以扩大，广泛的物与物之间的联通拥有了逐步实现的基础，移动互联或将彻底质变成为万物互联。例如家居的智慧互联，冰箱和电饭煲能在消费者使用时根据需求展示相关物品的介绍宣传。这种在产生需求的当下就提供广告和推荐的营销，可在一定程度上降低用户对广告的抵触情绪，从而使广告到购买的行为转换效率更高。在这样的时代下，将有来自各个场景的海量设备接入网络，而这些设备又各自包含着不同维度的数据。当消费者各维度的相关行为数据被记录、上传，并打通相互之间的壁垒，消费者的画像将更加立体，而这对于营销领域来说，既是一个对处理、应用数据的极大挑战，又是一个真正实现精准营销的好机会。

1.2.2.3 基于元宇宙的开放式营销

"元宇宙"直译自英语名词"Metaverse"，"meta-"有"元的""超越的"之义，"verse"代表宇宙（universe），二者组合起来为"超越宇宙"，意即元宇宙。这一名词最早出自1992年美国著名科幻作家尼尔斯·蒂芬森（Neal Stephenson）推出的科幻小说《雪崩》（Snow Crash）。元宇宙是一种基于技术的新兴移动互联网社会形态，被形容成一个平行于现实世界的三维虚拟空间，所有现实世界中的人都可以通过"网络分身"在元宇宙中娱乐交流，"技术""内容"和"社交"是元宇宙存在与发展的三大核心要素。

技术方面，算力持续提升、高速无线通信网络、云计算、区块链、虚拟引擎、VR/AR、数字孪生[1]、机器人等技术创新逐渐聚合，使得人们不断接近元宇宙的奇点。

内容方面，于2011年上线的Roblox[2]是一个兼容了虚拟世界、休闲游戏及自建内容的在线游戏创作社区，公司持续构建完全沉浸的数字社区，兼具游戏、开发、教育属性。同时仿真引擎以及Z世代多元的创造性赋予了Roblox成为真正的UGC（用户生成内容，User

---

[1] 数字孪生，英文术语Digital Twin，简称DT，指充分利用物理模型、传感器更新、运行历史等数据，集成多学科、多物理量、多尺度、多概率的仿真过程，在虚拟空间中完成映射，从而反映相对应的实体装备的全生命周期过程。

[2] 是一款兼容了虚拟世界、休闲游戏和自建内容的游戏，游戏中的大多数作品都是用户自行建立的。从FPS、RPG到竞速、解谜，全由玩家操控这些圆柱和方块形状组成的小人们参与和完成。在游戏中，玩家也可以开发各种形式类别的游戏。至2019年，已有超过500万的青少年开发者使用Roblox开发3D、VR等数字内容，吸引的月活跃玩家超1亿。

Generated Content，）平台的基础，向着"元宇宙"世界加速迈进。

社交方面，随着元宇宙进一步发展，人类生活的数字化程度将进一步提升，在虚拟世界中用户间能够通过文字、图片和视频的实时传输模拟在现实世界中的信息传递。

互联网流量见顶，元宇宙提供了触达消费者的新渠道，各行业品牌正积极参与元宇宙进行试水，充分挖掘元宇宙潜力价值以保持品牌的领先性。其中主要包括以各类游戏内容提供元宇宙体验的 Fortnite[1]、腾讯、EA[2]等；通过平台提供探索的 Facebook（2021 年 10 月更名为 Meta，以下统一用 Meta）、Google 等；提供 UGC 支持的 Roblox、Epic games[3]、Unity[4]等；提供空间计算能力、去中心化服务、人机交互服务及基础设施建设的各类企业。

 课后作业

1. 简述数字营销的发展阶段。
2. 简述数字营销思维模式的发展。
3. 结合你的理解，谈谈你对数字营销发展趋势的展望。

---

① 《堡垒之夜》，一款第三人称的射击游戏，游戏中分为 PVP（玩家对战玩家）和 PVE（玩家对战环境）两种游戏模式。
② 美国艺电公司（Electronic Arts，NASDAQ: ERTS，简称 EA），是全球著名的互动娱乐软件公司，主要经营各种电子游戏的开发、出版以及销售业务。
③ Epic Games 因为旗下最为畅销的《战争机器》系列，成为近十年来最负盛名的游戏制作团队之一，其研发的虚幻 3 引擎为无数的游戏制作团队所采用。
④ 是实时 3D 互动内容创作和运营平台，包括游戏开发、美术、建筑、汽车设计、影视在内的所有创作者，都可以借助 Unity 将创意变成现实。

2 数字营销的消费者洞察

学习目标

- ➤ 了解营销客群的定义
- ➤ 了解主力消费人群的特征
- ➤ 了解确定营销目标和营销客群的方法
- ➤ 探讨未来消费人群的变化

推荐阅读

- ➤ 公众号"m 三六零"《"觉醒一代"来了！消费者洞察及营销策略全解》（2022-02-03）
- ➤ 公众号"桓说新语"《今天的消费者洞察，到底要洞察点什么？》（2022-02-18）
- ➤ 公众号"SocialMarketing"《突破营销难点：好爸爸品牌如何打破洞察惯性做消费者沟通》（2021-06-30）

消费者行为学是一门研究个体、群体和组织为满足其需要如何选择、获取、使用和处置产品、服务、体验和想法，以及由此对消费者和社会产生的影响的科学。它将有助于引导我们从更宽广的视角审视消费者决策的间接影响，以及其对买卖双方的各种后果。

市场营销和消费者行为之间存在密切关系。首先，无论是商业性还是非商业性组织，成功的营销决策都需要大量关于消费者行为的知识。了解消费者行为不仅可对消费者的产品购买决策施加影响，而且对在面临棘手问题时是否寻求外界帮助等决定产生影响。其次，每一营销策略都涉及对有关特定的消费者信息的搜集。由于情境和产品领域的差异，通常需要从事专门研究来回答这些问题。在变幻莫测的市场环境下，了解并预期消费者行为对计划和管理尤为关键和重要。再次，消费者行为是一个复杂的、多层面的过程。最后，旨在影响消费者行为的营销活动，也会对个人、企业和社会产生影响。特定的营销活动，如在互联网上针对儿童做广告，无论是对家庭还是对社会都具有多方面的影响。

应当指出，所有营销决策与营销管制活动均是建立在有关消费者行为假定的基础上，不可想象关于此有例外情况。因此在进行营销活动前了解消费者是十分重要且必要的。

2.1 确定营销目标和客群

2.1.1 确定营销目标

营销目标是指在本计划期内所要达到的目标，是营销策划的核心部分，对营销策略和行动方案的拟订具有指导作用。与传统营销一样，数字营销也应有相应的营销目标。数字营销的目标总体上应与现实中的营销目标一致。由于网络面对的市场用户有其独特之处，且数字营销与一般营销所采用的媒体也不同，因此具体的网络目标应稍有不同。

企业营销的目标不仅需要定位到实实在在的利润上，还要考虑消费者和社会的利益，处理好企业与相关人群和团体的利益关系。因此，营销目标应该分为 3 个层次：一是企业计划期的直接营销利润；二是未来一段时期内企业形象的增值，即通过优质服务、让利和承担社会责任来提高自身的形象；三是探索和积累数字营销经验，培育、造就一支高素质的数字营销人才队伍，建立完善、有效的数字营销体系。

2.1.2 确定营销客群

2.1.2.1 固定消费人群和主导消费人群

进行数字营销时，我们需要确定营销对象即数字营销用户群是谁，否则就难以制订出恰当的、有针对性的推广方案。有产品、渠道、方案，才能有效地实施数字营销。

任何产品都有它针对的、固定的用户群。例如，书包的用户群主要是学生，化妆品的用户群主要是女性。但同类型的产品会涉及高、中、低端的消费群体。香水的用户群主要是女性，那么哪个年龄段的女性最为需要?什么条件的女性又是它的主导消费群体呢？这需要企业全方位了解她们，进行有针对性的宣传，牢牢地将她们锁定为自己的忠实用户。这类人群是长期固定消费人群，他们的所有需要都是数字营销中可以考虑的内容，也是企业发展调整的依据。

除此之外，一种产品拥有自己的特色，也会带来特定的消费人群。这些目标人群虽然不是固定的，但他们是主导消费人群。如对于孕婴产品而言，没有人是常年怀孕的，甚至一生中只有一次，因此她们想要最安全、营养价值最高的孕婴产品。因为不是常年消费，价格反而是她们最后考虑的因素。因为吸引消费者的是产品特色，这些特色在数字营销中可以根据时间性、阶段性的需要进行调整，企业也可以根据自己产品的特点，在数字营销中主动找到所需的目标人群。简而言之，就是逐条列出优势，发现感兴趣的受众群体。

确定营销客群时还可以进行量化分析，并与同行业的其他产品进行比较，分析产品优势与不足，把产品特色放大，让更多潜在用户了解。同时要维护好固定人群，在固定人群不流失的情况下，挖掘特定人群和锁定用户群会让数字营销事半功倍。

2.1.2.2　目标用户调研

要想了解营销对象是谁，可使用科学的调研方法来收集用户的数据信息，如消费情况、需求和购买行为变化以及目前营销策略的效果等。这些数据可以为确定营销目标和营销用户群提供科学依据。数字营销中的目标用户调研一般可通过网络问卷调查和基于大数据的"用户画像"实现。

1. 网络问卷调查

网络问卷调查是早期数字营销比较常用的一种调研方法。开展网络问卷调查时，将想获取的信息设计为问卷在网上发布，然后请求浏览网站的人通过填写在线问卷来参与企业的各种调查。

问卷调查是一种了解用户的优势渠道，但前提是必须设计好一个在线调查表。调查问卷一般由标题、卷首语、填表说明、问卷主体及结束语 5 个部分组成。其中，卷首语需指明调查执行人、调查的目的和意义；填表说明应向受访者解释怎样正确地填写问卷；问卷主体包括问题和选项，是问卷的核心部分；结束语用来表示对参与者的感谢或奖励。

一份好的在线调查表应具备以下 5 个特征：①问题应该简洁明了；②问题应该容易回答；③让被调查者有一种参与某种重要活动的感觉；④问题不应带有偏见或产生误导；⑤调查表中的所有问题都应该有精准答案。

2. 基于大数据的"用户画像"

移动互联网的发展和社交网络的普及，使用户每天的网络活动都会生成海量的有效数据。大数据工具或平台能够快速收集和抓取用户社会属性、生活习惯和消费行为，如年龄、性别、产品偏好、购买水平和当下需求等信息，洞察消费者的行为变化，准确刻画每个消费者的特征，再聚集起来形成人群画像，最终可帮助企业确定营销用户群。

企业将用户的每个具体信息都抽象成标签，并利用这些标签将用户形象具体化，从而为用户提供有针对性的服务。其中，从广袤的人群标签中提炼兴趣相关标签，能够有效帮助识别兴趣人群。兴趣标签包含三个维度，即内容兴趣（反映内容浏览倾向）、行业兴趣（反映潜在商业和消费倾向）和兴趣广度（反映群体在规模、活跃度、消费和营销等关键行为上的差异性）。这三个维度交叉聚合，能帮助刻画出立体生动的人群特征，构建用户画像，通过量化筛选的方式锁定目标用户。

2.1.2.3　分析营销用户的特点

对数字营销而言,用户特点分析更是必不可少的。用户特点可使用 RFM 分析法进行分析。

R(Recency)——用户新鲜度,是指用户最后一次购买企业产品的时间。理论上,上一次消费时间越近的用户对即时提供的产品或服务越有可能产生反应。如果要密切地注意消费者的购买行为,那么最后一次消费就是数字营销人员第一个要利用的工具。买过你的产品、服务或曾经光顾过你店铺的消费者,是最有可能再次购买的用户。吸引一个几周前上门的用户购买,比吸引一个几个月以前来过的用户要容易得多。

F(Frequency)——用户消费频率,是指用户在特定时间段里购买企业产品的次数。我们也可以理解为购买同一企业产品频率最高的用户,是满意度最高的用户。同时,企业在分析用户消费频率时应当注意区分用户重复购买中所包含的习惯性购买(习惯于购买自己所熟悉的品牌)和忠诚性购买(对品牌产生特别偏好甚至形成情感上的依赖),关注到用户消费行为背后的消费动机。

M(Monetary)——用户消费金额,是指用户在特定时间段里消费企业产品的总金额。毫无疑问,用户新鲜度、消费频率和消费金额高的用户具有重要价值。最近消费时间较远,但消费频度和金额都很高,说明这是个一段时间没来的忠诚用户,营销人员需要主动保持联系。最近消费时间较近,消费金额高,但消费频度不高,表示该消费者忠诚度不高,但具有消费潜力,可以重点发展。最近消费时间较远,消费频度不高,但消费金额高,可能是将要流失或已经流失的用户,应当采取挽留措施。

用户新鲜度、消费频率、消费金额 3 个指标是测算消费者价值最重要、最容易的指标,对营销活动具有很强的指导意义。3 个指标的排列顺序是严格的,有轻重缓急和先后次序,其中用户新鲜度是最有力的预测指标。

2.2　消费人群的变化

上一代的消费者更多是在实用性、性价比层面去考量,而新一代的消费者则完全不同。人群特点的变化促使消费人群细分维度的变化。数字时代划分人群的核心要素变成收入和消费价值观,前者是消费者购买产品与服务的基础,表明消费者购买的能力;后者是消费者在购买产品与服务时通常的偏好,是年龄、职业、收入、文化素质、生活区域等各种因素综合作用的结果,表明消费选择的意愿(倾向)。不过年龄依旧是划分群体性消费价值观最简单直接的方式。

不同年代的人群,由于宏观环境、成长环境等的不同,基本画像和消费价值观也呈现出了很大的差别。几十年来,随着社会不断发展,如今的年轻人和过去相比,发生了很大的变化。究其根本,是年轻人的成长环境发生了变化。当代年轻人多为独生子女,成长过程中家庭资源独享、物质资源丰富、依赖互联网、多才多艺、见多识广,因此他们最终形成了内外兼修、为悦己者容、乐于尝鲜、国货自强等消费价值观,细分圈层化加速。目前,"以'90后'为核心,'95后'逐渐成为主流"的年轻人已经成为新主流人群,在新消费时代贡献度不断增加,已超越了其他人群达到最高。

"90后"甚至"00后"成为主流消费人群,对消费有了新的诉求。首先,他们成长在网络环境中,对网络有高度的依赖;其次,这批人没有经历过物质稀缺的年代,是价值敏感型而不是价格敏感型；最后，他们获取消费信息的渠道也和以前不同，越来越趋于分散、场景化。

2.3 消费主力人群分析

2.3.1 "90后"消费者

从2020年开始，"90后"人群已经超过3亿，第一批"90后"已经三十而立，成为各个领域的中坚力量。与"70后""80后"的人不同，"90后"热爱消费，同时因为在社会和家庭中承担了更多角色，消费能力不容小觑，成为目前市场的消费支柱。"90后"已经习惯线下生活网络化，社交、购物、娱乐以及办公学习是"90后"用户线上生活的几大主要场景。其用户画像呈现出以下特点：

（1）规模大：作为互联网的原住民，"90后"用户规模创新高，2020年7月达3.62亿，超越了"80后"，成为移动互联网新的主流人群。

（2）都市化："90后"平均学历较高，现九成以上处于工作阶段，对传媒、互联网较为偏好，更愿意选择经济发达的北上广深一线城市及重庆、成都等发展迅速的新一线城市学习、工作和生活。

（3）享受型：愿意提前透支购买产品，但"精致穷"的同时也懂得如何合理安排自己的收入，理财习惯更加突出，更多的"90后"通过理财提高自己的存款金额。

（4）强自我："90后"群体贯穿为自己而活的理念，注意力更容易被兴趣偏好所吸引，乐于尝试新事物，积极追求生活品质。

（5）泛娱乐：社交+娱乐成为新一代"90后"群体的强烈诉求，即以娱乐为导向的社交需求，以社交为目的的娱乐偏好，同时显著的圈层和社交是"90后"目前触媒的主要现象，特定的社区氛围、用户运营，以及参与度极高的营销玩法有效地吸引着这波年轻群体，多聚集于娱乐社交类App。

2.3.2 "95后"消费者

"95后"消费者也就是通常我们所说的"Z世代"，主要指1995—2010年出生的互联网一代，他们是移动互联网世界的"原住民"，在深度数字化的环境下长大。他们在资源的获取和利用、深度学习与思考、多元化吸收与包容、创新力与创业精神方面表现尤为突出。

托马斯通过20年持续研究，在《圈层效应：理解消费主力95后的商业逻辑》中总结出"95后"圈层的六大特点：

（1）年龄包容性：即将发生的人口再分布极具破坏性，平衡全球13个年龄群中的人数，从0到64岁，每个年龄群跨度为5岁。

（2）在线化：人、计算机、机器和物体之间的超连接呈指数增长。

（3）低技术门槛：开发用户体验和支付能力产生的变化，将最先进的技术应用其中，使大量用户在一夜之间与技术先驱一样使用尖端技术。

（4）财富影响力下降：通过跨越年龄段和其他人口学边界的社区不断扩大对世界性事件的影响力，无须大量资金支持即可达成。

（5）文化跨界：使全世界各个层级和年龄段的人在经济承受能力之内共享教育机会。

（6）创意思维：简单有效的力量，打破障碍，获取捷径，突破现有体系约束；更注重结果而不是过程，意义和目的成为私人和专业领域的中心内容。

2.3.3 "00后"消费者

随着第一批"00后"步入成年，属于他们的消费新纪元也即将开启。进入后物欲时代，年轻消费者的购买行为，已经不再仅仅是物欲的满足和货品的占有，而是生活方式的选择和营造。基于腾讯社交大数据，收集72位"00后"的网络日记，结合24位"00后"的深度访谈，收集超1.5万份调查问卷，《腾讯00后研究报告》揭示了身为"独生二代""与互联网共同成长一代"的"00后"们独特的价值观和消费观念。

根据报告，"00后"的消费态度更倾向于这几个方面：懂即自我、现实、平等、包容、适应、关怀。具体来讲：

（1）更向往专注且有信念的品牌和偶像。他们更会投入到自己擅长的领域，希望所消费的品牌和偶像也一样，会了解品牌和偶像背后的故事，不只是追求和别人消费不一样。

（2）愿意为自己的兴趣付费。兴趣这一自我表达方式成为独特的圈层，它激发出的精神动力能够促使消费者投入更多的感情，他们会以某个领域深刻的洞见和创造来定义自我，通过兴趣获得成就感，并为此投入更多的时间和金钱。

（3）在自己的能力范围内付费。他们的自我认知相对较高，知道自己能够消费什么，84%的访谈受众表示，自己不会消费超出能力范围内的产品。

（4）KOL（关键意见领袖，key opinion leader）的影响力在降低。他们认为KOL和粉丝的关系偏向于功利化，差别对待一些粉丝的现象让KOL的可信度降低。

（5）内容=社交工具。他们渴求和同辈做更多的互动，而内容是激发互动的工具，也是他们展示自己所长的方式。60%的访谈受众表示，自己会发一些内容给朋友，以激发彼此的互动。

（6）国产品牌不比国外品牌差。和其他年代的人相比，"00后"更洋溢着民族自豪感和自尊心，支持国货变成了他们关心国家的一种方式，超过一半"00后"认为国外品牌不是加分项。

2.4 其他消费人群分类——小镇青年画像

除了上文依据年代划分的"90后""95后"和"00后"消费人群，依地域划分的消费人群同样具有重要的参考意义。按照地域，可将数字营销的年轻消费者划分为都市青年、小镇青年和农村青年，而其中，小镇青年的消费潜力不容小觑。本节主要探讨小镇青年的用户画像。

根据拍拍贷和南方周末联合发布的《相信不起眼的改变：2018中国小镇青年发展现状白皮书》定义，小镇青年指出身在三四线及以下的县城、乡镇，在老家生活工作或前往大城市及省会周边城市打拼的青年。随着经济发展和城镇化进程的不断推进，下沉城市的基础设施、商业配套日益完善，下沉城市的年轻人群规模不断增长，移动互联网使用不断加深，小镇青年逐渐成为消费升级新势力。根据报告，小镇青年的用户画像呈现出以下特点：

（1）互联网接触时间长。相较都市青年更小的生活半径和相对快速的工作节奏，小镇青年有更多的社交和娱乐时间，在网络的连接下，地域和空间限制不断被打破，网络消费受青睐。

（2）人际交往多，但业余生活较为单调。由于稳定且紧密的地缘因素，小镇青年的人际交往比较多，但参加文化活动的比例非常低。据调查，有近四分之一的小镇青年从未有过看展览、听音乐会、看演出等文化活动的经历。

（3）青睐文化产品。小镇青年虽然收入比不过北上广为首的都市青年，但是他们对文化产品的需求有着强烈的渴望，尤其对那些体现国家力量、民族自豪感的文化产品格外青睐。

（4）追求精神需求的满足。小镇青年已经不再只满足于购买生活必需品，他们还会追求那些能满足精神需求的物品，如购买名牌产品、新款产品等，以此获得社会身份认同。

（5）富有乐观态度，追求上进。多数小镇青年对未来向上流动仍抱有较高期望，相信个人能力对成功起决定性作用，有关自我打造和自我提升的消费也逐渐提升。

 课后作业

1. 简述主力消费人群的分类及特征。
2. 简述确定营销客群的方法。
3. 结合实际，谈谈你对消费人群变化的理解。

3 数字营销传播理论基础

学习目标

➤ 了解网络营销和网络整合营销传播的定义和特征

➤ 了解网络传播和网络整合营销传播的全过程

➤ 了解新媒体、社交媒体和自媒体间的联系与区别

➤ 了解新媒体营销和新互动零售的三大要素

推荐阅读

➤ 公众号"清华管理评论"《新营销时代的新媒体战略》（2022-07-07）

➤ 公众号"梁将军"《内容点下一个十年：放弃内容营销》（2021-07-25）

➤ 公众号"SocialMarketing"《如何抓住年轻人的心？看巧乐兹玩转整合营销》（2021-07-19）

对一个品牌来说，品牌建立固然重要，品牌维护也不可或缺。只有消费者认可了企业的品牌，对品牌产生信任，才能够换来源源不断的销量，而品牌传播正是一种用来建立品牌的企业形象、促进市场销售、培养消费者忠诚度的有效手段。即便是超级品牌也在不断地进行品牌传播，巩固自身在消费者心中的地位。互联网时代下，企业进行品牌传播的手段日渐多样化，效果也得到了显著提升。麦当劳就曾策划过一场套餐+限量周边配送的营销活动，以汉堡打包盒为造型基础进行放大再设计，为下单指定套餐的消费者赠送10万份汉堡造型猫窝。活动上线当天，"麦当劳猫窝""麦当劳崩了"话题双双冲上微博热搜，麦当劳汉堡猫窝和各种宠物的合影在社交网络刷屏。在此次品牌网络传播活动中，麦当劳洞察到宠物经济发展的趋势，抓住了背后年轻人群体的社交话题点，从而引发线上讨论，再配以饥饿营销进一步刺激用户打卡分享，从而实现麦当劳的声量破圈。

3.1 网络营销传播

3.1.1 网络营销的定义

数字营销和网络营销本质上是相通的，只是数字营销所囊括的范围更大一些。因此想要理解数字营销，就必须对网络营销有一个全面的认识。品牌网络营销目前没有一个公认的、完善的定义。在不同时期、从不同的角度对网络营销的认识也有一定的差异，主要是因为在网络传播环境不断发展、变化的条件下，不断更新的网络营销模式层出不穷，而且网络营销涉及多个学科的知识，不同研究人员具有不同的知识背景，因此在研究方法和研究内容方面有一定差异。

从网络营销的内容和表现形式来看，有一种比较客观的定义：网络营销就是"网络+营销"，网络是手段，营销是目的。但这个观点只从某些方面反映出网络营销的部分内容，无法体现出网络营销的实质。为了研究的规范性，有必要为网络营销下一个比较合理的定义。

笼统地说，凡是以互联网为主要手段开展的营销活动，都可称为网络营销（有时也称为网上营销、互联网营销等），但实际上并不是每一种手段都合乎网络营销的基本准则，也不是任何一种方法都能发挥网络营销的作用。

本书认为网络营销可以被定义为"基于互联网络及社会关系网络连接企业、用户及公众，向用户及公众传递有价值的信息和服务，为实现顾客价值及企业营销目标所进行的规划、实施及运营管理活动"。

随着时间的推移，这种定义可能会显得不够全面，且不能反映时代特征。所以，对网络营销概念的理解不能僵化，而是需要根据网络营销环境的发展、企业实际情况、实践操作等综合因素灵活运用。

3.1.2 网络营销的特征

1. 时域性

互联网能够超越时间约束和空间限制进行信息交换，使得营销脱离时空限制变成可能，企业可以每周7天、每天24小时随时随地提供全球性营销服务。

2. 富媒性

互联网被设计成可以传输多种媒体的信息，如文字、声音、图像等信息，使得为达成交易进行的信息交换能以多种形式存在和交换,可以充分发挥营销人员的创造性和能动性。

3. 交互性

互联网通过展示商品图像、商品信息资料库提供有关的查询来实现供需互动与双向沟通,还可以进行产品测试与消费者满意调查等活动。

4. 个性化

互联网上的促销是一对一的、理性的、消费者主导的、非强迫性的、循序渐进式的,而且是一种低成本与人性化的促销,避免推销员强势推销的干扰,并通过信息提供与交互式交谈,同消费者建立长期良好的关系。

5. 经济性

通过互联网进行信息交换,代替以前的实物交换,一方面可以减少印刷与邮递成本,另一方面可以减少迂回多次交换带来的损耗。

3.2 营销传播理论沿革

3.2.1 品牌传播理论

提到品牌传播,我们一般会联想到品牌拥有者,即传播者、传播媒介、受众三个必不可缺的要素。罗宾·兰达(Robin Landa)[1]指出,受众是指所有与消费经历、品牌广告或社会公关活动相关的任何个体或群体。

3.2.1.1 品牌传播静态过程理论

在把品牌看作一种静态过程的理念支配下,对品牌的理解必然要出现偏差,致使品牌建构过多地从形式要素和外在动因去推动品牌运动,从而对企业形象设计、产品包装和广告过于重视,往往在即时的或近期的传播效果方面投入极大的精力和资源,与此同时,对品牌的传播内在要因却相当漠视。

3.2.1.2 品牌传播动态过程理论

所谓品牌的动态过程是指消费者对品牌需求的变化、品牌环境的改变以及品牌传播过程的变化。这些变动因素最终通过传播过程来实现品牌建构,并不断地改变品牌的构建方式和消费者品牌印象的结果。加拿大著名传播学家麦克卢汉曾经说过媒介即讯息,由此我们也可以说品牌即传播。

3.2.2 营销策略的演变

3.2.2.1 传统营销理论

1. 4P 理论

4P 理论产生于 20 世纪 60 年代的美国,是随着营销组合理论的提出而出现的。1953 年,

---

① 罗宾·兰达,是美国新泽西肯恩大学设计系的杰出教授,被卡内基教育促进基金会推选为时代的伟大教师之一,代表作有《跨媒介广告创意与设计》。

尼尔·博登（Neil Borden）在美国市场营销学会的就职演说中创造了"市场营销组合"（Marketingmix）这一术语，其意是指市场需求或多或少地在某种程度上受到所谓"营销变量"或"营销要素"的影响。1960年，美国密歇根州立大学的杰罗姆·麦卡锡（Jerome McCarthy）[①]在其《基础营销》一书中将这些要素一般地概括为4类，即产品（Product）、价格（Price）、渠道（Place）、促销（Promotion）。

1967年，菲利普·科特勒（Philip Kotler）[②]在其畅销书《营销管理：分析、规划与控制》第一版进一步确认了以4P为核心的营销组合方法，即产品（Product），注重开发的功能，要求产品有独特的卖点，把产品的功能诉求放在第一位；价格（Price），根据不同的市场定位，制定不同的价格策略，产品的定价依据是企业的品牌战略，注重品牌的含金量；渠道（Place），企业并不直接面对消费者，而是注重经销商的培育和销售网络的建立，企业与消费者的联系是通过分销商来进行的；宣传（Promotion），很多人将Promotion狭义地理解为"促销"，其实是很片面的，Promotion应当是包括品牌宣传（广告）、公关、促销等在内的一系列营销行为。

2. 4C 理论

到20世纪90年代，各种媒介飞速发展、传播速度越来越快，同时市场竞争也日趋激烈，4P理论受到挑战，开始向4C营销理论转变。

4C营销理论是由美国营销专家罗伯特·劳特朋（R.F. Lauterborn）[③]在1990年提出的。它以消费者需求为导向，重新设定了市场营销组合的四个基本要素，即消费者（Consumer）、成本（Cost）、便利（Convenience）和沟通（Communication）。它强调企业首先应该把追求顾客满意放在第一位，其次是努力降低顾客的购买成本，然后要充分注意到顾客购买过程中的便利性，而不是从企业的角度来决定销售渠道策略，最后还应以消费者为中心实施有效的营销沟通。相对于4P理论，4C理论就是"4忘掉，4考虑"：忘掉产品，考虑消费者的需要和欲求（Consumer wants and needs）；忘掉定价，考虑消费者为满足其需求愿意付出多少（Cost）；忘掉渠道，考虑如何让消费者方便（Convenience）；忘掉促销，考虑如何同消费者进行双向沟通（Communication）。

3. 4R 理论

唐·舒尔茨（Don E. Schuhz）[④]在4C营销理论的基础上提出了4R营销理论，它以竞争为导向，以关系营销为核心，重在建立顾客忠诚。该营销理论注重企业与顾客之间建立有别于传统的新型主动性关系。4R理论的营销四要素：

第一，关联（Relevancy/Relevance），即认为企业与顾客是一个命运共同体。建立并发展与顾客之间的长期关系是企业经营的核心理念和最重要的内容。

第二，反应（Reaction），在相互影响的市场中，对经营者来说最难实现的问题不在于如何控制、制订和实施计划，而在于如何站在顾客的角度及时地倾听和从推测性商业模式转移成为高度回应需求的商业模式。

---

① 美国密西根大学教授，4P理论的创始人，20世纪著名的营销学大师。
② 现代营销集大成者，被誉为"现代营销学之父"。
③ 营销理论专家，整合营销传播理论的奠基人之一。
④ 美国西北大学整合营销传播教授，整合营销传播理论的开创者。其经典著作有《整合营销传播》。

第三，关系（Relationship/Relation），在企业与客户的关系发生了本质性变化的市场环境中，抢占市场的关键已转变为与顾客建立长期而稳固的关系。与此相适应产生了 5 个转向：从一次性交易转向强调建立长期友好合作关系；从着眼于短期利益转向重视长期利益；从顾客被动适应企业单一销售转向顾客主动参与到生产过程中来；从相互的利益冲突转向共同的和谐发展；从管理营销组合转向管理企业与顾客的互动关系。

第四，报酬（Reward/Retribution），任何交易与合作关系的巩固和发展，都是经济利益问题。因此，一定的合理回报既是正确处理营销活动中各种矛盾的出发点，也是营销的落脚点。

4. 4I 理论

2010 年前后，国内营销专家刘东明提出了 4I 营销理论，成为电商社会化媒体营销的实施理论基础和新媒体营销的突围方向。其中包含以下四个原则：

原则一：趣味（Interesting）。

目前互联网产品立足点多数集中在"娱乐"二字，这在以充满趣味的文字、图片和视频展现内容，碎片化时代下的社会化媒体更是如此，枯燥、官方的话题已经逐渐被网民摒弃，缺乏趣味性的话题，网友将避而远之，没有转发分享的传播内容将不再有营销价值。

原则二：利益（Interests）。

利益指的是给企业社会化媒体粉丝关注和分享的理由，也是刺激信息交互的催化剂，无论是话题还是活动，都需要能够深入网友内心。企业通常会策划活动或以话题投票的方式给粉丝带去利益，主要包括物质和精神两方面，即能满足其内心需求的事物。比如天猫新浪微博会定期发送商家的促销信息和优惠活动。

原则三：互动（Interaction）。

与令人厌烦的传统广告相比，互动是社会化媒体营销的最大特性，企业可以通过平台与目标用户直接对话，及时回复反馈的问题，且能够感知到用户对企业的评价和好感度。这是传统报纸杂志无法媲美的，互动是企业进入用户内心世界的桥梁，也是赢得用户的必经之路。

原则四：个性化（Individuality）。

作为自营媒体，社会化媒体与传统的平面媒体最大的区别在于它具有生命力，是一个鲜活的个体，拥有自己的性格和态度。企业需要将自身的特点和文化用个性化的言语，让自营媒体鹤立群雄，摆脱惯用的模式，采用左脑思想，反其道而行之。

3.2.2.2　新媒体营销理论

传统营销策略在新媒体时代并未过时，只是传播媒介如今发生了变化，从传统的报纸、电视、户外广告等转变为手机、电脑、VR、AR 等，这就导致人与人之间从单向的传播演化成新媒体的双向互动传播。新媒体时代各种新硬件、新技术层出不穷，我们在做新媒体营销时需要根据媒介的不同特点适当优化改进，在技术和策划之间寻找平衡点。

1. AIDMA 法则

此法则自 1898 年提出一直沿用至今，其含义为引起注意（Attention）、产生兴趣（Interest）、培养欲望（Desire）、形成记忆（Memory）、促成行动（Action）。我们可以理解为先让消费者注意（Attention）到你的广告，进而产生兴趣（Interest），愿意深入了解，再到产生购买欲望（Desire），记住（Memory）广告内容，最后采取购买行动（Action）。这种通过"引起注意

（Attention）"的方式需要在媒体上投放刺激性强的内容并进行多次重复，尽可能多范围覆盖以达到让消费者愿意买单的目的。

2. AISAS 法则

随着互联网行业的发展，社交媒体逐渐成为网上的集市，搜索引擎也被广泛使用。传统的 AIDMA 法则已经满足不了新媒体营销的需求。2005 年又出现了 AISAS 法则。其含义为引起注意（Attlention）、产生兴趣（Interest）、主动搜索（Search）、付诸行动（Action）、口碑分享（Share）。尤其是消费者分享之后可以引起其他消费者的注意，进而使他人产生兴趣，形成一个销售闭环。值得一提的是，企业在做营销时，可以把传统的 AIDMA 法则和新媒体营销AISAS 法则配合使用，以求达到最佳的营销目标。

3.2.3 整合营销传播阶段

20 世纪 90 年代提出的整合营销传播理论，更进一步强调了品牌传播的重要性和必要性。随着市场的发展，品牌传播的经典模型 AIDA[①]已经不能解释品牌传播中的一些现象。不过与此同时品牌传播模式也在不断发展，主要表现为：

（1）传播的过程由单向传递转为双向沟通。

（2）传播内容重视符号化的消费者价值观和生活方式，而不只是品牌名称、利益等信息。

（3）随着互联网成为新的传播媒介，品牌传播的双方可以越过市场人员，品牌传播可以直接从单个消费者到另一个消费者。

品牌传播是从品牌到消费者的联结过程。传统上将品牌化（Branding）过程描述成向市场参与者传播品牌价值（Brand Values）的外部阶段。随着品牌竞争的日益白热化，品牌传播已经成为市场竞争的主要内容之一。

3.3 网络整合营销传播

你将如何选择营销传播工具和媒介来建立一个品牌?如果你是一个精明能干的市场营销经理，那么你的答案应该是通过整合营销传播流程。"整合营销传播"的概念，在词面上便体现出对"营销"与"传播"的结合。1964 年麦卡锡提出 4P 理论，其中促销（Promotion）即企业通过短期措施（比如降价、买赠），吸引其他品牌的消费者或导致提前消费来促进销售的增长。这一通过短期活动来传播产品信息的理念，便是"营销学"框架下"整合营销传播"的早期概念雏形。

3.3.1 整合营销传播的定义

随着营销实践的不断深入、媒体技术的日新月异，20 世纪末 21 世纪初学者们开始从各个角度探索整合营销传播的定义。

整合营销传播（IMC，Integrated Marketing Communications）是指将与企业进行市场

---

① AIDA 模式也称"爱达"公式，是艾尔莫·李维斯（Elmo Lewis）在 1898 年提出的推销模式，是西方推销学中一个重要的公式，它的具体含义是指一个成功的推销员必须把顾客的注意力吸引或转变到产品上，使顾客对推销人员所推销的产品产生兴趣，随后再促使采取购买行为，达成交易。

营销有关的一切传播活动一元化。舒尔茨认为："整合营销传播是一个业务战略过程，它是指制定、优化、执行并评价协调的、可测度的、有说服力的品牌传播计划，这些活动的受众包括消费者、顾客、潜在顾客、内部和外部受众及其他目标。"整合营销传播一方面把广告、促销、公关、直销、CI（组织识别系统，Corporate Identity System）、包装、新闻媒体等一切传播活动都涵盖于营销活动的范围之内，另一方面则使企业能够将统一的传播资讯传达给消费者。其思想取向是通过企业与顾客的沟通满足消费者需要的价值，核心是以消费者为中心的沟通。

清华大学姜旭平教授在其出版的《网络整合营销传播》一书中，从技术基础、电子商务、数字营销、传播方法和网络整合五个层面阐述了网络背景下营销传播的特点和内涵。尽管书名叫网络整合营销传播，但是书中并没有对"网络整合营销传播"提出一个明确的定义，只是提到 20 世纪 90 年代以来，由于互联网的普及，信息传播工具和信息传播环境发生了极大的变化。人们的信息获取方式日益呈现多样化，而且越来越依赖于网络媒体，因此企业的 IMC 不得不做出相应的改变，开始呈现出"立体化"的发展态势，朝着网络整合多媒体营销传播的方向发展。

3.3.2 整合营销传播的演变

3.3.2.1 第一阶段：战术协调

第一个阶段是战术协调，也是整合营销传播的初始阶段，即围绕一个重点传播主题，整合广告、促销、公关、包装、新闻媒体等传播活动，使得企业与营销的一切活动一元化，目标是为企业客户提供一个连续一致的传播规划。

舒尔茨强调了"speak with one voice"（用一个声音传播）的观点，"每一条信息都应使之整体化和相互呼应，以支持其他关于品牌的信息或印象，如果这一过程成功，它将通过向消费者传达同样的品牌信息而建立起品牌资产"。这意味着顾客与企业的关联不再是通过单一的、分散的营销传播活动，而是整合各种传播活动，使传播的执行能够相互配合，传达统一、一致的信息，创造一个统一的传播形象，从而能实施更有效的营销传播。通过持续性、深层次的沟通，企业不断探索与消费者所共同追求的利益最高点，最终满足消费者各方面的需求。目前消费者处在一个信息爆炸的时代，只有持续且有效地"speak with one voice"，才能更好地抢占消费者的注意力，强化品牌形象。

3.3.2.2 第二阶段：以客户为中心

第二阶段强调了以"客户为中心"的方法，认为客户或潜在客户与企业之间的所有能够产生连接的沟通接触点都应该被考虑在内。整合营销传播要做的就是寻找企业和用户之间一致性的区域作为品牌接触点，然后试图通过沟通扩大一致范围。接触点就是指无论何时何地，现有顾客和潜在顾客对品牌形象或者可传递信息的体验，包括所有与品牌有关的信息传播，其中每一个接触点都可以说是某种形式的品牌信息传播。

根据品牌与顾客之间沟通的信息渠道来源的不同，可以将品牌接触点分为四类，即计划接触点、产品接触点、服务接触点、非计划接触点。企业要抓住并有效管理能够影响品牌价值传递和价值提升的关键因素，才能更好地与消费者进行沟通。就产品接触点而言，产品是消费者体验品牌的核心环节，只有不断向消费者提供优质的产品，满足消费者的需求，才能让消费者在与产品接触的过程中收获良好的体验，增强消费者对于品牌的好感度。就服务接触点而言，企业应该加强对员工素质的培训，做好售前、售中、售后的服务管理，为消费者提供良好的购物体验。就非计划接触点而言，特别要提危机公关管理。有些时候一些突发事件会产生品牌危机，而目前信息传播的速度很快，如果不第一时间处理危机，品牌形象将会大打折扣。因此企业必须要完善危机评估机制与预警机制，建立危机信息收集、传递、治理及评估的畅通渠道，建立一整套科学、有效的评估体系和具体可行的操作办法，并建立健全危机应对机制，在危机发生时启动应急措施，积极主动地与消费者进行沟通。

3.3.2.3 第三阶段：信息技术应用

随着信息技术的发展，企业每天会接触顾客的大量直接数据或者间接数据，这些数据对于构建消费者画像有着举足轻重的意义。企业对这些大量的、分散的数据进行搜集、清理与清洗，能够更好地了解消费者的需求，并优化与消费者的沟通。

当前我们的社会已经进入大数据时代，通过核心技术的驱动和数据的挖掘模式的运用，能够帮助企业做内部数据挖掘、优化资源，进行消费者行为与心理分析的监测与反馈，使营销更为精准且高效，并通过实时的效果反馈帮助企业及时调整投放策略。

3.3.2.4 第四阶段：财务和战略的整合

第四个阶段强调企业的营销部门和财务部门的共同努力，结合具体的财务指标作为衡量尺度，如从财务角度对顾客或潜在顾客的价值及潜在价值进行评估、评估获客和留客的成本等，由此衡量投资回报率。

3.3.3 模型梳理

3.3.3.1 以受众直觉为导向的模型

品牌传播模型方面，首先是知觉模型，品牌持有人通过媒介向消费者发送信息，消费者简单接受这些信息，其中涉及三个部分：品牌、媒介、消费者。知觉模型的经典代表是 Shannon Weaver 模型[1]（Shannon & Weaver，1949）。DAGMAR 模型[2]（Colley，1961）也由此发展而来，认为品牌向消费者发送理性信息，消费者根据接收到的信息做出判断和行动。这些知觉模型都可以看作是同一个体系下的不同侧重。

著名的 AIDA 传播模型就是在此理论基础上建立起来的。早期的 AIDA 主要针对广告效果测量，强调的是信息得到消费者的注意（Attention），引起其兴趣（Interest），消费者产生购买欲望（Desire），随后采取行动（Action）。随后几十年中，AIDA 模型出现了各种变式，比

---

[1] 即香农-韦弗模式，是主要的传播过程模式之一，又称为"传播过程的数学模式"。由美国的两位信息学者 C. 香农和 W. 韦弗 1949 年在《传播的数学理论》首次提出。其内容主要描述电子通信过程，为传播过程研究更进一步提供了重要的启发。

[2] 达格玛模式，别名为科利法。全称为 Defining Advertising Goals for Measured Advertising Results，即"为度量结果而确定广告目标"。1961 年，由美国广告学家 R・H・科利（Russell H・Colley）在著名的《为衡量广告效果而确定广告目标》中提出。科利认为，广告成功的标准是，能有效地把想要传达的信息与态度，在正确的时候花费正确的成本传达给正确的人。

如加入了 M（Memory）或 C（Conviction）或 S（Satisfaction）的概念，强调记忆、信任、满意在品牌传播中的重要性。在 IMC 理论体系下的 AIDA 模型有了进一步发展，指出品牌拥有者向消费者发送的信息不只是理性信息，还包括情感信息，A 在某些变式中指代认知（Awareness）。

3.3.3.2 社会利益相关者视角的品牌传播模型

品牌创造社会模型充分考虑了消费者个人经历、人格、偏好、市场体验、想象以及媒介等诸多因素影响，认为品牌传播是消费者经过调节和协商，对市场营销产出进行翻译和再创造的过程。同时期，营销界出现了关系营销（Relationship Marketing）概念和利益相关者理论（Stakeholder Theory），强调企业在制定营销战略时，应该考虑各个利益相关者（包括顾客、政府、媒体以及其他社会团体和组织）的要求，以达到互惠双赢共同发展的目的。市场的实践和发展带来理论模型的创新，而理论模型的发展又促进了营销传播方式的发展变革，两者形成了一个互相促进的发展系统。

近几年来，体验（Experience）成为学者们关注的热点。这一阶段的营销模式突出了情感体验对消费者的重要性，消费者往往基于瞬间的情绪情感体验做出决策。因此，有研究者认为情感才是联结消费者与品牌的最关键因素，品牌成功的最高境界是品牌挚爱（Brand Love）。消费者对品牌的热情、信任等情感，大量地在体验中产生。

3.3.3.3 品牌社区传播模型

品牌社区的概念由穆尼兹（Muniz，2001）和基恩（Guinn，2001）提出，他们将品牌社区定义为基于品牌爱好者之间关系而形成的不受地域限制的特殊团体。品牌社区以消费者对品牌的情感利益为联系纽带。在品牌社区内，消费者基于对某一品牌的特殊感情，认为这种品牌所宣扬的体验价值、形象价值与自身的人生观、价值观相契合，从而产生符号化消费。厄普肖（Upshaw，2001）等人认为一切与品牌有关的利益相关者（如员工、顾客、股东、供应商、战略伙伴及其他利益相关者）都应包括在品牌社区内。亚历山大（Mc Alexander，2002）等人强调了核心消费者（Focal Customer）的概念，认为品牌社区是以消费者为中心的一种结构，该结构中存在着与消费者相联系的各种关系和实体。品牌社区概念出现之后，学者针对品牌社区的传播模式提出了一系列理论模型。

1. 传统品牌社区模型

这种模型就是简单消费者-品牌模型，消费者把品牌看成是企业对于产品的承诺、保证，而品牌代表着一种契约。所以在这个模型中，随着消费者需求的变化，品牌的承诺也得相应地变化。品牌和消费者只是单线的平衡关系。

2. 三角品牌社区模型

这个模型在前一个模型的基础上加入消费者因素。因为围绕着同一品牌，消费者之间也会产生交流，进而在品牌的价值、文化、情感上产生共鸣。这时的消费者不但关心产品功能性上的满足，更需要精神上的满足。根据马斯洛需求理论，人在基本需求得到满足后，对于情感的需求会上升到一个更高的位置。这个模式更强调的是消费者之间的联系。

3. 品牌利益者关系模型

这个模型其实是扩大了品牌社区的元素，所有和品牌相关的利益者如员工、顾客、股东、供应商、战略伙伴等都被加入进来，形成了综合性的品牌社区。这个模式要求品牌的利益相关者统一维护品牌的形象，建立维护品牌的和谐关系，为品牌的发展创造健康的环境。

4. 核心消费者模型

该模型强调品牌、产品、营销者、消费者均为品牌社区的元素，强调核心消费者对于品牌的链接作用，其实就是强调"种子用户"的功能。种子用户能促进品牌的传播，给品牌和产品背书，影响其他消费者的购买情况，这一类人就是产品的"舆论领袖"。所以企业在发展的进程中一定要定义清楚核心用户，尽量提升核心用户的满意度和忠诚度。

3.3.3.4 舒尔茨-田纳本-劳特朋的 IMC 模型

该模型体现了"传播战术"在营销中的重要性：营销即传播，传播即营销，二者密不可分。该模型以数据库、消费者细分、接触管理、沟通战略来共同发展整合营销传播活动的主体，即传播战术的组合：广告、公共关系、促销、直销、商品陈列及店头广告、售后服务。同时，模型也表达出整合营销传播"战术"取决于消费者细分、顾客接触点、沟通战略、外部环境等"营销战略"方面的要素。整体上，该模型强调了消费者细分的基础，明确了沟通战略的导向，嫁接了接触管理的理念，并且整合了诸多的沟通方法，但尚未提及整合营销传播的预算管理以及对反馈结果的控制。

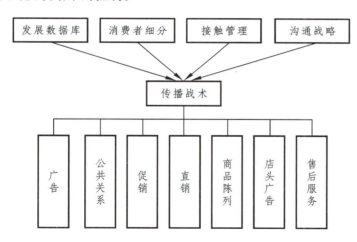

图 3-1　舒尔茨-田纳本-劳特朋的 IMC 模型

3.3.3.5 贝尔齐的 IMC 计划模型

贝尔齐除设计了完整的整合营销传播计划模型以外，他还将整合营销传播的方案分为广告、直效营销、销售促进、公共关系、人员推销五种类型，这一模型使传播方案的执行路径逐渐清晰起来。

回顾各个阶段的品牌传播模型，品牌传播的核心逐步从品牌拥有者向消费者偏移。因此，对于品牌社区，仍然有许多具体问题需要进一步深入研究，品牌社区的形成机制、心理特征、成员特质以及不同商品种类或品牌的品牌社区差异等都是值得探讨的话题。

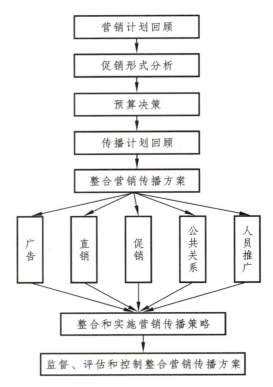

图 3-2　贝尔齐的 IMC 计划模型

　　整合营销传播的思想已经成为信息时代的主流品牌传播观念，基于消费者利益的双向机制成为焦点。以利益相关者为主导和品牌社区意识下的品牌传播模型成为研究热点，有许多实证问题需要深入研究。品牌传播研究至今，越来越趋近于各个学科的综合运用，从许多角度上来说，针对消费者本身尤其是核心消费者的研究，或将成为更现实和迫切的问题。

3.3.4　整合营销传播的优缺点

3.3.4.1　整合营销传播的优点

　　（1）传播过程始于消费者。

　　（2）传播者使用各种形式的方法和消费者接触。

　　（3）营销传播要素协同发挥作用。一个品牌的营销传播必须"用一个声音说话"，信息和媒介的协调对树立一个有力并统一的品牌形象并使消费者倾向于采取购买行动极为关键。总而言之，用一个声音说话或者说是协同作用，都要求为品牌选择一个独特的定位描述。定位描述是企业的重要理念，它一方面包括一个品牌所要代表的目标市场的想法，另一方面包括通过各种媒介渠道向消费者传递的一致信息。

　　（4）和消费者建立关系。可以说，关系的建立是现代市场营销的关键，而整合营销传播又是建立关系的关键。所谓关系就是品牌和消费者之间持久的联系。成功的关系能够引起消费者的重复购买甚至是建立起对品牌的忠诚。

　　（5）最终可以影响消费者行为。

3.3.4.2 整合营销传播的局限性

整合营销传播最大的局限是几乎没有任何营销传播服务提供者具有如此广范围的技能，因为它包括从计划到执行的各种营销传播形式。

在过去的几十年中，营销传播工具和媒介的选择与使用都发生了显著的变化。这些变化的出现与计算机、数据库、新的传播技术的广泛使用以及品牌选择的扩展有关。在整合营销传播中，除了应该明确使用哪些营销传播工具以及其所占比例外，还必须针对消费者和潜在消费者的咨询、抱怨、建议等信息，做好信息的建立和传递工作。

3.4 新媒体营销三大要素：内容、关系链、场景

3.4.1 新媒体、自媒体和社交媒体间的联系与区别

信息化时代的到来，为新媒体、自媒体以及社交媒体的发展带来了前所未有的机遇，但很多人在研究这三者时经常混淆不清，那么它们之间究竟有什么联系和区别呢？

3.4.1.1 新媒体

新媒体（New Media）一词源于美国哥伦比亚广播电视网（CBS，Columbia Broadcasting System）技术研究所所长戈尔德马克（P.Goldmark）在 1967 年提出的一份商品开发计划。之后，美国传播政策总统特别委员会主席罗斯托（E.Rostow）在向尼克松总统提交的报告书中，也多处使用了"New Media"一词（1969 年）。由此，新媒体一词开始在美国流行并迅速扩展至全世界。

联合国教科文组织对新媒体的定义是"以数字技术为基础，以网络为载体进行信息传播的媒介"。美国《连线》在职对新媒体的定义是"所有人对所有人的传播"。

这两个定义反映了新媒体的两个核心：一是传播媒介是基于互联网的新媒介，二是传播者是所有人。不过第二个特点在新媒体发展早期并没有被强调，直到自媒体迅速发展，普通个人作为传播者才引起广泛关注。

3.4.1.2 自媒体

自媒体（We Media）概念于 2002 年年底由专栏作家 Dan Gillnor 首先提出。美国资深媒体人 S.Bowman 和 C.Willis 联合发布的名为"We Media"的线上研究报告指出，自媒体是普通大众经由数字科技强化与全球知识体系相连之后，一种开始理解普通大众如何提供与分享他们自身的事实、新闻的途径。

这个定义的重点是"普通大众"，即自媒体的核心。传统媒体把传播者和接收者区分得很清楚，是一种"自上而下""点对面"的传播方式，自媒体打破了这种不公平的传播方式，它强调普通大众也可以成为传播者，传播者和接收者的界限被模糊，传播方式转化为"点对点"。从定义分析，自媒体是一种特殊的新媒体，它对新媒体中的传播者做了更严格的限定。

当把新媒体的传播者被限定为"个人"时，它们就成为自媒体，例如个人博客、个人主页、个人日志等。

表 3-1　新媒体和自媒体的比较

	传播者	信息	媒介	接受者	传播效果
新媒体	媒介组织、个人	符合监管要求的任何信息	基于互联网的新媒介	所有人	引起受众思想观念、行为方式等的变化
自媒体	个人	符合监管要求的任何信息	基于互联网的新媒介	所有人	引起受众思想观念、行为方式等的变化

3.4.1.3　社交媒体

社交媒体（Social Media）概念最早出现在安东尼·梅菲德（Antony Mayfield）的《什么是社交媒体》一书中，在该书中社交媒体被定义为一种给予用户极大参与空间的新型在线媒体。以 Meta 和 Twitter 为代表的社交媒体就在全球产生了巨大的影响力，并逐渐发展成为与门户网站、搜索引擎和电子商务相匹敌的互联网基础性应用。

新奇克利夫（Hinchcliffe）认为社交媒体的定义应遵循一些基础规则：以对话的形式沟通，而不是独白；参与者是个人，而不是组织；诚实与透明是核心价值；引导人们主动获取，而不是推给他们；分布式结构，而不是集中式。

社交媒体与其他新媒体的区别在于，社交媒体在网络中模拟了真实世界的人际关系，并且将真实世界的信息传递方式在互联网进行移植、扩大，使得个体的声音被传播得更远。并且，它的传播者也是个人，不是组织。所以，我们可以把社交媒体理解成是一种特殊的自媒体，它强调接收者由所有人变成社交关系链上的人。

当为自媒体的接收者创建一个基于熟人关系或兴趣爱好的社交网络时，它们就成了社交媒体，例如基于兴趣社交的微博、基于熟人社交的微信、基于知识社交的知乎等。

表 3-2　自媒体和社交媒体的比较

	传播者	信息	媒介	接受者	传播效果
自媒体	个人	符合监管要求的任何信息	基于互联网的新媒介	所有人	引起受众思想观念、行为方式等的变化
社交媒体	个人	符合监管要求的任何信息	基于互联网的新媒介	社交关系链上的人	引起受众思想、行为方式等的变化

3.4.1.4　新媒体、自媒体和社交媒体的关系

新媒体概念最为广泛，自媒体是一种特殊的新媒体，社交媒体又是一种特殊的自媒体。三者的关系如图 3-3 所示。

图 3-3　新媒体、自媒体和社交媒体的关系

3.4.2 内容

3.4.2.1 内容三大特点：模糊化、碎片化、感官化

优质的内容永远是有价值的，因而很多人将"在新媒体创业"叫作"内容创业"。新媒体内容呈现三大特点：模糊化、碎片化和感官化。

1. 模糊化

随着普通用户参与内容生产的程度越来越高，品牌网络传播内容生产呈现出以下几种模式：

（1）PGC（Professional Generated Content），专家生产内容。比如新浪门户，基本由专业编辑生产文章。

（2）UGC（User Generated Content），用户生产内容。比如社交平台抖音、快手上的大部分内容都是由用户贡献的。

（3）PUGC（Professional User Generated Content），将 UGC 和 PGC 融合。例如"知乎"，早期采用邀请制注册方式，各领域的意见领袖纷纷入驻，主要由他们生产内容。随着社区开放，普通用户除了围观，也可以积极贡献内容。

这三种内容生产模式并没有绝对的优劣之分，PGC 由"点"到"面"，对受众的穿透性强；UGC 多元化生态黏度更好；而 PUGC 结合了两者的优点。由于社交的多元化，P 和 U 的界限也越来越模糊，在合适的情景下，三者可以互相转化，由此体现出内容生产的模糊化。

2. 碎片化

随着移动互联网的普及，人们在更多的生活场景中使用手机，如起床、上班路上、睡觉前、吃饭时等。用户使用手机的时间分散产生了显著特点——时间碎片化。时间碎片化意味着用户无法长时间聚焦在一件事情上。因而，内容需要顺应这个特点，呈现碎片化的形式。

在微电影出现之前，电影、电视剧等长视频是视频的主流形式。2005 年年底，网络短片《一个馒头引发的血案》爆红，这个时长 20 分钟的视频，当时下载量击败电影《无极》，被公认是微电影的雏形，也让 20 分钟成为微电影的一道分水岭。微电影的萌芽推动了短视频的草根化，培养了网友利用碎片化时间拍摄、制作、上传、观看的意识。经过 3 年沉淀积累，智能手机和 4G 网络的普及解决了流量制约。用户碎片化阅读习惯的养成，支撑了移动短视频应用的出现，视频时长从 20 分钟演变到 15 秒。而被称为"两微一抖"的抖音与微信、微博则彻底将 15 秒重新定义为移动短视频的模式。除视频外，文字的呈现方式也在变化，为迎合现阶段读者的碎片化阅读习惯，大量文字的长篇文章形式被逐渐舍弃，取而代之的则是富有趣味性的图文结合式、对话式等简洁新颖的文字呈现方式。

3. 感官化

碎片化信息逐渐趋于饱和，争夺用户注意力成为品牌需要思考的难题。为此，品牌开始制造"持续性局部注意力"（Continuous Partial Attention），即在某一时刻让用户持续沉浸在内容中，吸引用户注意力。大量"新、奇、特"的内容被生产出来，利用人的视觉、听觉、嗅觉、触觉、味觉，将产品特色与感官结合，营造品牌的体验式场景，打造品牌的专属营销内容，带给用户直接、新鲜的感官刺激，给用户留下深刻的印象和品牌记忆点，从而影响用户的消费决策，建立起有效的品牌资产。

3.4.2.2 品牌网络传播内容的步骤

1. 内容以品牌战略为中心

品牌网络传播内容服务于品牌战略,用清晰的品牌定位指导内容传播的展开,通过图片、文字、动画、音频、游戏和直播等载体向用户传递有价值的品牌信息、表达品牌文化提升企业形象,形成显著独特的竞争优势,扩大企业的影响力。

2. 内容从满足用户需求出发

内容必须基于对消费者的深刻洞察,不断根据他们的需求进行生产创作,从而与其产生共鸣,获得用户关注和提升转化率,追求提升忠诚用户的数量和质量来使得品牌后期持续营利。同时,让消费者有机会参与到内容的创造和传播过程中,生成"用户创造内容",形成二次传播,触达更多的潜在用户,从而扩大品牌影响力,和用户共享品牌文化内涵,共创品牌精神空间,增厚品牌社会价值。

3. 内容场景化建立品牌依恋

在消费者的注意力日益碎片化的今天,品牌需要持续输出相关高质量内容吸引消费者的注意力,为消费者创造场景体验、情绪体验和其他附加价值。场景化的内容从生活角度出发,通过一种独特的沉浸感和代入感将内容生动形象地呈现在大众面前。品牌根据不同消费者群体的用户画像制定不同的使用场景,让消费者感受到品牌与日常生活是息息相关的,从而激发特定场景下消费者对品牌的依恋。

3.4.3 关系链

3.4.3.1 品牌数字营销关系链分类

1. 弱关系链

弱关系即陌生人关系,比如微博、知乎、小红书等。弱纽带效应促使具有不同社会特征的品牌用户相互连接,形成弱关系链,体现了传播的广度。在弱关系网络中,用户群体关系的发展摆脱了地域、时间等维度的约束,尽管个体之间亲密度低,但数目庞大,用户建立起连接后可以实现品牌信息的快速传播和裂变,有效扩张品牌社群边界。同时,品牌需要搭建符合不同用户需求的新场景,保持场景多元,实现关系链的扩张,这是因为建立起弱关系链的用户具有不同的社会背景和资源。

2. 强关系链

强关系即熟人关系,如微信。强关系网络中的用户彼此熟悉,个体心理、地理位置接近,强关系链更能传递归属感和影响力,在品牌和用户之间建立更强的信任感,从而对用户品牌态度产生一定影响,提高用户的品牌认同度和购买力。同时,强关系链是用户间基于共同价值观和商业利益的高效交互连接,更便于品牌洞察用户特征,开展垂直精准营销,实现服务变现。

3.4.3.2 关系链连接方式

新媒体主要由用户生成内容,尤其进入 Web2.0 时代后,信息流动的方向从单向变成了多向。因而,在内容传播时,社交关系链随之改变。从社交维度,可以将人和人的关系分为三个方向：一对一、一对多和多对多。

1. 一对一：单个用户之间

一对一的关系链更多存在于单个用户之间，关系更加私密和直接，从社交场景的维度考量，一对一属于点对点的社交。一对一的场景分为"企业和用户一对一""用户间一对一"，维护好一对一的关系可以增强用户参与感。品牌做个人微信号的原因之一就是可以和用户建立一对一的关系链。

2. 一对多：社交货币

一对多的关系指用户群发或主动表达的这一系列行为，可以用社交货币的概念解释。"社交货币"这个概念出自社交经济（Social Economy），它用于衡量用户分享品牌相关内容倾向性。社交货币涵盖了用户主体在社交网络上的所有行为。品牌网络传播需具备社交货币，其能有效提升品牌的感知质量、品牌信任和品牌忠诚。在一对一的传播中，用户之间是两点间的联系，不涉及传播量。在一对多的传播中，由于每个用户的好友数不同，所以影响力也不同。线的连接有两个因素。一个是连接的广度，即能直接影响多少人。另一个是连接的深度，也就是最多能连接多少圈层。

3. 多对多：社交圈层

社交圈层和圈层之间的信息传播就是多对多的关系，关系到信息传播的频次和深度。圈层是多维度的，可能和地域、职业、兴趣爱好、社会关系等相关。2021年后，中国网民数量超过10亿，但仍然存在着社交圈层之间互不了解的情况。小型传播事件只能在某一个圈子内引爆，而大型传播事件可以通过内容和跨圈层的人完成圈层的穿透，所以在品牌网络传播过程中寻找跨界的KOL或者渠道尤其重要。

3.4.3.3 强化品牌数字营销关系链

1. 拓展关系链传播系统

关系链是基于熟人朋友、兴趣爱好、社会交往等建立的网络连接，各种关系相互交织、延伸，组成了关系网。品牌利用大数据等数字技术能够使用户数据采集变得更为准确、持续，给关系链传播带来更广泛、庞大的数据资源，广泛地连接用户所能触及的关系人群。同时利用大数据，根据用户的性别、年龄、生活方式、文化背景、网络行为等个性化属性以及社交关系，将信息精准投放，形成快速分享、兼容的传播矩阵，从而实现品牌在关系链中更广范围、更精准的传播。

2. 寻找优质意见领袖

优质的意见领袖具有强大的吸引力和传播能力。选择影响范围广、引领能力强而又与品牌形象和目标消费者关联度高的意见领袖，在社交网络中进行先导性传播，可以带动粉丝自然、积极、主动地参与品牌传播活动。加之品牌提供富有黏性、新鲜有趣的信息，极易提高用户思想及行为的热度和兴奋度，使信息在关系链中排浪式流动，产生良好的推广效果。

3. 保持关系链活跃度

强化关系链中的用户关系，增强关系链的活跃度，可以保持用户对品牌的信任度。一方面，关系链中的每个用户都镶嵌着多关系，通过引导用户在微博、微信等社会化网络中互动，用户关系得以交互、延伸、强化，品牌信息可以在庞大的社交网络中传播并持续流动。"留言及评论"和"好友邀请加入互动"是两种主要的增强网络人际关系的互动传播方式，用户间的互动拓展了人际传播范围，形成病毒式传播效果。另一方面，品牌还可以通过完善用户权利、提供精品定制，组织线上线下的活动等方式培养粉丝黏性，增强品牌认可度，刺激消费行为。

3.4.4　场　景

3.4.4.1　品牌数字营销场景分类

1. 按界面划分

按照界面形式划分，营销场景可以分为现实场景、虚拟场景、现实增强场景三种类型。现实场景是基于现实界面形成的建构于现实生活中的场景形态。虚拟场景是指通过互联网络的线上服务为受众提供满足其媒介预期的虚拟界面环境，用户进行消费体验一般是先从虚拟场景开始，做出购买决定才会进入现实场景，最终促成消费。因此，在移动互联环境下，虚拟场景搭建尤为重要。可从用户的实时状态、空间环境、生活惯性、社交关系着手，对每一类别进行概念的操作化。现实增强场景则是现实场景与虚拟场景相结合的产物，虚拟场景内容能够有效增强现实场景内容的表达强度与呈现效果，从而提升用户对现实场景的感知与认同。人工智能、AR、VR 等技术从人感官的方方面面进一步精准复制技术环境，推动虚拟与现实之间的融合。

2. 按功能划分

按照场景的功能划分可以分成实用功能场景、享乐功能场景。马斯洛的需求层次理论将人类需求从低到高分为五个层次，依次是生理需求、安全需求、社交需求、尊重需求和自我实现需求。能够满足受众的生理需求、安全需求等基本生活需求的场景是实用功能场景，满足受众的社交需求、尊重需求、自我实现需求等更高层次需求的场景是享乐功能场景。

3.4.4.2　品牌抢占场景先机的三个要素

1. 场景适配

场景适配包括目标用户的适配、线上线下场景的适配、营销内容的适配三个方面。目标用户适配指品牌为目标用户在其需要的时候提供符合场景的信息。线上线下场景的适配指品牌利用人工智能和虚拟现实等技术寻找线下与线上场景的连接点，促进二者融合。场景营销需要达到营销内容的适配，即目标人群在营销场景中看到的内容与自身相关或者符合情境，可引起用户共鸣或者影响用户的态度和行为。

2. 触发频次

场景的触发频次，就是用户可能在该场景出现的次数。健身房用户可能一星期只去 1 次，属于低频场景。而微信用户一天可能要刷五六次，一次看 10 条信息，这样一个月可能要看 1500 条信息。高频场景意味着接触频次高，存在更多传播的可能性。

3. 沉浸体验

基于手机等移动设备带来的影响，受众的时间变得碎片化，企业利用好碎片化时间抢占场景入口并提供优质的体验将有益于提升自身的竞争优势。用户在某场景停留的时间越长，接收的信息就越多或者更深入，其商业价值的想象空间也越大。品牌可利用 VR、全息投影、可穿戴设备等增强用户在场景中的沉浸体验和互动。

3.4.4.3 品牌利用场景进行数字营销的作用

场景作为一种人为构设且"被建立"的环境，是品牌基于对用户数据的挖掘、追踪和分析，在由时间、地点、用户和关系构成的特定场景下，连接用户线上和线下行为，为用户提供实时、定向、创意的信息和内容服务。一方面场景是品牌在用户原来的诉求基础上提出的新解决方案，另一方面品牌也可以挖掘用户潜在的痛点，针对用户尚未意识到的诉求构建一个新的场景，解决用户的需求。

相较于单一营销方式，场景营销具有明显优势：伴随着各种硬件设备的发展，对用户线下行为量化成为可能，用户线上数据和线下数据的结合使营销服务商对用户行为预测更为精准；延续程序化购买的特点，以"受众购买"为立足点，围绕用户需求生产营销内容，因而场景营销内容往往具有良好体验，更易通过用户的自发互动引爆社交网络；营销行为的贴近性，能有效提升购买率，优化数字营销效果监测；便利店、餐饮娱乐场所等的数字化营销需求得到极大满足。

3.5 新互动零售三大要素：人、货、场

"人-货-场"三维度场景化营销主要是以用户体验为核心，围绕用户有可能使用产品的场景进行各种主题的"人-货-场"三维度场景立体设计。"人"主要是以用户为中心，吸引新老用户，品牌或商家快速引流。"货"指产品营销、货物营销。"场"主要指主题和场景，构思不同消费场景，从而优化消费者体验。随着目前电商与内容的融合，传统用户"需求确认-信息搜集-购买决策"的购物模式被改变，随之而来的是"人-货-场"三维关系的改变。随着互联网和电商的发展，人从同质化消费向差异化、个性化消费转变，货从简单的商品概念向品牌价值、全方位体验转变，场从线上、线下零售终端向泛零售、多元化场景转变。品牌对于人、货、场的深耕以及关系重构，也催生了不同的商业模式与发展机会。

3.5.1 互动营销的关键：用户

在传统品牌传播中，企业更多关注的是货和场。好而全的产品、价格优势、好的商圈地理位置和一站式服务是企业盈利成功的关键。在网络传播的背景下，品牌更多关注了"人"的重要性，以人为中心，关注消费者的体验，通过大数据和互联网的技术，提供个性化的服务，实现新的发展。

1. 作为消费者的用户：引爆用户增长

企业作为商业组织，终极目标是获取利润，获取利润的前提是用户规模的增长和企业销售额的增长。只有用户规模不断增长，才能实现企业销售额的持续性增长以及利润的持续性增长。企业一方面通过大数据技术对消费者数据进行分析与挖掘，更好地了解消费者的购买偏好，深入了解消费者的需求，对消费者进行精准化营销；另一方面使品牌自身和营销方式

融入新元素，引导顾客新需求和消费方式，抢占新市场，培养潜在顾客。

2. 作为内容生产者的用户：建立强连接关系

移动互联网时代的用户需求更为个性化、多元化，用户制定消费决策时，不但会考虑商品，还会考虑服务与体验，并且和企业精心设计的营销内容相比，他们更愿意相信朋友圈中亲朋好友的口碑推荐。因此，加强品牌建设、对用户开展社群化运营成为零售企业的必然选择。企业应该把顾客看作企业内部的一部分，满足顾客更高层次的情感需求，让顾客产生情感归属，感受到自己不仅是消费者而且是企业的参与者。通过移动互联网，可以高效便捷地让用户参与到企业生产经营活动之中，不仅可以为企业开发新品提供创意与灵感、为企业业务流程改造建言献策，还能够帮助企业测试新品、增强口碑传播、处理公关危机等。

3.5.2 品牌数字营销的连接体：产品

"货"是用户和企业之间的连接体，一切购买活动的目的都是为了获得相应的"货"，"货"既包括实体货物，又包括虚拟的服务。随着消费升级，人们对产品需求的边界无限扩大。

1. 产品创新：全方位满足用户需求

传统营销中"正确的产品"有可测量、可改进、可控制的标准。数字营销时代，满足用户感知、情感、心理层面的需求是很难用数据和标准衡量的。多元化消费时代的商品需要被重新定义，它不仅要具备功能性、实用性、耐用性等基本属性，更要输出文化、价值观、生活方式，具备独特的风格与调性。因此品牌需要不断靠近用户，根据用户的需求不断迭代创新产品，依据用户外延需求增强产品体验感。

2. 产品售卖：优化配送供应链

除了不断创新产品满足用户需求，企业也要构建更加高效智能的供应链，为实现用户的"便利性"与"体验性"提供可能。处于当下的互联网环境，企业可以在供应链方面做出如下改变。第一，根据企业的规模、产品的类型制定正确的供应链策略。第二，品牌方整合线上线下平台，建立线上线下信息共享，线下平台基于地理位置技术对线上平台的物流配送环节进行赋能以提高物流配送效率。第三，建立扁平化供应链，供应商直接发货给用户，提高货物供应效率。高效便捷的供应链能够实现消费者体验的升级，使品牌传播效果得以优化。

3.5.3 品牌数字营销中的路径：场景

"场"主要指主题和场景，企业通过构思不同消费场景来增强客户体验。场景化营销中的"场景化"有初级和综合场景化之分。初级场景化是指企业采用单一方式构建场景，比如从声音、图片、文字、视频等方式中选取一种方式应用来触动客户购买欲望。综合场景化是指综合以上几种方式来进行构建场景的营销模式，而新营销背景下被泛化的"场"不再局限于终端，"处处皆可零售"成为现实。

3.5.3.1 场景化营销：提升用户消费体验

利用随时可能出现在消费者身边的媒体及其他服务，根据消费者所处的时间（Time）、地点（Place）、环境（Occasion）的不同，即时提供信息、产品或服务来满足不同场景之下不同消费者即时的具体需求。当我们进行场景化营销的时候，其实是在进行一种维度的转变：当我们从年龄、性别、爱好、地域、收入等指标去把握消费者的需求时，我们关注的是消费者自身；而当我们通过具体的场景去把握消费者的需求时，我们关注的是客观的环境，也可以说，我们不再关心消费者在大的时间和空间尺度下的"我是谁"，而是聚焦到具体的一个小的场景下的"我是谁"，而这种聚焦得益于信息技术的发展才得以实现。

多元化消费时代中，日渐加快的生活节奏及智能手机的推广普及，使消费场景呈现出碎片化、移动化的新特性，消费场景需要更具沉浸感才能抓住用户。通过大数据，消费场景能够实现"千人千面"的定制化打造，和人们的本地化生活场景深度结合。同时还可以结合消费者在不同场景中的差异化需求，建立顺畅、无缝的全渠道用户场景路径，推送其感兴趣的内容，刺激更多的冲动消费及口碑传播。

3.5.3.2　新营销环境下优化场景布局

在推动结构转型升级，谋求创新驱动发展的态势下，企业营销需求增多，要求趋严，对品牌和效果的考核并重，场景营销为企业提供了一种新选择；中等收入人群快速增加，其文化娱乐需求和消费增长呈井喷之势，对营销的内容和形式提出了新要求，相对单一的广告内容和形式已经落伍，场景化营销内容受到欢迎；线下智能设备如 Wi-Fi、iBeacon①等的大量铺设使对人线下行为的定位、识别和追踪成为可能，为场景营销提供了新的场景入口和数据，场景营销生逢其时。

1. 链接产业链上下游

相较于传统数字营销，场景营销产业链中除广告主、营销服务商和媒体外，还涉及线下场景数据采集平台、线下场景应用平台等目前在细分领域如 CDP（客户数据平台，Customer Data Platform）等仍有市场空白。根据场景营销的发展状况，可将产业链主要参与者角色分为线下场景入口、线上场景入口、场景及用户数据平台和场景营销服务商。其中，线下场景入口主要包括线下场景应用平台和线下场景数据采集平台；线上场景入口则包括智能 OS 入口、支付平台入口、消费及生活服务平台入口、其他媒体入口；场景及用户数据平台包括场景数据平台、金融数据平台、用户行为数据平台及其他数据平台。

通过连接广告主和媒体，在场景营销产业链中起到承上启下的作用，营销服务商发力场景营销，均结合自身过往经验和已有资源，如：以光音网络、力美科技、蓬景数字、云联传媒等为代表的一批 DSP（数字信号处理，Digital Signal Processing）平台，选择与线下场景数据采集平台合作，实现优势互补，聚焦于场景营销的程序化购买；从线下发力的蜂巢天下、鲜老虎等，致力于为本地商户提供基于会员、营销和交易数据的整合营销服务；从工具产品中衍生出营销服务的个灯和易企秀，其业务也呈现出快速上涨。

2. 深化数据开放

未来，人类将处在大数据时代，智能手机及各种传感器将记录、存储人类的一举一动、一言一行，人类生活的社会将变成一个巨大的数据库，技术的发展为预测人类行为提供了可能；场景营销发展的核心便在于预测用户行为，用户每时每刻产生的数据，都将被场景营销

---

① iBeacon 是苹果公司 2013 年 9 月发布的移动设备用 OS（iOS7）上配备的新功能。其工作方式是，配备有低功耗蓝牙（BLE）通信功能的设备使用 BLE 技术向周围发送自己特有的 ID，接收到该 ID 的应用软件会根据该 ID 采取一些行动。

产业链中各环节上的企业用于用户细分研究、用户行为研究、用户留存研究、用户媒介接触习惯研究等，更好地服务营销行为，提升营销效率。国内企业对数据一直持相对保守谨慎的态度，由此造成的数据孤岛现象制约了场景营销的发展。伴随着互联网营销的高速发展，营销产业链中各方角色对数据开放的认识将逐步深入。当其认识到数据的开放而不是封闭能带来更大价值时，在营收和利润驱动之下，数据开放和共享将迎来破冰。未来，随着数据交换的发展，企业间的信息和数据协同不断深入，将助力场景营销成为营销新常态。

3. 营造"时间—空间—关系"立体场景

在即将到来的物联网时代，各种信息传感设备与互联网结合后，将形成一个巨大复杂的网络，覆盖广泛丰富的场景。语音识别、图像识别、体感互动和情绪感知等技术的发展，有望实现对人的全面感知，与此同时，随着 VR、AR、MR 技术的发展，线下场景与线上场景间的界限将渐渐模糊，真实与虚拟交织，共同构筑出新的场景，这将给场景营销的体验带来颠覆性的改变。在构建场景时应该符合自然恰当的准则，根据目标人群的时间线，将产品植入群体的日常生活以及工作场景，同时在随时随地随需及时出现的空间维度方面，由于人造场景让产品随处可见，目标人群可以更快捷更方便地从较短的路径购买所需产品；在关系维度方面，场景营造需要重视社交营销，让目标人群可以通过产品分享、建立论坛、社群方式参与场景营销，人们互相影响将最终激发众多客户的购买欲望，促进购买。

3.5.4 "人-货-场"场景化营销案例展现

2020 年，星巴克在广州居民住宅区内开了全国首家社区体验店。在环境上，这家社区店努力营造生活氛围。店内采用具本地特色的装修风格，店外有小庭院可供休憩，甚至在店内为孩子设置了专门的阅读区域，给孩子和妈妈们提供自由休息的空间。在饮食上，为了照顾无法接受咖啡的小朋友和中老年顾客，社区店可提供无咖啡因的饮品。星巴克还将标准化的盘子和杯子替换成更有美感的餐具，还提供送餐到桌服务。星巴克的成功常常建立于为顾客打造社交中心的基础上。如果说之前的星巴克是给中高端白领打造一个比工作环境更轻松的第三空间，社区店则是从生活切入，打造更生活化的消费场景，成功突破场景单一的瓶颈。

据波士顿咨询公司研究，购物中心在中国社会零售市场占比达到 43%，几乎占据了零售业的半壁江山。另外，在欧美国家，社区商业占据社会商业总支出的 60%~70%，而目前在中国整体水平还不足 30%，社区商业蕴藏着巨大的发展潜力。与此同时，在新生代消费群体崛起以及 O2O、外卖平台兴盛的大环境下，"懒、宅文化"逐渐成为制约购物中心发展的因素，而社区商业因为更接近消费者，能够提供更便捷的服务，受到的影响较小，因此越来越多的商家和品牌开始重视社区。

 课后作业

1. 简述营销策略的演变过程。
2. 分析不同整合营销传播模型的特点并比较他们的不同之处？
3. 举例说明你对新媒体营销和新互动零售的理解。

4 数字营销传播工具基础

学习目标

➢ 了解数字营销传播的不同工具及其分类

➢ 了解选择合适的数字营销传播工具的方法

推荐阅读

➢ 公众号"甲子光年"《当to B 企业市场部用上营销新工具丨甲子光年》(2020-09-11)

4.1　信息源创建及发布工具

品牌官方信息创建及发布是数字营销的基础工作，官方信息发布渠道包括企业自主运营的网络平台及建立在第三方服务平台的官方信息源。其中，内部信息源也称为自主信息源，即品牌可以自主掌控的网络营销资源，包括官方网站、官方博客和官方 App 等。外部信息源，即建立在第三方平台上的官方信息源，如官方社交媒体平台（微博、微信等）、官方旗舰店等，具有更广泛的用户基础和传播功能，更多承担着与用户实时交互的任务。本章后续内容将着重介绍外部信息源的在线交互营销价值，本节主要介绍品牌常用的内部构建工具：品牌官方网站、官方 App 及相关网站。

4.1.1　品牌官网

品牌网站是可控性最强的数字营销工具之一，其核心在于网络营销导向，通过网站运营，实现用户增长、品牌升级、顾客服务及顾客满意度提高等营销目标。无论企业规模多大，企业官方网站都是必不可少的。企业网站是最重要的数字营销工具之一，是综合性数字营销工具，数字营销的核心工作都围绕企业网站的建设、运营维护及推广管理等方面来进行。

研究表明，企业网站的数字营销功能与数字营销的八项职能非常相似，包含了网络品牌、信息发布、产品展示、顾客服务、顾客关系、资源合作、网上调研、在线销售等八个方面。由此也可以看出企业网站在数字营销内容体系中的重要地位。

4.1.2　企业官方 App

在不断深入的移动互联网时代，随着智能手机、平板电脑等移动终端设备普及率大幅提升，用户的行为习惯逐渐改变，品牌官方 App 不仅仅是移动端用户的入口，而且已经成为移动数字营销的综合工具之一，在数字营销中发挥着越来越重要的作用。

在信息的传播方式上，企业将品牌及产品信息植于 App，通过用户主动下载并使用 App 达到信息传播的目的，同时品牌也可以通过 App 获得真实用户的行为信息，为开展大数据营销积累基础数据。在传播内容上，企业在 App 中通过图片、视频等诸多元素展现品牌元素，让用户可以全方位地感受产品或品牌，提升对品牌和产品的认知度，增强与品牌的情感关联。在用户行为上，App 能够满足用户在移动互联网环境下获取品牌信息及购买产品或服务的需求，更好地达到品牌传播效果。

4.1.3　关联网站

关联网站是以网络推广为目的特别规划设计的区别于品牌官方网站的一种独立子网站形式，在品牌数字营销的总战略指导下，通常由下属机构或职能部门运营管理。关联网站一般专注于品牌的某一领域或某项具体活动，包括品牌、产品、服务和营销关联型网站四种类型。

通过关联网站，品牌可以提高网站运营维护效率，降低数字营销管理难度；丰富品牌数字营销信息源形式，拓宽网络信息传播渠道，增强信息可见度。同时，关联网站搭建出的"1+N"多网站集群数字营销模式架构，具有集群网站之间互相推广、多款品牌产品及服务同步推广、用群体优势获得更多合作伙伴的数字营销资源等优势。

4.2　信息传递渠道和载体

　　品牌信息传递工具包括品牌传递的渠道和载体。信息传递渠道体系包括品牌可控的渠道、可用的渠道，以及通过资源合作、付费使用的渠道等。网络信息传递工具和服务则可以分为信息发布与传递一体化的工具和服务，以及第三方互联网工具和服务。本节简要介绍一些常用的品牌网络信息传递渠道和载体。

4.2.1　浏览器

　　浏览器是获取网页信息的必备工具，也是从企业信息网络可见度到用户转化的重要环节。无论是官方网站营销、内容营销、搜索引擎营销，还是网络广告、B2B 电子商务平台营销等，在移动互联网普及之前，都是通过网页浏览器来实现的。在移动互联网中，手机浏览器同样也是必不可少的基础信息获取工具之一。

　　网页浏览器的品牌营销价值主要体现在四个方面：浏览器是网络信息可见度及用户浏览行为的记录工具；浏览器是网站用户体验的检测工具；浏览器是获取用户访问的入口工具；浏览器是用户转化的重要环节。

4.2.2　电子商务平台

　　电商平台即电子商务平台，是一个为品牌及产品提供网上商务、线上消费及交易洽谈的平台。电商平台是品牌运用电子商务模式开展业务的基本形式。目前主流的电子商务模式主要有企业与企业间开展业务的 B2B 模式、企业与个人之间的 B2C 模式、个人与个人之间的 C2C（个人对个人，Customer to Customer）模式，以及将线下线上结合的 O2O 模式。

　　品牌通过电商平台可以实现品牌及产品的网络推广、在线销售、顾客服务等功能。电商平台在拓宽品牌多渠道信息发布渠道的同时，通过建立互联网营销增加企业信息的网络可见度，让用户多了一种更为便捷、直观的途径来了解、认知品牌，从而实现从品牌网络推广到网上销售的飞跃。

4.2.3　开放式网络百科（WIKI）

　　开放式网络百科全书是由用户共同参与编写的网络百科全书，为了保持词条内容的权威性和中立性，本来不应该作为网络推广平台的面目出现，但是事实上由于词条编写者的出发点中也有网络推广的意图，为了百科平台内容的丰富，WIKI 平台的管理者通常会在一定程度上采取折中的策略，允许在一定范围内含有一定的网络推广信息。这些网络推广对于绝大多数用户来说，具有隐性的特征，即在相对客观的前提下用适当的方式表现出部分被推广的信息。影响力较大的知名 WIKI 网站有维基百科、百度百科等。

　　品牌可以通过词条内容直接展示企业的信息或通过在相关知识分享类等词条内容中适当包含某企业或者产品信息以达到网络推广的目的。通过词条正文、参考文献，或者扩展阅读等方式添加网址链接，增强品牌和产品的曝光度。但值得注意的是，由于 WIKI 具有开放式的特点，因此与其他品牌可以完全自行掌控的数字营销工具相比具有不稳定性。

4.2.4　电子邮件

电子邮件是最典型的直接信息传递工具。在品牌数字营销活动中，为了向用户提供信息和服务，往往需要用户在线注册个人信息，在个人信息项目中，Email 地址是最重要的内容之一，因为电子邮件是最有效、最直接、成本最低的信息传递工具。拥有用户的 Email 地址对企业开展数字营销具有至关重要的意义。

电子邮件是企业网络品牌的重要组成部分。作为一种在线顾客服务工具，可以一对一直接向顾客发送推广网站、传递品牌信息和提供专业的电子邮件广告。同时 Email 也是在线市场调查的手段，品牌也可以利用电子邮件收集市场信息。

4.2.5　论坛 BBS

网络论坛是用于互动交流的平台，如百度贴吧、天涯论坛等。品牌可以利用论坛，通过文字、图片、视频等多种方式发布产品和服务的信息，让目标用户更加深刻地了解产品和服务。同时论坛强调与用户进行充分的信息交互，在信息交互的过程中传播品牌和产品，可以更好满足用户消费需求，提升品牌形象，达到促进销售的目的。

4.3　网络分享式营销工具

内容营销的范围和方式相当广泛，除了搜索引擎和 Email 营销等主流且由信息发布者主导传播的内容营销方式之外，还有更多以用户分享模式为主的内容营销形式，包括电子书阅读器、阅读软件、视频分享、音频分享（播客）、图片分享、文档分享、案例及方案分享、规范文档模板下载等。这些分享式内容也是常用的植入式营销的载体，因此也属于植入营销的范畴。

网络分享式内容营销的一般特点有以下方面：

（1）信息表现形式灵活多样，如视频、音频、图片、PDF 文档、TXT 文档、PPT 文档。

（2）信息发布渠道广泛，包括企业网站、社会化网络媒体、第三方网站平台、文档分享平台、第三方云存储平台、直接分享到用户等。

（3）内容阅读及传播方式灵活，不再局限于传统的网站浏览，也包括网络存储及下载、在线播放、手机阅读软件阅读或者以手机 App 等方式传播。

（4）具有用户主动分享的基础。分享式内容具有病毒性营销的基本属性，有价值的内容往往可以获得用户主动分享，因而分享式内容与社会化网络营销也密不可分。

可见，网络分享式内容营销具有多种数字营销模式的特征，是多种数字营销模式的综合表现，因而是传统的网络营销工具和方法体系难以包含的，可以认为是基于网络可信度的社会化内容营销。

本节介绍运用网络分享式内容营销工具营销所形成的方法，包括电子书下载与文档分享营销、网络视频与音频分享、图片分享营销等。

4.3.1　电子书下载营销

电子书营销是某一主体（个人或企业）以电子信息技术为基础，借助电子书这种媒介和手段进行营销活动的一种数字营销形式。企业或者站长、网店主可以通过制作实用电子书并嵌入广告内容，发布后供人免费下载这种方式来传递产品或者网站信息。电子书营销是起源较早的网络内容营销形式之一，常作为病毒性营销的媒介，在传统 PC 数字营销方法体系中占有一定的位置，在智能手机时代由于阅读的便利性，电子书获得了新的发展，为内容营销增添了新的活力。

4.3.1.1　电子书的信息传递方式

在数字营销的应用中，电子书的信息传递方式是：

（1）根据一定的营销目的，编写潜在用户感兴趣的书籍内容，在书中合理地插入企业品牌信息、产品信息、网址链接信息、用户分享等营销信息。

（2）将书籍内容制作成某种或某几种格式的电子书。目前常见的电子书格式包括 txt、epub、mobi、azw3、pdf 和 chm 等。

表 4-1　电子书格式的分类

常见的电子书格式	特点	优点	缺点
txt	纯文本的通用格式，几乎所有设备均提供支持	体积小，适用于绝大多数设备	不支持分章节、不支持图片、不支持封面、不支持超链接，就是一个纯文本
chm	微软早期开发的基于 HTML 文件特性的帮助文件系统	相对 txt，可以分章节和加超链接	相较于之后的其他电子书格式，体积较大；只是相对 txt 增加了分章节和超链接功能，不支持复杂排版和标签功能；软件和设备兼容性差
pdf	开放的移动文档标准（Portable Document Format），Adobe 公司开发，适合用于复杂排版的电子刊物，创建和排版的软件专业度和功能性都很强	提供最好的排版效果，从创建到浏览都有一大批软硬件提供支持	在小屏上体验不佳，需要频繁缩放拖动（保证文档高还原度的代偿）
epub	排版基于 HTML 技术，提供接近 pdf 的功能，图文混排功能和对格式的控制不如 pdf 强大	体积相对 pdf 小；对移动端设备友好	无明显缺点
mobi/azw3	亚马逊电子书的专有格式	体积相对 pdf 小；mobi 支持邮箱推送到 kindle 设备；移动设备阅读体验好	azw3 支持 DRM（Digital Rights Management，数字版权管理），不便于传阅，不支持邮箱推送

（3）将电子书上传到网站或云存储网络空间供用户下载。提供电子书下载可以是在自己的网站，也可以是一些提供公共服务的网站，然后经过适当的推广让用户了解并下载。

（4）用户在阅读电子书过程中，发现企业的促销信息，产生兴趣后来到企业网站了解详情或者关注企业微博/微信与企业建立联系，从而实现网站或产品推广的基本流程。

一般来说，电子书被下载阅读的次数越多，可以实现的数字营销效果也越好。因此，下载数量也就成为电子书营销效果的评价指标之一。

4.3.1.2　电子书下载营销的特点

1. 信息完整并可长期保存

一本电子书的内容是一个完整的文件，读者下载后书中所有的信息都将完整地被保留，只要读者不从电脑等设备上删除，电子书可以长期保存，随时阅读。

2. 可以离线阅读

从网上下载电子书后即可用各种阅读设备离线阅读。一本有价值的书往往会被读者反复阅读，并有可能在多人之间传播。正是在这样的阅读和传播中，电子书营销实现了其病毒性营销，达到了宣传和获得新用户的目的。

3. 便于用户继续传播

获得尽可能多的用户阅读是电子书营销的关键。电子书下载后可以方便地通过微信、电子邮件、即时信息、蓝牙传输等方式向别人继续传播，甚至可以在一定范围内共享。阅读者还可加入阅读圈子与兴趣相同者交流，实现信息在更大范围的传播。

4. 促销和广告信息形式灵活

由于电子书本身具有平面媒体的部分特征，同时又具有网络媒体的部分优点，如具有超链接功能、显示多媒体信息等，因此促销和广告信息可以采用多种形式，如文字、图片、多媒体文件等，读者在线阅读时，还可以点击书中的链接直接到达广告目的网页。

5. 营销效果可以测量

由于电子书所具有的互联网媒体特征，所以可以准确地测量出下载次数、内容中超链接点击次数等，并可记录统计下载者的分布，对潜在读者做进一步的研究。

6. 方便制作与发行

互联网上有许多免费使用的电子书制作软件，也有许多专门的电子书专业服务商，提供电子书策划、制作以及投放服务，为企业进行电子书营销提供了极大的便利。

7. 传播安全

电子书营销适于"网站推广""产品宣传""理念传播""品牌营销"等各种应用宣传，从营销本质上属于"知识营销"，即将企业所拥有的对用户有价值的知识（包括产品知识、专业研究成果、经营理念、管理思想以及优秀的企业文化等）以电子书的形式传递给潜在用户，并逐渐使潜在用户形成对企业品牌和产品的认知，无论从传播的内容质量、渠道和方式等哪方面看，其传播都是安全的。

4.3.2　文档分享营销

如果搜索一些专业知识，在百度搜索结果中，经常看到百度文库、豆丁网、道客巴巴等网站的相关内容，因为这些网站汇集了大量的专业文档，总有一些文档与用户检索的信息相匹配，于是这些由用户分享上传的文档，通过搜索引擎获得了用户阅读或下载。而这些文档中可能含有企业或产品的营销信息，在用户阅读的过程中实现了营销信息传递。

文档分享是典型的知识营销模式，文档分享营销的主要特点可归纳如下：

（1）在线文档是基于浏览器的阅读方式。

（2）在线文档通常利用第三方平台传播。

（3）文档分享营销时效性长。

（4）用户获取信息的目的明确。

文档分享虽然已经有多年的历史，但作为一种营销模式，它其实至今没有统一的模式和公认的效果评价方式，并且还存在营销方式的限制，因此主要具有品牌推广的意义，作为产品推广或者网站推广则可能难以取得显著的效果。

4.3.3　网络视频分享营销

与在数字视频中投放广告不同，网络视频分享营销的信息源于用户分享的视频，与用户文档分享类似，主要是将自己制作的视频文件分享到专业的视频平台或者社交网络。

网络视频营销的主要特点如下：

1. 内容与营销信息的融合

高质量的企业视频才能获得用户的关注，要做到内容即营销、营销即内容并不是简单的事情，需要精心策划、制作并采取合理的传播方案。相对于网页文字信息，视频营销在前期策划和制作阶段要投入的资源显然要更多一些。

2. 网络视频的病毒性营销特征

一段好的视频会获得广泛传播，发挥病毒性传播的效果，如果获得各种排行靠前的机会，传播效果会进一步放大。当然，绝大多数短视频靠自身难以取得惊人的效果，需要获得平台的推荐及企业社交资源的转发。

3. 视频营销效果的"滞后"效应

与网页信息直接展示全部内容不同，用户无法一眼看尽视频的全貌，需要耐心看完视频才能了解其内容，因而视频营销的效果也要到用户观看之后才能体现。因此，视频营销需要注重给用户持续观看的理由，并且给用户留下深刻印象，从而产生后续的点击转发行为。

视频内容可以发布在企业网站，也可以发布在第三方视频网站、社交网络或 B2C 购物平台（如淘宝），同时也可以通过个人用户之间或朋友圈直接传播，传播方式相对灵活，但目前对网络视频营销效果的评价方式还不完善，尤其手机视频传播等，还需要进一步的观察和实践。

4.3.4　网络音频分享营销

网络音频是指通过网络传播和收听的所有音频媒介内容。目前国内网络音频主要包括音频节目（播客）、有声书（广播剧）和音频直播等。与网络视频分享营销相似，网络音频分享营销的信息源于用户分享的音频，通过内容与营销信息融合，或者在内容中插播营销信息的方式，实现数字营销的信息传递。并且，可移动的网络音频分享对于环境的要求度低，可以陪伴于用户的各类生活场景，在碎片化的时间完成信息的传达。与此同时，音频分享内容能够与其他众多场景生态打通，结合场景打造体验式营销，对用户进行全方面渗透，最典型的有车内场景、家居场景、睡眠场景等。

目前各大音频平台不断拓展内容分发渠道，与手机厂商、超级 App、智能音箱、互联网电视及 OTT（Over The Top）[1]、智能家居及可穿戴设备等物联网、车联网[2]厂商的主流品牌达成生态合作，通过提供精品内容以及精细化的联合运营服务不断，扩大音频用户覆盖面。对用户黏性的追求使得网络音频分享营销将成功开发社交功能作为重要目标，期望让用户在移动音频平台上建立社交关系。目前，在移动音频社交方面做得较为成功的是荔枝 FM，用户可以在平台上找到志同道合的朋友，也可以根据所在地域交友，在直播时也可以建立用户之间的联系，如直播时用户可以使用弹幕和评论增加互动。

4.3.5　图片分享营销

图片与文字作为网页内容的基本元素几乎是不可分割的，但由于文字信息更容易被搜索引擎获取，因此图片通常作为文字的配角存在。在传统的网页中，图片发挥营销效果的主要方式是通过搜索引擎的图片搜索带来用户访问，为网站增加访问量，图片本身的营销效果则很难评估。

不过，作为具有独立"生命"的图片，通过分享也可以直接产生营销效果。因为图片本身也是内容，具有独立承担内容营销的能力。图片分享为图片发挥独立营销效果提供了舞台，图片不再仅仅是网页的元素，也可以成为完整的数字营销信息源。

图片分享网站为图片处理提供了便利，原始照片经过简单的编辑即可实现更适合网络传播的规格，并可标注相关的标签和说明信息，更重要的是提供了便捷的社交网络分享功能，可以方便地把上传的图片分享到微博、QQ 空间、Meta 等网站。

4.3.5.1　图片分享营销的主要途径

1. 传统网页的图片搜索

在传统的网页中插入图片，设置图片的 ALT[3]属性，这样在用户通过搜索引擎搜索相关图片时，该图片就有机会出现在搜索结果中，从而得到潜在用户访问，并根据图片来源进入原网页浏览。

2. 分享图片附加营销信息

用户在浏览和转发图片分享网站或社交网络分享设计的含有一定营销信息如品牌信息、网址或微信公众号的图片过程中也传递了企业的营销信息，这是比较常见的图片营销方式之一。

3. 网络相册及云图片资料库

拍照及设计的某些领域的专业图片被上传到网络相册或云存储资料图库，有价值的图片往往会获得较多用户的浏览、下载和转发，这就形成了有效的信息传递。

另外值得关注的是一些手机 App 提供的美颜拍照及图片分享服务，由于上传图片具有便

---

① OTT 指运营商之外的第三方通过互联网直接向用户提供各种服务和计费，这使运营商沦为单纯的"传输管道"。
② 车联网主要指车辆上的车载设备通过无线通信技术，对信息网络平台中的所有车辆动态信息进行有效利用，在车辆运行中提供不同的功能服务。
③ ALT 是光标在图片上时显示的提示语，即采用该标签实现对网页上的图片进行描述。

利性，可随时拍摄随时上传，比传统的网络相册和图片分享更受欢迎，也具有更大的潜在数字营销价值。例如美图秀秀等 App 提供了丰富的图片美化及社交平台分享功能，有利于图片传播实现较好的效果。

4.3.5.2　图片分享营销未成为主流的原因

从目前数字营销方法体系来看，图片分享营销并未成为主流模式，大致有下列原因：

（1）图片分享营销的规律性不明确。由于图片传递的营销信息本身没有一定的规律，而且分享方式、用户浏览及再传播方式也缺乏规律，因此难以形成具有一般规律性的指导原则及操作方法，甚至让营销人员有些无所适从的感觉。

（2）用户属性及来源具有不确定性。用户浏览图片信息可能是由于网站的推荐，也可能是朋友的分享，或者图片搜索或随机浏览。用户来源多，但对于用户行为的分析还缺乏有效措施，用户的不确定性使得图片营销策略具有一定的盲目性。

（3）图片分享营销效果难以评价。图片分享的不同渠道提供的服务可能有较大差异，难以获取浏览数量、再传播数量等指标，同时由于图片上营销信息可能无法直接点击，用户浏览后的行为无法有效跟踪，因此难以建立系统的效果评价方法，从而制约了图片营销方案的实施。

尽管如此，图片分享营销作为内容营销的领域之一，仍然是值得关注和探索的。在实践中不断总结经验，可以发现适合自己的营销方案及评价指标体系。

4.4　信息检索工具

利用信息检索工具进行品牌数字营销是品牌获得用户的主要渠道之一。随着互联网应用的快速发展和普及，利用搜索引擎等信息检索工具已经成为人们获取和处理信息的主要方式。依据搜索引擎的收录范围分类，可将搜索引擎分综合搜索引擎和垂直搜索引擎两类。

4.4.1　综合搜索引擎

综合搜索引擎就是传统意义上的通用搜索引擎，用户可以通过在搜索栏中输入检索词来搜索任何类型、任何主题的资源。搜索引擎的数字营销功能有品牌信息传递、品牌及产品营销和制造网络推广壁垒等。不仅品牌可以被用户发现检索，品牌也可以通过综合搜索引擎广泛获取行业资讯、了解国际市场动态，进行竞争者分析。但综合搜索引擎仍有信息量大、查询不准确、深度不够等问题。

4.4.2　垂直搜索引擎

垂直搜索引擎是针对某一特定领域、某一特定人群或某一特定需求提供的有特定用途的信息和相关服务的专业搜索引擎。垂直搜索的优势在于能够对互联网应用和网民兴趣的多元化做出即时的反应。面对海量的网络用户，品牌通过垂直搜索可以人为控制访问群体，做到网络中的市场细分，节省了营销成本。垂直搜索引擎使营销更有针对性，向着一对一的趋势发展，也使营销呈现出前所未有的个性元素。

4.4.3 搜索引擎的营销职能

1. 网站推广工具

用户搜索结果一般就是企业网站信息的排列，这大大增加了用户发现企业网站、认识和了解企业及其产品的概率。搜索引擎为用户发现网站信息并进入网站创造机会，网站推广信息会展现在搜索结果页上，其信息内容吸引网民点击访问网站。

2. 网络品牌传播渠道

企业产品、服务信息等在搜索结果中的突出显示，不但能强化客户印象、提升品牌知名度，而且有利于企业品牌形象的塑造。

3. 产品网络推销工具

通过搜索结果可以直接对具体产品进行有针对性的宣传推广，让更多用户发现产品信息，适时在搜索引擎的突出位置展示企业最新产品、服务及促销信息，便于吸引客户注意，使其即时体验企业产品和服务，达到促进销售的目的。

4. 网上市场调研工具

网上市场调研泛指利用互联网手段进行的各种以市场调研为目的的活动，如收集市场信息、了解竞争者情报、调查顾客对产品/服务的满意度等。搜索引擎作为在线市场调查研究的工具，其强大的搜索功能可被用来获得大量的第一手资料。只要企业建立了自己的网站，并在搜索引擎进行登录，就可以找出该企业的网址，然后通过访问目标企业的网站查询相关信息，而有关该企业的新闻报道等通常也可以直接从网上查询到。

5. 网站优化检测工具

搜索引擎平台通常也提供网站被搜索引擎收录的查询功能，例如在百度检索框输入"site：网址"，就可以查看该网站在百度收录中的表现。"site："是 SEO 最熟悉的高级搜索指令，被用来搜索某个域名下的所有文件。互联网上也有许多提供网站优化检测服务的平台，又称作网站搜索引擎优化检测免费应用平台，可以检测网站被链接数量、网站被搜索引擎收录的网页数和网站的 PR 值[①]（Page Rank）。如站长工具、中国站长之家等。也有单项工具，可以检查死链接，如 xenu；可以制作网站地图，即在单页面上汇总网站所有页面的信息链接，如 Site Map X。

由于同一个关键词在检索结果中被用户发现的机会是有限的，企业为了给竞争对手制造网络推广壁垒，可以设计合理的搜索引擎营销策略，为自己争取获得较好排名，减少竞争对手在搜索结果页面的曝光机会。

4.4.4 搜索引擎营销的特点

与其他数字营销方法相比，搜索引擎营销的特点包括下列五个方面。

1. 搜索引擎营销的基础是企业网站

数字营销信息源包括内部信息源和外部信息源，两者都可利用搜索引擎实现信息传递，

---

① 用来表现网页等级的一个标准，也是 Google 用于评测一个网页"重要性"的一种方法。网页等级分别为 0 到 10 级，等级越高说明该网页越受欢迎或越重要。

当然其前提是信息源发布的网站平台具有良好的网站优化基础。所以，无论是通过企业官方网站、关联网站还是第三方网站平台发布信息，都要求信息发布平台具有搜索引擎优化基础，因为这是企业信息发布获得搜索引擎推广效果的基础。

2. 搜索引擎营销只发挥信息引导作用

搜索引擎检索出来的是网页信息的索引，一般只是某个网页的简要介绍，或者搜索引擎自动抓取的部分内容，而不是网页的全部内容，因此这些搜索结果只能发挥一个"引子"的作用。如何尽可能好地将有吸引力的索引内容展现给用户，是否能吸引用户根据这些简单的信息进入相应的网页继续获取信息，以及该网页/网站是否可以为用户提供他所期望的信息，这些就是搜索引擎营销所需要研究的内容。

3. 搜索引擎营销是用户主导的数字营销方式

搜索引擎营销可以较好地将营销信息展示到用户面前，却难以强迫或者指使用户的信息检索行为，使用什么搜索引擎、通过搜索引擎检索什么信息完全是由用户自己决定的，在搜索结果中点击哪些网页也取决于用户的判断。

4. 搜索引擎营销可以实现精准化营销

数字营销的主要特点之一就是可以对用户行为进行准确分析并实现定位，因为使用搜索引擎检索信息的行为是由用户自主发起的，搜索引擎广告的接收没有强迫性，消费者有更多的自主选择权利，并且在关键词定位方面可以实现与用户所检索的关键词高度相关，从而提高营销信息被关注的程度，最终实现数字营销目的。

5. 搜索引擎营销的直接效果表现为网站访问量

搜索引擎是内容营销的引流方法，其目标是获得潜在用户的访问，至于访问量最终是否可以转化为收益，不是仅有搜索引擎营销就可以决定的，还取决于内容价值、产品竞争力等多方面因素的作用。这也说明，提高网站的访问量是数字营销的主要内容，但不是全部内容。

4.5   在线交互工具

用户是品牌数字营销的最终目标，也是数字营销信息传递的重要环节。通过即时信息工具、网络社交平台等在线交互工具与用户建立连接，实现顾客服务、构建和谐的顾客关系，不仅有利于实现数字营销信息传递，还有利于打造通过用户关系实现品牌信息传递及价值传递的重要渠道。

4.5.1   即时信息（Instant Message，IM）

即时信息工具指可以在线实时交流的工具，也就是通常所说的在线聊天工具。国内使用人数最多的即时通信工具是微信、QQ 等。品牌普遍通过企业微信等即时通信工具与用户建立联系。同时，一些电商平台和 App 中也有在线交流工具，例如淘宝旺旺和支付宝等。在品牌数字营销中，企业通过即时信息可以与用户进行实时交流，将信息及时有效地传递给用户。即时信息的实时交互性和社交属性使该工具具有广泛推广的功能，是一种高效的病毒性营销信息传播工具，但这种工具也存在信息冗杂、规范化管理难度大、不易保存等问题。

4.5.2 问答式网络社区（ASK）

ASK 是一种辅助问答式知识分享平台，如百度知道、新浪爱问、知乎网站等。在这些 ASK 社区中，所有用户都可以提出问题，每个人也都可以去回答别人的问题，正是这种"问答"为品牌的"网络推广"带来机会。通过提出问题和解答问题将信息传递给目标用户，从专业的角度持续为用户提供有价值的解答，获得用户的认可和信任，树立品牌形象，同时还可以通过搜索引擎优化等方式扩大 ASK 社区信息的传播范围。

4.5.3 官方微博平台

微博即微型博客的简称。全球第一个真正的微博客是 2006 年 3 月推出的 twitter.com。自 2009 年 8 月新浪微博在国内强势推出之后，微博迅速成为普及率最高的互联网应用之一，微博也成为品牌数字营销最热门的领域之一。微博上的每个用户都可以与其"关注者"通过转发、评论、私信、@等方式产生互动和再次传播。品牌能够利用微博强交互性的特点，与用户实时互动，实现品牌信息传递。

4.6 数据分析工具

随着网络营销应用的深入，对品牌数字营销效果及各个环节进行管理分析的要求越来越重要。通过数据分析工具品牌可以及时掌握网站运营的效果，制定和修正数字营销策略。通过调整运营渠道、推广时段等方式有效降低网站运营的盲目性，同时通过数据可以开展用户行为研究，如用户来源地域分布、在网站的停留时间、每个用户访问的页面数量等。

目前数据分析工具可分为对网站访问数据的统计分析工具和各项单一分析诊断工具，如搜索引擎优化工具、网站访问速度测试工具、网站诊断工具、网络广告点击率及转化率分析等。这些工具和软件大多是第三方提供的服务，如 Alexa[1]、百度统计、51yes 网站[2]流量统计、CNZZ[3]全景统计等。

 课后作业

1. 比较信息源创建及发布工具的优点和缺点。
2. 说明营销数据分析工具的使用场景。
3. 比较 B2C 和 B2B 电子商务平台不同的数字营销价值。

---

[1] Alexa 是一家专门发布网站世界排名的数据分析网站，致力于开发网页抓取和网站流量计算。2022 年，Alexa 官方宣布于 5 月 12 日关闭网站。

[2] 51yes 是一家跟百度统计类似的从事网站流量统计的服务商，功能非常强大，但因为网站无法支付昂贵的服务器费用，已于 2021 年 6 月 1 日停止运行。

[3] CNZZ 是中国互联网最有影响力的流量统计网站，拥有全球领先的互联网数据采集、统计和挖掘三大技术，专业从事互联网数据监测、统计分析的技术研究、产品开发和应用。

5

经久不衰的数字营销方式

学习目标

➤ 了解企业网站营销的内容和策略

➤ 了解搜索引擎营销的基本原理、主要模式以及如何优化搜索引擎营销

➤ 了解许可 Email 营销的基本原理、分类、策略以及效果评价指标

➤ 了解网络分享式内容营销方法

推荐阅读

➤ 公众号"艾瑞咨询"《数字营销新玩法之知识营销：广而告之到广而认知，以知识赋能品牌价值》（2018-06-26）

➤ 公众号"数据 fan"《「学习笔记」HTML 基础》（2020-09-07）

➤ 公众号"商业互联网"《python 基础知识篇，内容非常扎实》（2021-05-10）

➤ 公众号"跨境电商 SIXIS 之旅"《浅谈运营技巧之标题关键词的收集和组合方式》（2020-08-22）

在第一次数字营销变革中，数字营销蓬勃发展，数字营销市场初步形成，企业网站建设发展迅速，专业化程度越来越高；网络广告形式不断创新，应用不断发展；搜索引擎营销向更深层次发展，形成了基于自然检索的搜索引擎推广方式和付费搜索引擎广告等模式；网络论坛、博客、RSS（简易信息聚合，Really Simple Syndication）①、聊天工具、网络游戏等网络介质的不断涌现和发展。

5.1　企业网站营销

5.1.1　企业网站的基本内容

1. 企业信息

企业信息可以分解为若干子栏目，如企业概况、发展历程、企业动态、媒体报道、主要业绩（证书、数据）、组织结构、企业主要领导人员介绍、联系方式等。企业信息是为了让新访问者对企业状况有初步的了解，这是在网上推广的第一步，也是非常重要的一步。同时，企业是否可以获得用户的信任，在很大程度上取决于这些基本信息。

2. 产品及服务信息

详尽的产品和服务信息指运用文字、图片资料、视频等方式对所有系列和各种型号的产品进行的详尽介绍，除了包括产品型号、性能等基本信息之外，还有其他有助于使用户产生信任和购买决策的信息，如有关机构、专家的检测和鉴定、用户评论、相关产品知识和产品说明书等。

3. 销售及促销信息

在决定购买产品之后，用户仍需要进一步了解相关的购买信息，如最方便的网下销售地点、网上商城及各电子商务平台的购买方式、售后服务措施等。同时，当网站拥有一定的访问量时，企业网站本身便具有一定的网络推广价值。因此，企业会在自己的网站上发布促销信息，如网络广告、有奖竞赛、有奖征文、下载优惠券等。网上的促销活动通常与网下结合进行，网站可以作为一种有效的补充，供用户了解促销活动细则、参与报名等。

4. 公众信息

公众信息是指投资人、媒体记者、调查研究人员、自媒体作者等从非用户的角度了解的企业信息，包括股权结构、投资信息、企业财务报告、企业文化、公关活动等。这些人员访问网站虽然并非以了解和购买产品为目的（当然这些人也有成为企业顾客的可能），但对企业的公关形象等具有不可低估的影响，对于公开上市的企业或者知名企业而言，应给予网站上的公众信息足够的重视。

5. 其他信息

根据需要，企业可以在网站上发表其他信息，如招聘信息、采购信息等。对于产品销售范围跨国家的企业，通常还需要用不同语言表达网站内容。

---

① RSS 是一种基于 XML 的标准，在互联网上被广泛采用的内容包装和投递协议。

5.1.2　企业网站的主要形式

每个企业网站规模不同，表现形式各有特色。一般来说，企业网站建设和企业的经营战略、产品特性、财务预算以及当时的建站目的等因素有着直接关系。尽管每个企业网站的规模和表现形式各不相同，但从经营的实质来看，不外乎信息发布型、产品销售型、综合电子商务型这三种基本形式，综合性电子商务网站包含了前两种基本形式。

1. 信息发布型企业网站

信息发布型属于初级形态的企业网站，是中小企业网站的主流形式。这类网站仅作为一种信息载体，主要功能定位于企业信息发布，如企业新闻、产品信息、采购信息等顾客、销售商和供应商所关心的内容，多用于品牌推广及沟通，网站本身并不具备完善的网上交易和订单跟踪处理功能。这种类型的网站建设和维护比较简单，资金投入也较少，在真正开展电子商务之前，网站的内容通常也是以信息发布为主。

2. 网络销售型企业网站

在发布企业产品信息的基础上，增加网上接受订单处理和支付的功能。这类企业网站的价值在于企业基于网站直接面向顾客提供产品销售或服务，改变传统的分销渠道，减少中间流通环节，降低总成本，增强竞争力。它通常适用于消费类产品或服务等。网上直销是企业开展电子商务的一种模式，但不是每个企业都可以做到这一点，也不一定适合所有类型的企业。

3. 综合性电子商务网站

网上销售是企业销售方式的电子化，但不是企业电子商务的全部内容，企业网站的高级形态，不仅仅将企业信息发布到互联网上，也不仅仅是用来销售公司的产品，而是集成了包括供应链管理在内的整个企业流程一体化的信息处理系统。

5.1.3　企业网站的主要营销功能

1. 产品展示

顾客访问网站的主要目的是对公司的产品和服务进行深入了解。企业网站的价值在于可以突破时空限制，无限量地向顾客展示产品说明及图片、视频或多媒体信息，让更多的人通过企业网站了解企业，以及产品或服务，相当于一本可以随时更新的产品宣传资料。

2. 信息发布与树立品牌形象

网站是一个信息载体，在法律许可的范围内，可以发布一切有利于企业形象、顾客服务以及促进销售的企业新闻、产品信息、促销信息、招标信息、合作信息，甚至人员招聘信息等。发布信息的同时也树立了企业形象，扩大了市场影响力。因此，企业拥有一个网站就相当于拥有一个强有力的宣传工具。

3. 网上销售

建立网站及开展网络营销活动的目的之一是增加销售，面向供应商、客户或者消费者来提供某种直属于企业业务范围的服务或交易。一个功能完善的网站可以完成订单确认、网上支付等销售功能，网站本身就是一个销售渠道。这样的网站类似于电子商务平台，或者说是一个正处于电子商务化的中间阶段的产物。

4. 线上调查

通过网站的在线调查表，可以获得顾客的反馈信息，可用于产品调查、消费者行为调查、品牌形象调查等，是获得一手市场数据的有效调查工具。

5. 顾客服务

顾客服务已经成为现代企业经营的重要组成部分，通过网站可以为客户提供各种在线服务和帮助信息，如问题解答、详尽的联系信息、在线填写寻求帮助的表单、通过聊天实时回答顾客的咨询等。

5.1.4　企业网站的特点

企业网站是企业进行数字营销的基础，这也就决定了企业网站在数字营销中的地位和作用。企业网站营销不仅直接与其他营销方法相关，也是整个数字营销最基础性的工作。以数字营销为导向的企业网站，通常具有以下四大特征。

1. 权威性

企业网站是企业官方信息发布渠道，具有权威性和完整性的特点。在数字营销信息传递系统中，企业网站是各种信息源的核心和基础，承担着为其他信息发布渠道所发布信息"背书"的功能，能为其他数字营销方法提供可信度的支撑。

2. 可控性

企业网站是根据企业本身的需要建立的，是可控的网络信息发布渠道，因此在功能上有较大的自主性和灵活性，可自主发布和管理企业经营所需的各种信息。运营者如果对企业网站有一个全面而正确的认识，并且从经济、技术上有实现的条件，就能使官网最大限度地适应企业营销策略的需要。

3. 稳定性

企业网站的基本要素具有相对稳定性，一旦网站的结构和功能被设计完成并正式开始运作，在一定时期内则基本稳定，只有在运行一段时间后进行功能升级的情况下，才能拥有新的功能，不断变化的企业网站是不利于数字营销的。功能的相对稳定性也意味着如果网站存在某些功能缺陷，在下次升级之前的一段时间内，将影响数字营销效果的发挥。

4. 低成本

构建企业网站不需要花费大量资金，也几乎没什么风险。另外，应用企业网站可以减少人工开支，节省市场开发、业务销售及客户服务成本，缩短销售体系的距离。

企业网站对数字营销的支撑和完善作用是不可忽视的，但作为数字营销最早期的一种形态，在如今互联网技术发展日新月异的时代，其自身的局限性也逐步显现出来。

企业网站的局限性主要表现在两个方面。

（1）消费者接收信息较为被动。

企业通过自己的网站可以主动发布信息，这是企业网站主动性的一面。但是企业发布在网站上的信息不会自动传递给用户，只能"被动"地等待用户自己来获取信息，这又表现出企业网站被动性的一面。从信息传递方式来看，只有当用户浏览、关注时，网站上的信息才能得以传递。

（2）必须辅以其他数字营销手段。

企业网站的数字营销价值是通过网站的各种功能以及各种数字营销手段体现出来的。网站的信息和功能是基础，数字营销方法的应用是条件。企业网站作为一个局限性比较明显的数字营销工具，如果应用不合理，将很难发挥应有的作用。

5.1.5　企业网站内容运营策略

网站内容运营策略，是以运营为目标、以用户获取有价值的信息为导向来设计的。每一个网页都是企业的网络营销资源，每一个网页都应带来潜在的用户。因此运营导向的网页内容创建应该是从用户对信息的需求出发，结合本企业的资源，经过系统的设计而成。企业网站内容营销五大策略包括内容营销政策、内容来源扩展、内容细节优化、内容推广方式、网站内容规范。

1. 内容营销政策

网站内容营销的思路包括制定长期的网站内容营销目标和策略、制定网站内容运营规范、不断创建和丰富网站内容资源、持续为用户创建有价值的内容并通过合理的方式传递给用户。网站内容营销策略对传统 PC 网络营销及对移动网络营销同样重要，高质量的内容永远是获得用户的法宝。广告不只是写写文章那么简单，还要负责内容的运营推广，并对内容营销的效果负责。

2. 内容来源扩展

网站的常规内容无非企业新闻、产品介绍、技术方案、顾客服务等基本信息，这些内容对于网站推广是远远不够的，需要突破传统网站内容模式的局限，开拓更广泛的内容来源渠道。例如：开设企业微博，实现全员数字营销，调动企业全体员工的积极性为网站贡献内容；开启以用户为中心的内容来源，通过在线客服、社交网络等渠道了解用户声音，通过与用户的互动不断挖掘用户感兴趣的话题；网站内容再生，通过原有内容的聚类、分类、修订等方式，充分利用现有内容资源，将其扩展为更多的网页新内容；将内容合作作为一种资源合作方式，与相关网站及业内活跃人士开展内容合作。

3. 内容细节优化

在网站内容营销方面，细节对效果的影响较为突出。通过对一些网站的调查发现，传统企业网站的很多细节问题多年来一直存在且比较突出，如页面内容缺乏有效的文字描述、网页没有独立的标题、产品信息描述不完整……很多看起来可能仅仅是细节的问题，累积起来就成了大问题，最终导致网站专业水平较差。

4. 内容推广方式

网站内容推广包括两个方面的含义：一是在内容选题、内容创作及发布时要适应推广的需求；二是对于发布的内容要给予必要的推广。在用户获取及浏览内容的常见方式中，作为网站内容推广的主要渠道包括直接浏览、信息引导（如搜索引擎、网站链接）、社交分享等。

因此，有效的内容推广应该是建立在网站整体优化的基础上，其中搜索引擎引导和社交网络传播是主流推动方式，具体来说就是将搜索引擎优化规范落实到每个网页，同时让每个网页都适合通过社交关系网络转发。

5. 网站内容规范

规范是专业的体现，也是内容营销效果的基础保证。企业应建立合理的运营管理规范，让每一篇网页的写作、编辑、发布、管理的整个流程都做到规范化和专业化。企业网站内容运营维护规范主要的常见内容包括网页标题设计规范、META[①]标签规范、网页内容发布规范及内容更新周期等。

5.2 网站的建设和结构

5.2.1 网站建设的基础

5.2.1.1 域 名

域名（Domain Name），又称网域，是由一串用点分隔的名字组成的 Internet 上某一台计算机或计算机组的名称，用于在数据传输时对计算机的定位标识（有时也指地理位置）。由于 IP 地址（互联网协议地址，Internet Protocol Address）具有不方便记忆并且不能显示地址组织的名称和性质等缺点，人们设计出了域名，并通过网域名称系统（DNS, Domain Name System）来将域名和 IP 地址相互映射，使人更方便地访问互联网，而不用去记住能够被机器直接读取的 IP 地址数串。

域名的分类一般可分为不同级别，包括顶级域名、二级域、三级域名等。

表 5-1 域名的分类

顶级域名		二级域名		三级域名
国家顶级域名	国际顶级域名	国家二级域名	国际二级域名	国家/国际三级域名
例如中国是 cn,美国是 us，日本是 jp 等。目前 200 多个国家都按照 ISO3166 国家代码分配了顶级域名	例如表示工商企业的.com，表示网络提供商的.net，表示非营利组织的.org 等	表示注册企业类别的符号，例如 com,edu,gov, net 等	表示域名注册人的网上名称，例如 ibm, yahoo, microsoft 等	三级域名用字母（A～Z，a～z，大小写等）、数字（0～9）和连接符（-）组成，各级域名之间用实点（.）连接，三级域名的长度不能超过 20 个字符

1. 服务器

服务器是计算机的一种，它比普通计算机运行更快、负载更高、价格更贵。服务器在网

---

① 是 html 语言 head 区的一个辅助性标签，位于文档的头部，不包含任何内容。标签的属性定义了与文档相关联的名称/值对。meta 元素可提供相关页面的元信息（meta-information），比如针对搜索引擎和更新频度的描述和关键词。

络中为其他客户机（如 PC、智能手机、ATM 等终端甚至是火车系统等大型设备）提供计算或者应用服务。服务器具有高速的 CPU（中央处理器，Central Processing Unit）①运算能力、长时间的可靠运行、强大的 I/O（输入/输出，Input/Output）②外部数据吞吐能力以及更好的扩展性。根据服务器所提供的服务，一般来说服务器都具备承担响应服务请求、承担服务、保障服务的能力。服务器作为电子设备，其内部的结构十分复杂，但与普通的计算机内部结构相差不大，包括 CPU、硬盘、内存、系统、系统总线等。

2. 网站页面

网页是构成网站的基本元素，是承载各种网站应用的平台。通俗地说，所有的网站都是由网页组成的，如果只有域名和虚拟主机而没有制作任何网页的话，用户是无法访问网站的。网页是由开发者制作好保存在服务器上的，根据用户发送一个请求，再通过客户端的浏览器下载到客户端的终端机器上，从而形成客户端与服务器的交互界面。文字与图片是构成网页的两个最基本的元素，可以简单地理解为文字，就是网页的内容；图片，就是网页的美观。除此之外，网页的元素还包括动画、音乐、程序等。

3. 后台程序

后台网页分为静态的和动态的两种。静态的网页不能向服务器端发送数据，只能从服务器端下载数据再由浏览器呈现给用户。这种静态网页功能比较单一，要实现客户端与服务器端的交互，必须制作一个动态的网页，借助后台程序来接收客户端传送的数据。后台程序是在服务器端运行的动态语言，它在服务器软件环境支持下把从客户端接收过来的数据编译成服务器端的命令，来执行相关的操作。它是企业网站开发技术的核心，程序开发的好坏直接影响到企业网站的功能。制作动态网页是使企业网站具有比较完善的销售功能的一个基本条件。

5.2.2 网站建设的结构

1. 线性结构

一般网站都属于线性结构，它是以某种顺序组织的，可以是时间顺序，也可以是逻辑甚至是字母顺序。通过这些顺序呈线性的链接，如一般的索引就采用线性结构。线性结构是组织网页的基本结构，复杂的结构也可以看成是由线性结构组成的。

2. 二维表结构

一些网站会采用二维表结构，企业网站比较常见。这种结构允许用户横向、纵向地浏览信息。它就好像一个二维表，如课表一样。

3. 等级结构

等级结构由一条等级主线构成索引，每一个等级点又由一条线性结构构成，如网站导航就是这种结构。在构造等级之前，你必须完全彻底地理解你的网站内容，避免线性组织不严的错误给浏览者造成不便。

---

① 即计算机系统的运算和控制核心，是信息处理、程序运行的最终执行单元。
② 通常指数据在内部存储器和外部存储器或其他周边设备之间的输入和输出。输入是系统接收的信号或数据，输出则是从其发送的信号或数据。

4. 网状结构

这是最复杂的组织结构，它完全没有限制，网页组织自由链接。这种结构允许访问者从一个信息栏目跳到另一个栏目去，其目的就是充分利用网络资源和充分享受超级链接。整个互联网就是一个超级大的"网"状结构。

5.2.3 网站建设的技术

5.2.3.1 HTML

HTML（超文本标记语言，Hyper Text Markup Language）能将文字、图片、声音等元素组合到一个网页中，专门用来设计和编辑网页。HTML 是一种典型的标记语言，不受平台的限制，适合在互联网的各种平台之间传送信息。需要注意的是，HTML 不是编程语言，没有逻辑处理能力，没有计算能力，不能动态地生成内容，只能静态地展示网页信息。从 HTML 的中文全称出发，可以发现它的两个本质。

1. 超文本

也即超越纯文本，这意味着 HTML 文档不仅能包含文本（文字），而且能包含图片、音视频、表格、列表、链接、按钮、输入框等高级内容。而 HTML 文档中包含的超链接是互联网的纽带，它能将众多网页连接起来，让它们交织在一起，形成一张"网"。没有超链接，就没有互联网。

2. 标记语言

HTML 是一种计算机语言，但它不能编程，只能用来标记网页中的内容。HTML 通过不同的标签来标记不同的内容、格式、布局等，例如：

<title> 表示文件主题

<body> 表示文件本体

<fontsize=?> 表示字体大小（？为从 1 到 7）

<fontcolor="#$$"> 表示字体颜色（$$为颜色代码）

<img> 表示一张图片，< img src="图片地址">表示贴某张图片的地址；

<a> 表示一个链接；

<table> 表示一个表格；

<input> 表示一个输入框；

<p> 表示一段文本；

<strong> 表示文本加粗效果；

<div> 标签表示块级布局。HTML 里面有很多种代码，对于初学者来说，要完全记住这些代码不是一件很现实的事情，关于 HTML 代码的知识，可以参考关于相关专业书籍。

5.2.3.2 Python

Python 是一种跨平台的计算机程序设计语言，是一个高层次的结合了解释性、编译性、互动性和面向对象的脚本语言。最初被设计用于编写自动化脚本（shell），随着版本的不断更新和语言新功能的添加，越来越多被用于独立的、大型项目的开发。Python 还具有丰富和强大的库。它常被称为"胶水语言",即能够把用其他语言制作的各种模块(尤其是 C/C++)很轻松地联结在一起。常见的一种应用情形是,使用 Python 快速生成程序的原型(有时甚至是程序的最终界面),然后对其中有特别要求的部分用更合适的语言改写。

Python 强大的功能是很多用户支持 Python 的最重要的原因,从字符串处理到复杂的 3D 图形编程,Python 借助扩展模块都可以轻松完成。实际上,Python 的核心模块已经提供了足够强大的功能,使用 Python 精心设计的内置对象可以完成许多功能强大的操作。此外,Python 的社区也很发达,即使一些小众的应用场景,Python 往往也有对应的开源模块来提供解决方案。

编程语言按照程序的执行方式,可以分为编译型和解释型两种,和 C、C++这种典型的编译型语言相比,Python 是可移植性更强的解释型语言,也就是说,Python 具有非常好的跨平台的特性。

不仅如此,Python 既支持面向过程编程,也支持面向对象编程。在"面向过程"的语言中(如 C 语言),程序仅仅是由可重用代码的函数构建起来的;而在"面向对象"的语言(如 C++)中,程序是由数据和功能组合而成的对象构建起来的。并且和其他面向对象的编程语言(如 C++和 Java)相比,Python 能以一种非常强大而又简单的方式实现面向对象的编程。

除此之外,Python 还有开源、可扩展性等特点。基于以上这些特性,Python 被广泛应用在人工智能、图像处理、Web 应用开发、自动化运维、网络爬虫等领域。例如当我们想要研究 B 站热门短片《后浪》时,可以通过 Python 编写代码爬取视频的弹幕并生成词云。

5.2.3.3 网页制作工具

有工具可以制作精美的网页,如 Microsoft Frontpage[1]、Macromedia Dreamweaver[2]等可视化网页开发工具。Frontpage 对于初学者来说,是一个比较好的网页制作学习工具软件,其缺点是容易生成不少冗余代码,网页下载速度较慢。Dreamweaver 则是一个专业的网页制作工具,功能非常强大。两者的主要功能是对网页元素的安排,但仅仅安排元素的位置还不够,还需要利用图片和动画制作工具软件。Web 上支持显示的图片格式包括 GIF、JPG、PNG、BMP,可以用图片制作工具如 Photoshop、Fireworks[3]来制作这些图片文件。另外还需要一些动画来美化点缀网页,可以通过动画制作软件如 Adobe Image Ready[4]和 Flash[5]等制作动画。

5.2.3.4 数据库

网站建设中,有数据库的网站是动态网站,没有数据库的是静态网站。网站数据库,就是动态网站存放网站数据的空间,又称数据库空间。大多数网站是由 ASP、PHP 开发的动态网站,网站数据可以通过网站后台,直接发布到网站数据库,网站则对这些数据进行调用。

---

① Frontpage 是微软公司出品的一款网页制作入门级软件,结合了设计、程式码、预览三种模式。所见即所得,使用方便简单,会用 Word 就能做网页,因此相对 Dreamweaver 等软件更容易上手。
② 简称"DW"中文名称"梦想组织者",最初为美国 Macromedia 公司开发,2005 年被 Adobe 公司收购。DW 是集网页制作和管理网站于一身的所见即所得网页代码编辑器。
③ 由 Macromedia(在 2005 年被 Adobe 收购)推出的一款网页作图软件,软件可以加速 Web 设计与开发,是一款创建与优化 Web 图像和快速构建网站与 Web 界面原型的理想工具。
④ Image Ready 由 Adobe 公司开发,是以处理网络图形为主的图像编辑软件。当 photoshop 更新到 cs3 后,它集成了 Image Ready 几乎所有的功能,因此 ImageReady 被取代。
⑤ Flash 是美国的 MACROMEDIA 公司于 1999 年 6 月推出的网页交互式动画设计软件,用它可以将音乐、声效、动画以及富有新意的界面融合在一起,以制作出高品质的网页动态效果。

根据预估的网站访问流量情况，再决定选用何种网站数据库，具体包括 SQL（MySQL、SQL Server）、ACCESS、DB2（MongoDB）或 ORCLE 等。不过对于绝大部分中小品牌网站来说，一般会放弃自建数据库，转而使用第三方提供的云端数据库服务。

5.2.3.5　其他开发技术

很多企业网站都要求有交互功能，静态的网页已经不能满足企业网站的要求，这促进了动态网页开发技术的长足发展，基于 Web 数据库的动态网站应用如今已相当广泛。基于 Web 网络数据库的动态网站由 Web 浏览器作为客户端界面、数据库服务器用作信息存储和连接两者的 Web 应用服务器组成。原有开发动态网站的 CGI[①]技术，随着 Web 应用程序的客户端技术不断发展，逐渐被 JavaApplet、ActiveX 控件[②]、DHTML[③]和 JavaScript 取代，常用的则有 ASP[④]、PHP[⑤]、JSP[⑥]等工具。

5.2.4　网站推广策略

网站推广的目的在于让尽可能多的潜在用户访问并了解网站，从而利用网站实现向用户传递营销信息的目的，用户通过网站获得有关产品和公司的信息，为最终形成购买决策提供支持。

5.2.4.1　确定网站推广的总体目标

网站推广的总体目标是网站推广后网站能够实现的数字营销效果，如在发布后实现每天独立访问用户数量、与竞争者相比的相对排名、在主要搜索引擎的表现、网站被链接的数量、注册用户数量等。网站推广的总体目标也是网站发布的真正价值，在一定程度上反映了网站建设目的。

5.2.4.2　针对阶段目标制定相应的网站推广计划

网站建设完成后，针对企业整体经营策略和阶段性营销策略，以及网站在不同发展阶段的运营状况，确定网站推广的阶段目标，制定相应的网站推广计划，保证网站推广工作的有序实施。网站推广计划的主要内容包括：分析所能利用的资源情况，确定方法；选择相应的网络资源服务商，进行相应的优化设计；实施进度和质量保证。制定网站推广计划有助于在

---

① Common Gateway Interface，公共网关接口，是 Web 服务器运行时外部程序的规范，按 CGI 编写的程序可以扩展服务器功能。CGI 应用程序能与浏览器进行交互，还可通过数据 API 与数据库服务器等外部数据源进行通信，从数据库服务器中获取数据。

② ActiveX 是 Microsoft 对于一系列策略性面向对象程序技术和工具的称呼，其中主要的技术是组件对象模型（Component Object Model, COM）。在有目录和其他支持的网络中，COM 变成了分布式 COM（Distributed Component Object Model, DCOM）。

③ DHTML 是 Dynamic HTML 的简称，就是动态的 html（标准通用标记语言下的一个应用），是相对传统的静态的 html 而言的一种制作网页的概念。

④ Active Server Pages 是 Microsoft 公司开发的服务器端脚本环境，可用来创建动态交互式网页并建立强大的 web 应用程序。

⑤ Hypertext Preprocessor 即 "超文本预处理器"，是在服务器端执行的脚本语言，尤其适用于 Web 开发并可嵌入 HTML 中。

⑥ Java Server Pages 是由 Sun Microsystems 公司主导创建的一种动态网页技术标准。JSP 部署于网络服务器上，可以响应客户端发送的请求，并根据请求内容动态地生成 HTML、XML 或其他格式文档的 Web 网页，然后返回给请求者，能与服务器上的其他 Java 程序共同处理复杂的业务需求。

网站推广工作中有的放矢，并且有步骤有目的地开展工作，避免重要的遗漏。

在网站运营推广的不同阶段，网站推广策略的侧重点和所采用的推广方法也存在一定的区别。从网站推广的角度来看，一个网站从策划到稳定发展要经历四个基本阶段：网站策划与建设阶段、网站发布初期、网站增长期和网站稳定期。

图 5-1 中表现的是一般正常网站访问量的发展轨迹，或者说是对一个网站推广效果的期望轨迹，并不能代表所有网站的发展状况，如我们不能忽视一些网站由于推广不力等原因造成访问量长期没有明显增长的情况，有些网站则有可能在某个阶段出现意外原因造成访问量的突然下降，甚至无法访问的现象，对这些特例这里不做更多的探讨。

从图 5-1 中可以看到，当网站进入稳定期之后，由于不同的经营策略，网站访问量可能进入新一轮的增长期，也可能进入衰退期。对于一个长期运营的网站，自然希望当进入一个稳定阶段之后，通过有效的推广，再次进入成长期。进入稳定期之后，不同的网站会出现迥异的表现，在很大程度上就是企业对网站运营所处阶段及其特点了解不深，没有采取针对性的推广策略。

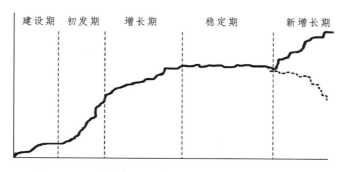

图 5-1 网站推广的四个阶段与访问量增长示意图

事实上在网站策划和建设的阶段就已经开始了网站推广工作。因为网站推广方法受到网站功能和设计的制约，网站建设决定了某些网站推广方法，如对于搜索引擎营销等方法来说，应该从网站策划建设阶段就开始规划，否则等到发现网站推广效果不佳时，就要进行网站基本要素的重新设计。

1. 网站策划与建设阶段

在策划阶段，真正意义上的网站推广并没有开始，不过这个阶段的推广具有特殊的意义。其主要特点表现在以下几个方面：

（1）网站推广很可能被忽视。

大多数网站在策划和设计中往往没有将推广的需要考虑进来，很可能是在网站发布之后才认识到这个问题，然后再回过头来考虑网站的优化设计。而这样不仅浪费人力，也影响了网站推广的时机。

（2）策划与建设阶段的网站推广实施与控制比较复杂。

一般来说，无论是自行开发，还是外包给专业服务商，一个网站的设计开发都需要由技术、设计、市场等方面的人员共同完成，不同专业背景的人员对网站的理解会有比较大的差异，例如技术开发人员往往只从功能实现方面考虑，设计人员则更为注重网站的视觉效果。如果没有一个具有数字营销意识的专业人员进行统筹协调，最终建成的网站很可能与数字营销的需求有很大差别，这也就是为什么一些网站建成之后和最初的策划思想有差距。

（3）策划与建设阶段的网站推广效果在网站发布之后才能得到验证。

在网站建设阶段所采取的优化设计等推广策略，只能凭借网站建设相关人员的经验来进行，是否真正能满足网站推广的需要，还有待于网站正式发布一段时间之后的实践来验证，如果与期望目标存在差异，还有必要做进一步的修正和完善。也正是这种滞后效应，更加容易让设计开发人员忽视网站建设对网站推广影响因素的考虑。

这些特点表明，网站推广策略的全面贯彻实施涉及多方面的因素，需要从数字营销策略整体层面考虑，否则很容易陷入网站建设与网站推广脱节的困境。目前这种问题在企业中是普遍存在的，这也是企业网站不能发挥作用的重要影响因素之一。

2. 网站发布初期推广的特点

网站发布初期通常指网站正式对外宣传开始后大约半年的时间。网站发布初期推广的特点表现在以下几个方面：

（1）数字营销预算比较充裕。

企业应用于网站推广方面的数字营销预算，通常在网站发布初期投入较多，这是因为一些需要支付年度或季度使用费的支出通常发生在这个阶段。另外，为了在短期内获得明显的成效，新网站通常会在发布初期加大推广力度，如发布广告、新闻等。

（2）数字营销人员有较高的热情。

这种情感因素对于网站推广会产生很大影响，在网站发布初期，数字营销人员非常乐于尝试各种推广手段，对于网站访问量和用户注册数量的增长等指标非常关注。如果这个时期网站访问量增长较快，达到了预期目的，对于数字营销人员是很大的激励，可能会进一步激发工作热情，反之，如果情况不太理想，很可能会影响其积极性，甚至对网站推广失去信心，一些企业的数字营销工作也可能就此半途而废。所以工作人员的个人经验和情感因素也是网站推广的重要影响因素之一。

（3）网站推广具有一定的盲目性。

尽管营销人员有较高的热情，但由于缺乏足够的经验和必要的统计分析资料，加之网站推广的成效还没有表现出来，因而无论是在网站推广策略的实施方面还是网站推广效果方面都存在一定的盲目性，因此在推广初期企业宜采用多种网站推广方法，并对效果进行跟踪控制，逐渐发现适合网站特点的有效方法。

（4）网站推广的主要目标是用户的认知程度。

推广初期网站访问量快速增长，这个阶段的主要目标是得到更多用户了解，也就是获得尽可能多的用户认知，产品推广和销售促进通常居于次要地位。为引起用户对网站的注意，此阶段采用的方法以登载新闻、提供免费服务和基础网站推广手段为主。

这些特点为企业制定网站发布初期的网站推广计划提供了思路：尽可能在这个阶段尝试应用各种常规的基础数字营销方法，同时要注意合理利用营销预算，因为对有些数字营销方法是否有效尚没有很大的把握，过多的投入可能会导致后期推广资源的缺乏。要注意掌握这个阶段所采用的每项具体网站推广方法的规律和技巧。

3. 网站增长期

经过网站发布初期的推广，网站拥有了一定的访问量，并且访问量还在快速增长中。这个阶段需要继续保持网站推广的力度，同时要对前一阶段的效果进行分析，从而发现最适合本网站的推广方法。

网站增长期推广的特点主要表现在下列几个方面：

（1）网站推广方法具有一定的针对性。

与网站发布初期的盲目性相比，由于尝试了多种网站推广方法，并取得了一定效果，这个阶段就哪些网站推广方法更为有效积累了一些实践经验，因此在做进一步推广时往往更有针对性。与网站发布初期相比，增长期网站推广的方法会有一些变化。

（2）网站推广效果的管理应得到重视。

网站推广的直接效果之一就是网站访问量的增加，对网站访问指标进行统计分析可以发现哪些网站推广方法对访问量的增长更为显著，哪些方法可能存在问题，同时也可以发现更多有价值的信息，如用户访问网站的行为特点等。

（3）网站推广的目标将由用户认知向用户认可转变。

网站发布初期阶段的推广获得了一定数量的新用户，如果用户肯定网站的价值，将会重复访问网站以继续获得信息和服务，网站增长期推广的特点反映了一些值得引起重视的问题：仅靠数字营销专业人员对网站推广基础知识的了解和应用已经无法进一步促进网站推广，有时只有借助专业机构的帮助才能满足网站推广提出的更高要求。这也就说明，这个阶段对于网站进入稳定发展阶段具有至关重要的影响，如果没有专业的手段而任其自然发展，网站很可能在较长时间内只维持在较低的访问量水平上，这将最终限制数字营销效果的发挥。

4. 网站稳定期

网站从发布到进入稳定发展阶段一般需要半年到一年甚至更长的时间，稳定期主要特点表现在以下几个方面：

（1）网站访问量增长速度减慢。

网站进入稳定期的标志是访问量增长明显减慢，采用一般的网站推广方法对于访问量的增长效果不明显，访问量可能在一定数量水平上波动，有时甚至会出现下降，但总体来说，正常情况下网站访问量应该处于历史上较高的水平，并保持相对稳定。如果网站访问量有较大的下滑，则是提醒营销人员采取有效措施的信号。

（2）访问量增长不再是网站推广的主要目标。

当网站拥有一定的访问量之后，数字营销的目标将更注重用户资源的价值转化，而不仅仅是访问量的进一步提升。访问量只是获得收益的必要条件，但仅有访问量是不够的。从访问量到收益的转化是一个比较复杂的问题，这些通常并不是网站推广本身所能完全包含的，还取决于企业的经营策略和企业赢利模式。

（3）网站推广的工作重点将由外向内转变。

网站的稳定期是网站推广周期中比较特殊的一个阶段，需要将以面向吸引新用户为重点的网站推广工作逐步转向维持老用户以及网站推广效果的管理等方面。这种特点与网站建设阶段在某些方面有一定相似处，即主要将专业知识和资源面向网站运营的内部。

网站稳定期推广的特点表明，网站发展到稳定阶段并不意味着推广工作的结束，网站推广是一项永无止境的工作，网站的稳定意味着初级的推广工作达到阶段目标，保持网站的稳定并谋求进入新的增长期仍然是一项艰巨的任务，如不能合理维持网站运营的稳定性，将很可能进入访问量下降阶段。

表 5-2　网站推广各个发展阶段的特点

网站运营阶段	网站推广的阶段特点
网站策划建设阶段	对个人经验和知识要求比较高，建设过程控制较复杂；网站推广意识不明确，经常被忽视；效果需要后期验证，滞后效应容易导致忽视网站建设对网站推广的影响
网站发布初期	有营销预算和人员热情的优势；可尝试多种常规网站推广方法；网站推广具有一定的盲目性；尽快提升访问量是主要推广目标
网站增长期	对网站推广方法的有效性有一定认识，可采用更适用的推广方法；常规方法不能完全满足网站推广的要求；除了访问量的提升，还应考虑与实际收益的结合；需要重视网站推广效果的管理
网站稳定期	访问量增长缓慢，可能有一定波动；注重访问量带来的实际收益而不仅仅是访问量指标；内部运营管理成为工作重点

表 5-3　网站推广四个阶段的主要任务

发展阶段	网站推广的主要任务
网站策划建设阶段	网站总体方案制定；结构、功能、服务、内容、推广等；网站开发设计及其管理控制；网站优化设计的贯彻实施；网站测试和发布准备
网站发布初期	常规网站推广方法的实施，尽快提升网站访问量，获得尽可能多用户的了解
网站增长期	常规网站推广方法效果的分析；制定和实施更有效的、针对性强的推广方法；重视网站推广效果的管理
网站稳定期	保持用户数量的相对稳定；加强内部运营管理和控制工作；提升品牌和综合竞争力；为网站进入下一轮增长做准备

5.2.4.3　选取合适的网站推广方法

网站的推广主要依靠具体的推广方法来实现。由于网络资源服务商提供的服务资源较多，相应可供选择的网站推广方法也较多。网站的拥有者要根据企业的投资情况和网站的需要情况，合理选择和运用适合企业的网站推广方法。互联网上常见的网站推广方法包括搜索引擎营销、资源合作、信息发布、网络广告和病毒性营销方法等。利用线下资源的传统的网站推广方法有印刷品或宣传册、传媒广告、冠名大型活动（如体育赛会、文艺演出、各种大奖赛、捐赠活动等）、网站开通信息发布会等。

5.2.4.4　选择相应的网络推广服务商

互联网上可以提供搜索引擎服务、电子邮箱服务、邮件列表服务、广告服务、即时消息服务和供求信息发布等服务的网络推广服务商有许多，如何针对确定的方法选择相应的网络推广服务商是网站拥有者进行网站推广必须面对并解决的问题。选择网络推广服务商一般主要考虑的因素有服务商的信誉、服务商的服务产品、服务商的资费标准、服务商的服务质量（包括技术能力、策划水平、效果等）、评估推广价值的手段。

5.2.4.5　及时进行网站推广评价分析

网站推广不能盲目进行，需要进行推广后的效果进行跟踪和控制，以便及时改进推广方法，保证网站推广在每个阶段取得成功。在网站推广评价方法中，最为重要的一项指标就是网站的访问量，访问量的变化情况基本上反映了网站推广的成效。因此，网站访问统计分析是网站推广成功的关键。

5.3　搜索引擎营销

搜索引擎营销（SEM，Search Engine Marketing）是指利用用户使用搜索引擎查找信息的机会，尽可能将商业信息传递给目标用户，从而达到宣传企业形象，促进企业产品销售的目的，因此也被定义为"精准营销"。

一般来讲，搜索引擎营销给企业提供了高性价比的推广方式，也让用户获得了想要了解的信息，对于企业和用户双方都有益。然而，搜索引擎营销发展中出现的竞价排名模式却让某些公司不以产品质量论英雄，反以推广费用求生存，在某些方面损害了用户的利益。2016年的魏则西事件就揭开了百度的医学信息竞价排名系统，引发舆论的激烈批判。

5.3.1　搜索引擎营销的基本原理与目标层次

搜索引擎营销得以体现的必要条件包括三个环节：一是有用户熟悉使用的搜索引擎；二是用户利用关键词进行搜索；三是搜索结果页面的信息对用户产生吸引从而产生进一步的点击行为。可见，在搜索引擎及其收录的网络信息既定的情况下，搜索引擎营销取决于用户的行为。因此本节从用户的搜索行为来研究搜索引擎营销的原理，并在此基础上分析搜索引擎营销的特点和基本特征，为制定及实施搜索引擎营销策略奠定基础。

5.3.1.1　搜索引擎营销基本原理

搜索引擎是用户信息查询和企业网站推广的平台，一个典型的用户搜索流程如图 5-2 所示。用户在完成搜索、筛选、点击等基本信息获取行为之后，就本次获取信息行为是否获得期望的结果得出自己的判断。

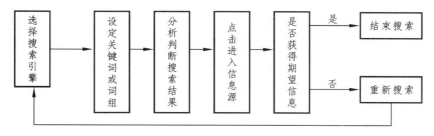

图 5-2　用户通过搜索引擎获取信息的过程

企业利用用户通过搜索引擎检索的机会实现信息传递的目的，这就是搜索引擎营销。搜索引擎营销得以实现的基本过程是企业将信息发布在网站上，使信息成为以网页形式存在的信息源；企业的营销人员通过免费的注册搜索引擎、交换链接或付费的竞价排名、关键词广告等手段，使自己的网站网址被各大搜索引擎收录到各自的索引数据库中；用户利用关键词进行检索（对于分类目录则是逐级目录查询）；检索结果中罗列相关的索引信息及其链接；用户对检索结果进行判断，选择有兴趣的信息，并点击进入信息源所在网页。图5-3表达了搜索引擎营销信息传递的过程。

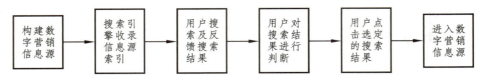

图 5-3　搜索引擎营销的信息传递过程

5.3.1.2　搜索引擎营销的基本内容

对搜索引擎营销的信息传递过程和实现搜索引擎营销的基本任务进一步分析可以发现，搜索引擎营销可以分解为不同的层次，每个层次有相应的目标，实现这四个层次的目标是搜索引擎营销的主要任务。从初级的被搜索引擎收录到最高层次的将浏览者转化为真正的顾客，搜索引擎营销的目标依次提高。从图5-4可以看出，搜索引擎营销的四个层次为存在层、表现层、关注层和转化层。

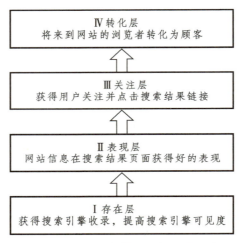

图 5-4　搜索引擎营销的目标层次示意图

第一层是存在层，基本目标是使尽可能多的网站页面被搜索引擎收录，即提高网站搜索引擎的可见度，这是搜索引擎营销的基础。因此一个网站被搜索引擎收录的网页数量通常被认为是搜索引擎营销的评价指标之一。

第二层是表现层，目标是在被搜索引擎收录的基础上尽可能获得好的被推荐机会，即尽可能获得更好的排名，让网站出现在前几条或首页结果中。用户关注的通常只是搜索结果中靠前且引导信息有吸引力的少量内容。如果无法排在前面，而是在几页甚至几十页之后，那被顾客发现的机会就大为降低，搜索引擎营销的效果也无法保证。

第三层是关注层，重点在于观察用户通过搜索引擎检索结果是否会点击进入网站，而这将直接关系到网站的访问量。从搜索引擎的实际情况来看，仅仅做到被搜索引擎收录并且在搜索结果中排名靠前是不够的，这样并不一定能增加用户的点击率，更不能保证将访问者转化为顾客。要通过搜索引擎营销实现访问量增加的目标，需要从整体上进行网站优化设计，并充分利用关键词广告等有价值的搜索引擎营销专业服务。

第四层是转化层，目标在于将来到网站的访问者转化为真正的顾客，即经由搜索引擎带来的网站访问量的增加转化为企业最终的收益。转化层是前面三个目标层次的进一步提升，也是搜索引擎营销的最高目标。此外，实现转换还需要网站的功能、文案、产品、服务等多种因素共同发挥作用，与顾客建立密切的关系，使其成为潜在顾客，或者直接购买产品。

从搜索引擎营销的各项基础工作，如信息源发布、搜索引擎收录并获得用户点击，到最终产生收益，其间的效果表现主要为网站访问量的增加，从访问量转化为收益则是由网站的功能、服务、产品等多种因素共同作用决定的。因此，第四个目标在搜索引擎营销中属于战略层次的目标。其他三个层次的目标则属于策略范畴，具有可操作性和可控制性的特征，实现这些基本目标是搜索引擎营销的主要任务。

5.3.2 搜索引擎营销的主要模式

自从搜索引擎成为互联网信息的检索工具，搜索引擎的营销价值就产生了，随着搜索引擎技术的不断发展，搜索引擎营销的模式也随之发展，经历了分类目录、搜索引擎自然检索、搜索引擎关键词广告等阶段。与之相对应的是搜索引擎营销的知识也在不断演进，从简单到复杂，如今已经发展为一个相对完整的搜索引擎营销知识体系。

5.3.2.1 搜索引擎营销模式的发展演变

搜索引擎营销是随着搜索引擎技术的发展而逐渐产生和发展的，从国内外的发展现状来看，搜索引擎营销模式大致经历了四个发展阶段。随着元宇宙时代的到来，数字孪生、VR、AR、MR 等技术的应用，将进一步推动搜索引擎在用户体验、隐私风险管理、知识产权保护、行业垄断管理、算法算力技术等方面的进步。当下我国的搜索引擎营销发展也正处于向元宇宙的过渡状态。

1. 第一阶段（1994—1997 年）：将网站免费提交到主要搜索引擎

早期搜索引擎营销的主要任务就是将网站登录到搜索引擎，并通过 META 标签优化设计获得比较靠前的排名。由于主要的分类目录网站雅虎所产生的巨大影响力，当时的一些观点甚至认为，网络营销就是网址推广，只要可以将网址登录到雅虎网站（yahoo.com）并保持排名比较靠前，网络营销的主要任务就算基本完成；如果排名可以在第一屏幕甚至前五名，那么就意味着网络营销已经取得了成功。

随着搜索引擎分类目录收录网站数量的增多，通过逐级浏览的方式检索信息变得非常麻烦，越来越多的用户并非通过主页进入网站，如果其他页面没有登录到搜索引擎，便失去了被用户发现的机会。传统的分类目录型搜索引擎劣势越来越明显。一方面，除了网站首页之外，同一网站次级栏目和页面的登录使得分类目录的内容显得臃肿而重复，增加了用户检索信息的难度；另一方面，由于大量的信息无法全部登录到搜索引擎，使得一些有价值的信息无法被检索到，这也影响了搜索引擎营销的效果。

2. 第二阶段（1998—2000 年）：技术型搜索引擎的崛起引发的搜索引擎优化策略

为了适应爆炸式增长的网页数量并且增加信息检索的相关性，以谷歌为代表的纯技术型搜索引擎得以迅速发展。2000 年以后，其重要程度已经超过当时的搜索巨头雅虎。在这一阶段，搜索引擎营销的方式在利用 META 标签优化获得好的排名的基础上逐渐发展成为内容更为丰富的"搜索引擎营销策略"，其中包括网页内容的优化设计、提高网站总体质量、增加网站被高质量网站链接的数量等。例如一个网站一旦被收录，且站内的网页符合搜索引擎收录的规则，这些网页也会被自动收录。当然收录网站链接并不仅仅是为了搜索引擎营销，链接本身也具有一定的网站推广价值。第二阶段搜索引擎营销仍以免费为主，但随着网络经济泡沫的破裂，搜索引擎开始进入收费时代，搜索引擎的营销法则也随之发生重大改变。

3. 第三阶段（2001—2003 年）：搜索引擎营销从免费向付费模式转变

搜索引擎登录一直是网站推广的基本手段，其中一个重要原因是利用搜索引擎登录网站是免费的。但是从 2001 年后半年开始，国内外主要搜索引擎服务收费商陆续开始了收费登录服务。收费服务影响了部分网站登录的积极性，不过也为网站提供了更多专业服务，从功能上为数字营销提供了更为广阔的发展空间，从而提升了营销的效果。从免费到付费的转变，是搜索引擎营销的一次重大变革。就国内外主要搜索引擎的收费方式来看，当时主要有两种基本情况：一种类似于原有的在分类目录上登录网站，区别仅仅在于只有当网站缴纳费用之后才可以获得被收录的资格，另一种则是购买关键词广告。这种关键词广告至今仍是付费搜索引擎营销中的重要方式之一。

关键词广告方式与传统的搜索引擎登录和排名有很大的差别，属于网络广告的一种形式。简单来说就是在搜索引擎的搜索结果中动态发布广告的一种方式。关键词广告出现的网页不是固定的，而是当用户检索到广告主为之付费的关键词时，才会出现在搜索结果页面的显著位置。关键词广告从 2001 年开始已经表现出强劲的增长势头，2002 年的关键词检索市场更是一枝独秀，成为引人注目的新型网络广告形式，2003 年的增长速度更为显著。到 2005 年，美国的搜索引擎广告已经占据整个网络广告市场的 41%（见表 5-4）。

表 5-4　美国网络广告市场广告形式及份额（2000—2005 年）

网络广告形式	2000 年	2003 年	2004 年	2005 年
传统展示广告	47%	21%	19%	20%
搜索引擎广告	1%	35%	40%	41%
分类广告	7%	17%	18%	17%
RichMedia	2%	10%	10%	8%
Email 广告	1%	3%	1%	2%

4. 第四阶段（2004—2021 年）：搜索引擎优化被高度重视，关键词广告爆发式增长

2004 年之后是数字营销市场的高速发展阶段，搜索引擎营销的地位受到企业的高度重视，无论是基于搜索引擎自然检索的搜索引擎优化还是付费关键词广告都得到爆发式增长。中文搜索引擎百度就是这个阶段开始突飞猛进的。为了适应搜索引擎营销市场的需求以及对搜索引擎营销专业知识的要求，大批搜索引擎优化公司（国内更多是个人或者小规模工作室）及搜索引擎广告代理机构诞生，一个真正意义上的搜索引擎营销时代蓬勃发展起来并逐渐走向成熟。尽管目前基于社会化网络的社交关系传播获得了营销人员更多的关注，但搜索引擎营销市场仍然在不断扩大之中，搜索营销的作用仍不可忽视。

2004 年之后的十多年时间内，尽管从表面形式上看，搜索引擎营销并没有像前几个阶段

那样发生颠覆性的变化，但仍然在不断创新之中，发展了多种分支领域的搜索：图片搜索、新闻搜索、博客搜索、地图搜索、视频搜索、实时搜索、商品搜索等，在搜索结果页面展示的信息也从早期单一的纯文本网页信息变化到图文结合及多媒体形式的综合信息等。搜索引擎功能的不断丰富，为搜索引擎营销带来了更多新的内容，而且搜索引擎的搜索算法也在不断地调整，搜索引擎营销的知识也更为广泛。

5. 元宇宙时代开启：搜索场景多样化、内容呈现多元化

2021 年是元宇宙元年。硬件设备、操作平台、内容生态、生活场景、社交系统等因素将被突破、重构，将用户真正意义上嵌入信息链路，搭建高度自主的可编辑平台，有效维护信息的协作和交互的搜索引擎营销秩序。得益于云计算的快速发展、终端设备种类及形态的爆炸式增长和通信基础设施的普及，搜索引擎将不再局限于某一个网站端口，而是更多地由功能性 App 进行承担。搜索路径通过智能设备与用户相连接，突破了时空的限制，在工作、学习、社交等各方面都推进着用户体验的优化提升。穿戴设备与机器深度学习将用户的信息搜索途径变得更加多元。而 AI 和云原生技术①深入数据处理的各个阶段将会发现更高程度的信息服务需求，让个性化的信息诉求得到空前满足。同时虚实的界线被打破，信息将以更多样的方式进行呈现。同时，信息的检索方式将从文本检索扩展到图片、视频、音频检索等。从数据的计算、存储及传输三项指标出发，打破了低质量的简单搜索和精准推送带来的信息茧房，打造开放、平等的搜索生态系统和高度自治的数据信息管理方式。搜索引擎不再依靠广告及竞价排名机制获取收益，信息本身可以拥有独立的经济属性，并能在搜索引擎中扩大 IP 产业链的影响，催生新的商业业态。

5.3.2.2　搜索引擎营销的主要模式

尽管上面搜索引擎营销分为四个发展阶段，但不同阶段之间的搜索引擎营销方式并非完全孤立，而是有一定的关联性，新的搜索引擎营销模式通常是在保持前一阶段仍然有效的方法的基础上进行了升级。例如，最早的分类目录网站推广的方法至今仍有一定的价值，只不过现在有的分类目录已经不再是重要的推广方式，或者不再像早期那样收录网站。到目前为止，搜索引擎营销的常见方式可归纳为下面几种。

1. 登录分类目录

这是最传统的网站推广手段，随着基于超级链接的技术性搜索引擎重要性的提高，传统分类目录网站的影响力已经越来越小。目前多数搜索引擎都已开始收费，只有少数搜索引擎可以免费登录。但网站访问量主要来源于少数几个重要的搜索引擎，即使登录大量低质量的搜索引擎，对数字营销的效果也没有太大意义。

2. 搜索引擎优化

即通过对网站栏目结构和网站内容等基本要素的优化设计，提高网站对搜索引擎的友好性，使得网站中尽可能多的网页被搜索引擎收录，并且在搜索引擎自然检索结果中获得好的

---

① 云原生是一种新型技术体系，是云计算未来的发展方向。云原生应用也就是面向"云"而设计的应用，在使用云原生技术后，开发者无须考虑底层的技术实现，可以充分发挥云平台的弹性和分布式优势，实现快速部署、按需伸缩、不停机交付等。

排名，从而通过搜索引擎的自然检索获得尽可能多的潜在用户。搜索引擎优化是2004年之后最重要的搜索引擎营销模式之一，本章下一节将做详细分析介绍。

3. 关键词分类

每个网站都必须要有关键词，优化好的网站甚至有成百上千个关键词的排名，只有这样才能获取精准的用户，并且网站的内容要跟网站的核心关键词高度相关。列举出关键词后还需要做用户需求分析，然后确立网站的核心关键词。

对关键词进行分类的方法主要分为以下几种：

（1）关键词常规分类包括：核心关键词、热门关键词搜索量大；次级关键词、长尾关键词搜索量较小。

（2）按关键词的搜索目录分类：导航类关键词、交易类关键词、信息类关键词。

（3）按关键词的热门程度分类：热门关键词、一般关键词、冷门关键词、生僻关键词（搜索的用户量很少，竞争程度小，容易做排名）。

（4）按关键词的长短分类：正常关键词、长尾关键词。

（5）按关键词主辅分类：主要关键词和辅助关键词。

（6）按关键词是否为行业词：行业关键词和行业相关关键词。

（7）产品与服务关键词：产品关键词和服务关键词。

（8）品牌关键词：品牌关键词和竞争品牌关键词、借力关键词。

（9）消费决策关键词：属性关键词、兴趣关键词、对比关键词、决策关键词。

（10）其他关键词：别名关键词、时间关键词、错别关键词、问答关键词、地域关键词、生僻关键词、目标关键词、相关关键词。

4. 付费关键词广告

即为搜索引擎服务商付费后，当用户用某个关键词检索时，企业的广告信息会显示在搜索结果页面专门设计的广告链接区域。关键词广告是付费搜索引擎营销的另一主要模式之一，也是目前搜索引擎营销方法中发展最快的模式。不同的搜索引擎有不同的关键词广告显示，有的将付费关键词的检索结果排在搜索结果列表最前面，也有的排在搜索结果页面的专用位置。

5. 关键词竞价排名

竞价排名也是搜索引擎关键词广告的一种形式，即按照付费最高者排名最靠前的原则，对购买同一关键词的网站进行排名的一种方式。竞价排名一般采取按点击收费的方式。与关键词广告类似，竞价排名方式也可以方便地对用户的点击情况进行统计，可以随时更换关键词以增强营销效果，并且关键词不仅能够单打独斗，还能够组合运用。

关键词广告能够网罗极接近购物流程末端的消费者——当消费者已经开始做搜索，显然他已经有相对强的了解意愿，甚至购买意愿。如果此时企业无法提供他想要的信息，企业很可能就会从消费者的考虑列表里被删除，甚至以后不会出现在消费者的考虑列表上。而制定关键词广告的基础在于制定合适的广告架构，即广告计划、广告组、关键词与文案。从"广告计划"建立大项目，而后用"广告组"做更进一步、更细致的分类，最后确定广告所使用的关键词与文案。

确定好关键词后，需要对关键词按以下原则进行组合摆位。

1）组合

（1）遵从精准性原则。

包括注重关键词的精准性和人群的精准性。根据核心主词延伸出属性词后，要挑选出某个属性词要进行验证，如果不进行验证，关键词和人群都会不精准。并且由于关键词匹配一般是广泛匹配，所以要尽量保持词的顺序，这样就会优先展现于没有保持顺序的词之前。

（2）遵从紧密排列原则。

紧密排列的关键词才会优先展示。

（3）遵从包含原则。

就是要在标题里尽量包含更多有数据的词，所谓数据就是跟顺序有关的数据。

2）摆位

（1）核心主词可以放在前面，也可以放在后面，最好不要放在中间。

（2）属性类目词要相互配合。

一般来说，标题关键词组合公式主要有以下几种：

（1）核心关键词+意向性关键词。如 SEO 优化公司。

（2）核心关键词+属性词。如 SEO 排名快速优化。

（3）二级关键词+长尾关键词+营销关键词。这里的营销关键词主要是特价、半价等。

（4）长尾关键词。关键词是用户通过搜索引擎搜某个产品或服务的词语或句子。通过关键词能够快速准确搜到想要查找的信息。

6. 网页内容定位广告

基于网页内容定位的网络广告是关键词广告搜索引擎营销模式的进一步延伸，广告载体不仅仅是搜索引擎搜索结果中的网页，也是延伸到这种服务的合作伙伴的网页。

此外，更多搜索引擎模式（如本地搜索、博客搜索、微博搜索、购物搜索、地图搜索、视频搜索、手机搜索等）的出现也可能会带来相应的搜索引擎营销模式。同时随着搜索引擎营销方式的不断变化，企业也要根据环境的变化选择合适的搜索引擎营销方式。

5.3.3　搜索引擎优化

5.3.3.1　搜索引擎优化的概念及特征

搜索引擎优化（SEO，Search Engine Optimization）是网站优化的组成部分，其通过对网站栏目结构、网站内容、网站功能和服务、网页布局等网站基本要素的合理设计，使得用户更加方便地通过搜索引擎获取有效的信息。

上面搜索引擎优化的定义中涉及几个重要关键词：网站优化、网站基本要素、用户、获取有效信息。这表明，搜索引擎优化重视的是网站内部基本要素的合理化设计，并且作为数字营销的一种手段，搜索引擎优化的根本目的是让用户利用搜索引擎这种互联网工具获取有效信息。

搜索引擎优化的主要特征是性价比高。搜索引擎优化属于自然优化，相对竞价排名有一定的优势，成本比较低，而且各个搜索引擎没有限制，即使只针对某一个搜索引擎进行优化，网站在其他搜索引擎中的排名也会相应提高，达到了企业在关键词推广中重复付费才能达到的效果。

搜索引擎优化具备以下几个特点。

（1）信任度高。

搜索引擎优化通过修改自身达到的自然排名效果，用户会认为更专业、更可信，同时用户参与度和转化率也更高。

（2）见效周期长。

不同于网络广告，搜索引擎优化一般要 4～6 个月初步见效，有时候需要更长时间。

（3）不稳定。

搜索引擎算法经常变，通常会导致网站关键词排名和流量有变动。

因此，搜索引擎优化是一个长期坚持的过程，网站做上首页后，还需要后期的维护和管理，同时也没有办法预测和保证搜索引擎优化后网站的曝光量和点击率。

5.3.3.2 搜索引擎优化的基本内容和方法

搜索引擎优化工作是通过对网站一些要素的合理设计，改善其在搜索引擎检索结果中的表现，获得用户的关注和点击，并为用户提供有价值的信息。因此，为了提升网站对搜索引擎的友好度，提升用户的使用体验，需要从网站的结构、内容和外部链接进行优化。

1. 网站结构优化

为了方便用户在浏览网站的时候更方便地获取所需信息，同时也方便搜索引擎更全面地抓取网站数据，企业需要对网站结构进行优化，包括网站结构设计、URL（Uniform Resource Locator，统一资源定位器）设置等。

（1）网站结构设计。

一个合理的网站结构要能正确表达网站的基本内容及其内容之间的层次关系，站在用户的角度考虑，使得用户在网站中浏览时可以方便地获取信息。网站结构优化包括整体结构和导航两个方面。首先，网站应该保持整体结构的扁平化，一个有逻辑、构造合理的网站架构才能与搜索引擎保持友好，高质量、高可用性的网站更容易被排列在搜索结果的前列。一般来说，一个网站的栏目最多不要超过 8 个，深度上不要超过 3 个层次。这样用户只需花费少量时间和点击就可以找到所需内容，而不必进行多次纵向点击，确保减少跳转次数。其次，对于导航优化的基本要求是清晰、分明。主导航是网站内容的大分类栏目，通常位于页面上方，如淘宝网站首页的天猫、聚划算、天猫超市、淘抢购等；多级导航是对主导航的细分，弥补大型网站中主导航无法列出更多细分类目的缺点，通常呈树形多级分类；底部导航主要包括网站介绍、投诉举报、联系方式等内容，通常位于网站底部。

（2）URL 设置。

在进行网站 URL 优化时，应采用静态 URL 与动态 URL 结合的方式，其中以静态为主。与动态 URL 相比，静态 URL 的稳定性更好，打开速度更快，有利于提高用户体验。此外，保证 URL 的规范化，使其清晰友好、方便记忆和辨别，URL 一般不宜过长，否则容易影响传播。尽量使用绝对路径的链接，并且制作一个网站地图，方便用户了解网站内容，也方便搜索引擎抓取网站中的链接。

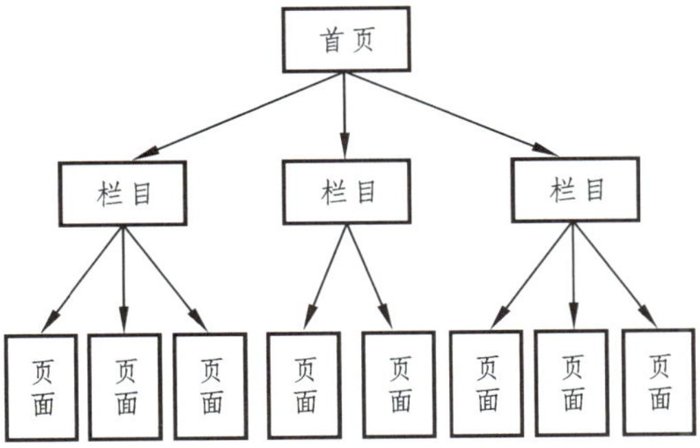

图 5-5　扁平式网站结构

2. 网页内容优化

网站结构的相对稳定性意味着网站一旦设计完成则很少频繁改动，而网站内容则是网站中最活跃的因素。网页内容的优化不仅是提升网站排名的重要方法，更是吸引用户、留住顾客的有效方法，是影响网站搜索引擎优化的主要因素。

（1）页面标题。

网页标题是搜索引擎用以判断网页主题的一个重要元素，同时也是用户搜索关键词时显示的标题和用户访问网页时显示在浏览器的标签页。在设置页面标题时除了要概括网页的核心内容，也要将页面关键词包含在其中，便于搜索引擎对页面进行判断和辨别。网站的页面标题不宜过长，且应该尽量避免重复，防止搜索引擎判断网站重复内容过多而对网站降权。一般来说 6～10 个汉字比较理想，最好不要超过 30 个汉字。

（2）围绕关键词设计内容。

确定关键词之后，应该围绕关键词组织文字，在文章中适当插入长尾关键词和相关关键词，方便搜索引擎的辨别。当然，关键词的选择应该以用户的使用习惯为基础，尽量优先考虑用户喜欢搜索的关键词，使页面获得较靠前的排名。同时，关键词不宜过多，最好均匀地分布在文章中，且主要关键词最好包含在第一段内。

（3）文章内容。

文章内容的设计以网页的实际情况为准，文章信息最好有一定的深度，即对用户有价值的内容，便于建立网站的权威，提高用户的信任度。此外，网页中的文章内容要尽量原创且定期进行更新，网页内容也是搜索引擎对网站质量的重要评判标准之一。

3. 网站外部链接优化

由于技术型搜索引擎把一个网站被其他相关网站链接的数量作为评估网站级别的因素之一，因此在搜索引擎优化中需要适当考虑网站链接。描述一个网站被链接数量的概念常用"链接广度"（Link Popularity）来说明。外部链接不仅可以提高网站的权重和排名，还可以为网站带来流量。

外部链接优化可以从以下几方面着手。首先，尽量保持链接的多样性，拥有新闻、贴吧、知道、百科等类别的外部链接。同时可以发布一些高质量的文章或软文至比较知名的网站上，引导其他网站的分享和转载，从而获得更有价值的外部链接。其次，每天增加一定数量的外部链接，可以使关键词排名获得提升。最后，与一些网站相关性比较高、整体质量比较好的网站合作，交换友情链接，巩固关键词排名，可以达到双赢的效果。比如天猫首页下方添加了阿里巴巴集团、高德地图、UC 浏览器、虾米音乐等网站的链接。

5.3.3.3　搜索引擎优化作弊与搜索引擎给站长的优化指南

在早期的 META 标签检索为主的搜索引擎中，通过一定的"技术手段"，也就是用误导的方式获得在搜索引擎中好的排名有时是可以做到的，因此这种"数字营销技巧"也就广为流传。对于技术型搜索引擎优化的作弊，常见的方式包括关键词堆砌及垃圾等。为提高搜索结果的质量，搜索引擎一直在与搜索引擎垃圾（Spam）做斗争。一些对 SEO 产生浓厚兴趣又不求甚解更不愿脚踏实地进行网站基本要素优化的人，很容易因为盲目的"优化"而陷入搜索引擎优化作弊的误区。因此，有必要了解搜索引擎优化的作弊问题及搜索引擎给站长提供的搜索引擎优化指南。

1. 什么是搜索引擎垃圾？

搜索引擎垃圾是为了获得搜索引擎优化效果而采取的作弊行为，造成搜索结果成为事实上的垃圾信息。这些信息是为了"搜索引擎优化"而设计的信息，如大量重复的关键词、用户不可看到的文字等。如果网站被发现采用了搜索引擎垃圾的方式进行优化，将受到搜索引擎的处罚。

常见的搜索引擎垃圾包括：隐藏的文字或链接，容易误解或堆积的词汇，与检索不匹配的网页、伪装的网页，欺骗性的网址重新指向，专门针对搜索引擎的入门网页，复制的网站或网页，付费购买的外部链接，用图片和无关的词汇填充网页、同样的内容出现在多个域名或次级域名的网页、链接了被认为是低质量的网站以及容易与知名网站误导的网址（如 yahhoo.com）等。

2. 面向站长的搜索引擎优化指南

为了获得高质量的搜索信息，尽量减少搜索引擎垃圾，针对网站搜索引擎优化的需要，各大搜索引擎都会给网站运营人员提供一些基本方针和指导，值得数字营销人员尤其是搜索引擎营销人员深入学习和领会，并贯彻到搜索引擎营销工作中去。百度搜索是全球最大的中文搜索引擎，每天响应来自 100 余个国家和地区的数十亿次搜索请求，拥有巨大流量。

本书罗列出部分百度提供的搜索引擎优化指南，可以帮助网站从交互体验、移动端搜索、平台工具、算法规范、落地页体验、优质内容指南与搜索合作项目等角度合理、可持续地提升流量。

百度搜索学堂：https：//ziyuan.baidu.com/college/index#/；
百度移动搜索优化指南：https：//ziyuan.baidu.com/college/courseinfo?id=2085&page=2；
百度搜索优化基础知识大全：https：//zy.baidu.com/act/seo?isResponsible=1；
百度搜索算法规范详解：https：//zy.baidu.com/act/guide?isResponsible=1；
百度 App 移动搜索落地页体验白皮书 5.0：https：//zy.baidu.com/act/wp?isResponsible=1；

3. 搜索引擎关于竞价排名的优化管理

前面提到，竞价排名是一种按效果付费的网络推广方式，有着见效快、不限制关键词数量、不区分关键词难易程度等优点，为平台和企业带来丰厚利润。

同时，竞价排名也存在显著缺点，例如价格高昂且管理麻烦、稳定性差、存在恶意点击、用户认知度下降等。前文我们提到的魏则西事件就与搜索引擎的竞价排名密切相关，竞价排名应当如何优化管理成为大家关注的焦点。关于百度魏则西事件我们可以得出以下几点借鉴意义：

（1）整顿推广内容：全面清理整顿医疗类等事关人民群众生命健康安全的商业推广服务，在搜索关键词上有所整改。

（2）整改竞价排名机制：不能仅以价格多少作为排位标准，应以信誉度为主要权重的排名算法并落实到位，同时对商业推广信息逐条加注醒目标识，予以风险提示，并严格限制商业推广信息比例。

（3）完善网民权益保障机制：畅通网民监督举报渠道，提高对网民举报的受理、处置效率；对违法违规信息及侵害网民权益行为，一经发现立即终止服务；建立完善相关机制，对网民因受商业推广信息误导而造成的损失予以先行赔付。

5.4 许可 Email 营销

电子邮件是比浏览器更早出现的互联网应用，Email 营销也是最早的数字营销方式之一，尽管电子邮件的使用率受到即时信息等互联网服务的影响，但 Email 营销的作用仍然不可忽视。Email 营销与数字营销的其他方法相辅相成，本身又自成体系，是一个相对完整的内容营销分支。

5.4.1 Email 营销概述

5.4.1.1 Email 营销的概念和基本原理

电子邮件并非为营销而产生，但当电子邮件成为大众信息传播工具时，其营销价值也就逐渐显示出来。笼统地说，Email 营销就是利用电子邮件实现的数字营销信息传递。详细地说，Email 营销是指通过电子邮件方式向顾客发送产品或服务信息及其他促销信息以达到营销目的的活动。

Email 许可营销的原理很简单，企业在推广产品或服务的时候，事先征得顾客的许可，得到顾客许可之后，通过 Email 的方式向顾客发送产品或服务信息。其主要方法是通过邮件列表、新闻邮件、电子刊物等形式，向顾客提供有价值信息的同时附带一定数量的商业广告。在传统营销方式中，许可营销很难行得通，但是互联网的交互性使许可营销成为可能。

5.4.1.2 许可 Email 营销特点

1. 营销范围广

通过电子邮件，企业可以在很短的时间内迅速向数千万目标用户发布广告信息，甚至还可以将营销范围扩展至全球。此外，邮件收件人在阅读信件后，将其转发给自己的亲朋好友，还可以引起广告邮件的裂变传播，像"病毒"一样传递给更多人，进一步扩大营销范围。

2. 成本低

电子邮件营销是一种低成本的营销方式，企业几乎只需要支付网络费用的成本和搜集信息的成本。这种营销方式只需要满足三个基本条件即可：一是技术，二是用户的 Email 地址资源，三是 Email 营销的内容。同时，电子邮件广告的内容适合各行各业，具有信息量大、保存期长的特点，拥有长期的影响效果，还十分便于收藏和传阅，性价比更高。

3. 简单快捷

电子邮件营销从开始制作到发送，再到获得反应和回馈，整个营销过程的周期比较短，并且可以同时发送数量众多的邮件，制作和发送过程都十分简单，便于掌握。

4. 高反馈率

在电子邮件营销过程中，企业可以非常方便地收集到目标客户的实时反馈信息，包括点击率、回复率等，从而分析出该营销活动的市场反应，及时做出调整。

5. 精准定位

电子邮件营销具有较强的定向性，是一种点对点的传播形式，企业可以针对某一特定的人群发送特定的广告邮件，也可以根据需要按行业或地域等进行分类，通过高精度传播将信息发送到目标客户的邮箱中，增加信息的阅读和传播量，达到更好的宣传效果。

5.4.1.3　Email 营销的分类

不同形式的 Email 营销也有不同的方法和规律，所以首先应该明确有哪些类型的 Email 营销，以及这些 Email 营销分别是如何进行的。

1. 按照发送信息是否事先经过用户许可分类

按照发送信息是否事先经过用户许可分类，可以将 Email 营销分为许可 Email 营销（PEM，PermissionEmailMarketing）和未经许可的 Email 营销（UCE，UnsolicitedCommercialEmail）。未经许可的 Email 营销也就是通常所说的垃圾邮件，正规的 Email 营销都是基于用户许可的，如无特别说明，本书所讲的 Email 营销均指 PEM。

2. 按照用户对 Email 地址资源的所有权分类

按照用户对 Email 地址资源的所有权分类，可以将 Email 营销分为内部 Email 营销和外部 Email 营销，或者简称为内部邮件列表和外部邮件列表。这种分类方式是 Email 营销最常见的分类方式。内部列表是一个企业/网站利用一定方式获得用户自愿注册的资料来开展的 Email 营销，而外部列表是指利用专业服务商或者与专业服务商一样可以提供专业服务的机构，自己并不拥有用户的 Email 地址资料，也无须管理维护这些用户资料。对于企业而言，潜在用户的 Email 地址是很重要的营销资源。本书中所讲的邮件列表一般是指内部列表 Email 营销。表 5-5 对两种 Email 营销形式的功能和特点进行了比较。

表 5-5　内部列表和外部列表 Email 营销的比较

主要功能和特点	内部列表 Email 营销	外部列表 Email 营销
主要功能	顾客关系、顾客服务、品牌形象、产品推广、在线调查、资源合作	品牌形象、产品推广、在线调查
投入费用	相对固定，取决于日常经营和维护费用，与邮件发送数量无关，用户数量越多，平均费用越低	没有日常维护费用，营销费用由邮件发送数量、定位程度等决定，发送数量越多费用越高

主要功能和特点	内部列表 Email 营销	外部列表 Email 营销
用户信任程度	用户主动加入，对邮件内容信任程度高	邮件为第三方发送，用户对邮件的信任程度取决于服务商的信用、企业自身的品牌、邮件内容等因素
用户定位程度	高	取决于服务商邮件列表的质量
获得新用户的能力	用户相对固定，对获得新用户效果不显著	可针对新领域的用户进行推广，吸引新用户能力强
用户资源规模	需要逐步积累，一般内部列表用户数量比较少，无法在很短时间内向大量用户发送信息	在预算许可的情况下，可同时向大量用户发送邮件，信息传播覆盖面广
邮件列表维护和内容设计	需要专业人员操作，无法获得专业人士的建议	服务商专业人员负责，可对邮件发送、内容设计等提供相应的建议
Email 营销效果分析	由于是长期活动，较难准确评价每次邮件发送的效果，需要长期跟踪分析	由服务商提供专业分析报告，可快速了解每次活动的效果，如送达率、打开率、回应率等

3. 按照企业的营销计划分类

按照企业的营销计划分类，可以将 Email 营销分为临时性的 Email 营销和长期 Email 营销。临时性的 Email 营销，如不定期的产品促销、市场调查、节假日问候、新产品通知等。长期的 Email 营销通常以企业内部注册会员资料为基础，主要表现为新闻邮件、电子杂志、顾客服务等各种形式的邮件列表，这种列表的作用要比临时性的 Email 营销更持久，其作用更多地表现在顾客关系、顾客服务、企业品牌等方面。

4. 按照 Email 营销的功能分类

按照 Email 营销的功能分类，可以将 Email 营销分为顾客关系 Email 营销、顾客服务 Email 营销、在线调查 Email 营销、产品促销 Email 营销等。

5. 按照 Email 营销的应用方式分类

按照 Email 营销的应用方式分类，可以将 Email 营销分为经营型 Email 营销和非经营型 Email 营销两类。当以经营性质为主时，Email 营销实际上已经属于专业服务商的范畴了。

5.4.1.4　Email 营销的形式

开展 Email 营销的基础之一是拥有潜在用户的 Email 地址资源。这些资源可以是企业内部所有即内部列表，也可以是合作伙伴或者专业服务商所拥有即外部列表，因此 Email 营销的重要内容之一就是用户邮件地址资源的获取和有效管理及应用。从数字营销目的来看，常见的邮件列表有六种形式：电子刊物、新闻邮件、注册会员通信、新产品通知、顾客服务/顾客关系邮件、顾客定制信息。这些不同形式的邮件列表总体上是类似的，但在具体的操作模式上有一定的区别，如加入邮件列表的方法、邮件内容设计、邮件发送周期等。

5.4.2　Email 营销的过程

Email 营销的过程，就是在营销目标的指导下，将有关营销信息通过电子邮件传递到目标用户的电子邮箱中，通过营销信息的渗透达到营销目的。开展 Email 营销的具体过程一般包括下面几个步骤。

1. 制订 Email 营销目标

一般而言，根据不同的营销目标，电子邮件营销又可以进一步细分为品牌形象推广电子邮件营销、产品促销电子邮件营销、社会调查电子邮件营销、用户服务电子邮件营销、网站推广电子邮件营销等。因此，企业应该结合自身目前的状况，根据不同的 Email 营销计划，确定在推广企业形象和产品、提高市场营销等不同方面的营销目标。

2. 合理选择营销途径

根据企业要达到的营销目标、企业的资金状况以及企业拥有的 Email 地址资源确定有效的内部邮件列表和外部邮件列表，选择合适的外部列表服务商。企业、邮件列表以及外部列表服务商是这一阶段要考虑的三个重要因素。

3. 决定目标受众

为了达到营销目标，提高邮件营销的效果，需要确定邮件接收对象的类型，这需要分析用户的特点、地理位置、年龄等，使邮件接收者与企业的营销沟通目标一致。

4. 合理设计邮件内容

在 Email 营销中，邮件的内容范围很广，灵活性也很大，对 Email 营销的最终结果有着直接和显著的影响。如果没有合适的邮件内容，再好的邮件列表技术平台、再多的邮件列表用户也无法实现营销目的。

5. 按时发送邮件

根据营销计划向潜在用户发送电子邮件。在这之前，应根据营销计划确定邮件发送周期，并认真执行计划。

6. 及时跟踪反馈

及时跟踪 Email 营销活动的效果，并适时调整自己的营销策略。营销活动结束后，对营销效果进行分析总结。营销计划制定后不是一成不变的，应及时跟踪，并且依据跟踪结果或者服务商提供的专业分析报告及时调整行动策略，这样才能够了解顾客、服务顾客，并且达到营销目的。

上述步骤是进行 Email 营销要经历的一般过程，但并非每次活动都要经过这些步骤，并且不同企业在不同阶段的 Email 营销内容和方法也有所区别。一般来说，内部列表 Email 营销是一项长期性的工作，通常在企业网站的策划建设阶段就已经纳入计划，它的建立需要相当长时间的资源积累，而外部列表 Email 营销可以灵活应用。为了进一步辨析两者的区别，表5-6 对两种列表 Email 营销的过程进行了简单的比较。

表 5-6 内部列表和外部列表 Email 营销过程比较

Email 营销的阶段	内部列表 Email 营销	外部列表 Email 营销
确定 Email 营销目的	需要在网站规划阶段制订，主要包括邮件列表的类型、目标用户、功能等内容，一旦确定具有相对稳定性	在营销策略需要时确定营销活动目的、期望目标。每次 Email 营销活动的目的、内容、形式、规模等可能各不相同
建设或者选择邮件列表技术平台	邮件列表的主要功能需要在网站建设阶段完成，或者在必要的时候为网站增加邮件列表功能，也可以选择第三方的邮件列表发行平台	不需要企业自己建设和维护邮件发行系统，由服务商提供
获取用户 Email 地址资源	通过各种推广手段，吸引尽可能多的用户加入列表。邮件列表用户 Email 地址属于企业的营销资源，发送邮件不需要额外支付费用	不需要自己建立用户资源，而是通过选择合适的 Email 营销服务商，在服务商的用户资源中按照一定条件选择潜在用户列表。一般来说，每次发送邮件均需要向服务商支付费用
Email 营销的内容设计	在总体方针的指导下来设计每期邮件的内容，一般为营销人员的长期工作	根据每次 Email 营销活动需要制作邮件内容，或者委托专业服务商制作
邮件发送	利用自己的邮件发送系统(或者选定的第三方发行系统)根据设定的邮件列表发行周期按时发送	由服务商根据服务协议发送邮件
Email 营销效果跟踪评价	自行跟踪分析 Email 营销的效果，可定期进行	由服务商提供专门的分析报告，可以是从邮件发送后实时在线查询，也可能是一次活动结束后统一提供监测报告

由表 5-6 可以看出，外部列表 Email 营销相当于通过广告媒体投放广告，其过程相对简单一些，并且是与专业服务商合作，可以得到一些专业的建议，在营销活动中并不会觉得十分困难；而内部列表 Email 营销的每一个步骤都比较复杂，并且是依靠企业内部的营销人员自己来进行。由于企业资源状况、企业各部门之间的配合、营销人员知识和经验等因素的影响，在执行过程中，会遇到大量新问题，其实施过程也比外部列表 Email 营销复杂得多，但由于内部列表拥有巨大的长期价值，因此建立和维护内部列表成为 Email 营销中最重要的内容。

5.4.3 Email 营销的策略与趋势

5.4.3.1 内容策略

Email 营销是典型的内容营销模式，当 Email 营销的技术基础得以保证，并且在拥有一定数量用户资源的前提下，Email 是否可以发挥营销价值，在很大程度上取决于内容设计。用户最关注的是邮件内容是否有价值。如果内容没有意义，即使加入了邮件列表，迟早也会退出，或者根本不会阅读邮件的内容。

1. 邮件列表内容的六个基本要素

（1）邮件主题。本期邮件最重要内容的主题，或者是通用邮件列表名称加上发行的期号。

（2）邮件列表名称。一个网站可能有若干个邮件列表，一个用户也可能订阅多个邮件列表，仅从邮件主题中不一定能完全反映出所有信息，需要在邮件内容中表现出列表的名称。

（3）目录或内容提要。如果邮件信息较多，给出当期目录或者内容提要是很有必要的。邮件内容 Web 阅读方式说明（URL）：如果提供网站阅读方式，应在邮件内容中给予说明。

（4）邮件正文。本期邮件的核心内容，一般安排在邮件的中心位置。

（5）退出列表方式。这是正规邮件列表内容中必不可少的内容，退出列表的方式应该出现在每一封邮件内容中。纯文本的邮件通常用文字说明退订方式，HTML 格式的邮件除了说明之外，还可以直接设计退订框，用户直接输入邮件地址进行退订。

（6）其他信息和声明。如果有必要对邮件列表做进一步的说明，可将有关信息安排在邮件结尾处，如版权声明和页脚广告等。

2. 邮件列表内容的六项基本原则

（1）目标一致性。

邮件列表内容的目标一致性是指邮件列表的目标应与企业总体营销策略相一致，营销目的和营销目标是邮件列表内容的第一决定因素。

（2）内容系统性。

Email 的营销内容应该制定一个特定的主题和风格。这样用户更容易对邮件列表形成整体印象，形成用户忠诚度。内容的系统性能够增强 Email 营销对于品牌形象的提升度，并且影响 Email 营销的整体效果。

（3）内容来源稳定性。

Email 营销是一项长期任务，必须有稳定的内容来源，才能确保按照一定的周期发送邮件。

（4）内容精简性。

从用户的角度考虑，邮件列表的内容不应过分庞大，过大的邮件不会受到欢迎。首先，用户邮箱空间有限，字节数太大的邮件会成为用户删除的首选对象。其次，由于网络速度等原因，接收/打开较大的邮件耗费时间也越多。最后，太多的信息量让读者很难一下子接受，反而降低了 Email 营销的有效性。

（5）内容灵活性。

在保证整体系统性的情况下，根据阶段营销目标而进行相应的调整，这也是邮件列表内容目标一致性的要求。邮件列表的内容相对灵活，栏目结构的调整也比较简单。

（6）邮件内容的合适格式。

邮件内容需要设计为一定的格式来发行，常用的邮件格式包括纯文本格式、HTML 格式和 Rich Media 格式，或者是这些格式的组合，如纯文本/HTML 混合格式。一般来说，HTML 格式和 Rich Media 格式的电子邮件比纯文本格式具有更好的视觉效果。

5.4.3.2 用户策略

专业的内容是许可 Email 营销的基础之一，而潜在用户数量的多少及对内容关注的程度则是 Email 营销效果的最根本因素。作为邮件列表营销的三大基础之一，如何获取尽可能多的用户加入邮件列表并阅读邮件内容，是邮件列表运营长期且艰巨的工作内容之一。

1. 获得用户资源的方式

用户浏览网站时输入邮件地址订阅邮件列表是最传统的邮件订阅方式。在社会化网络兴起之后，这种订阅方式更多地被关注微博、微信公众号等方式替代。因此当前最重要的获得用户许可的 Email 地址的方式是用户注册的过程，无论通过网站还是手机 App 注册，正确的邮件地址成为必不可少的用户信息。实际上，用户在大多数网站或 App 上的注册账号就是 Email 地址，用户注册后直接加入邮件列表中，只要用户选择了同意接收电子邮件信息，也就完成了许可的过程。

2. 提高用户加入邮件列表的成功率

影响邮件列表订阅成功率的因素包括：邮件列表订阅及确认流程复杂、用户未及时回复邮件确认、涉及敏感的个人信息、某些邮件地址被屏蔽无法收到确认邮件等。为了增加邮件列表订阅的成功率，为用户提供方便的加入/退出方式是非常必要的，在保证邮件列表后台技术的前提下，应该在下列几个方面给予特别注意：尽量简化订阅手续，不要收集不必要的用户信息；如果采用"双重选择加入"方式，需在订阅反馈页面上给出明确的提示，请用户尽快查阅邮箱完成最终确认手续；在给用户发送的确认邮件中，不要忘记邮件列表的名称以及简介等信息，以防用户混淆邮件信息；经常测试邮件列表程序的工作状态，遇到无法加入等故障要尽早解决；定期分析新用户的增长情况，保持一定的用户增长率是邮件列表正常发展的标志之一。

3. 提高用户邮件地址的有效性

邮件列表用户的数量固然重要，但用户信息的准确性和活跃度同样重要。有效的 Email 地址是信息得以送达的基础，如果收集到错误的 Email 地址或用户不常用的邮件地址，即使数量再多，也没任何价值，只能增加退信率。因此，增加用户邮件地址的有效性对 Email 营销来说十分重要，可以对下列几个问题做出相应的控制和改进：尽量避免错误的邮件地址；鼓励用户更新 Email 地址；对邮件列表地址进行必要的管理；对于邮件列表地址进行分析判断，对于无效用户名、已经终止服务的电子邮件，或者确认域名格式错误的邮件予以清除；对邮件被退回的过程进行分析，退信有硬退信和软退信之分，应针对不同的退信原因采取相应的解决方法，了解邮件服务商对邮件列表的规则，必要时与退信率高的邮件服务商进行沟通解决。

5.4.3.3 Email 营销的发展趋势

1. 个性化营销

在当今竞争激烈的环境中，消费者和潜在用户已经开始期待品牌给予某种程度的有针对性的个性化服务。个性化营销逐渐成为营销人员手中的有力工具。品牌应了解电子邮件订阅者的偏好，利用捕获的数据，在正确的时间向正确的用户发送正确的内容，向每个买家发送有针对性的营销信息和提供更个性化的体验，以最大限度提高转化率。

2. 全渠道沟通

电子邮件仍然是数字营销最重要的平台之一，但与其他渠道，如短信、社交媒体和网络推送通知结合使用时效果最佳。与基本的多渠道策略相比,全渠道营销活动会根据每个用户的活动不断更新和调整所有平台上的消息传递。

3. 增强交互性

交互性是一种将电子邮件与其他邮件区分开来的简单方法。这也为互动内容开辟了各种机会,以不同的方式吸引读者。例如,调查、民意调查和反馈表让用户有机会表达自己的想法,营销人员还可以在电子邮件活动中添加交互式图像或动画等互动功能。

4. 移动端优化

随着数字科技的不断推进,移动阅读已成为主流的阅读方式,有一半以上的电子邮件在移动设备上被用户打开。碎片化的阅读习惯让用户处理邮件的平均时长在减少,对垃圾邮件的耐心也在逐渐降低。所以为了提高营销效果,要为用户提供有价值、客户感兴趣的邮件内容。精简排版,提升在移动端的阅读体验,同时分析用户的阅读邮件时间,根据这个时间调整邮件发送时机,更好地提升邮件的打开率。

5. 注重用户隐私

掌握一定的个人信息是开展个性化服务的基础。随着信息技术的发展,为了制订有效的营销策略,营销人员通过大数据分析并掌握更多的用户信息。但是,过多获取用户的个人隐私在某些方面会影响到网络营销的正常开展。同时,用户的个人数据隐私意识也在增强。

个人信息保护对用户加入邮件列表的决策具有越来越重要的影响,可以在邮件列表订阅说明中公布个人信息保护政策,这既表明了经营者的专业性,也对增加用户的信心有很大帮助。同时,在电子邮件中添加一些信息,保证电子邮件来自受信任的合法品牌,来进一步建立与电子邮件订阅者的信任。

5.4.4　Email 营销的效果评价指标

无论选择专业 Email 营销服务商的服务,还是运营内部列表来增进顾客关系,为本企业的产品或服务进行推广,都需要对 Email 营销活动的效果进行统计分析。对一些指标的监测和分析,不仅可以用来评价营销活动的效果,而且可以通过这些指标发现 Email 营销过程中的问题,并对 Email 营销活动进行一定的控制及优化。按照 Email 营销的过程将这些指标分为以下四类,每一类中有一个或者若干指标。

5.4.4.1　获取用户 Email 地址阶段的效果评价指标

在获取和保持用户资源方面,Email 营销的相关指标主要有有效用户数量、用户增长率、用户退出率等。

1. 有效用户数量

一个内部列表(邮件列表)最重要的指标之一,是有多少有效用户加入。一般来说,一个内部列表的用户数量应该在 500 个以上时才能逐渐开始发挥其营销价值,如果能维持一个 5000 个用户以上的邮件列表,那么其价值就会更加明显。一些新闻邮件和大型网站的邮件列表,订户数量往往可以高达数十万,甚至更多,但一般企业则很难达到这个数量水平。

2. 用户增长率

与外部列表 Email 营销相比，内部列表的优点在于经营时间越长，用户数量积累越多，用户数量的增长也在一定程度上反映了用户对于邮件列表的认可。用户数量的增长，可以用"用户增长率"来衡量，增长率越高，说明 Email 营销越有成效。尽管不断有新用户加入，但同时也会有一定数量的用户退出列表，随着用户基数的增加，用户增长率会逐渐下降，甚至在某个阶段会接近 0；但如果增长率为负数，则说明用户退出率超过了增长率，邮件列表出现了某些问题。

3. 用户退出率

与用户增长率相对应的一个指标是用户退出率，因为许可营销的基本原则是允许用户自愿加入、自由退出，一旦邮件信息对用户没有价值，用户随时可以选择退出列表。有必要说明的是有些用户虽然并没有选择退出列表，但也不一定继续阅读邮件内容，这说明实际情况是邮件列表的有效性比退出率反映的情况更严重一些。

5.4.4.2　邮件信息传递评价指标

在 Email 营销中，"送达率"和"退信率"是用以说明信息实际传递的指标，它们所反映的实际上是同一事件的两个方面，两者之和为 100%。如果邮件列表用户数量为 1000，发送之后有 400 封邮件被退回，那么实际的送达率为 60%，或者说，本期邮件列表的退信率为 40%。

为了获得理想的营销效果，在用户数量一定的前提下，应通过一定的技巧，争取获得最高的送达率。在每次邮件发送之后，对退信情况进行跟踪分析，不仅可以及时了解邮件的实际发送情况，而且有可能发现退信的原因，并采取一定措施给予补救，从而降低邮件列表的退信率。

5.4.4.3　用户对信息接收过程的指标

在信息送达用户邮箱之后，并不意味着就可以被用户阅读，用户对信息的接受过程，可以用开信率和阅读率、直接删除率等指标来描述。

1. 开信率和阅读率

开信率是指在邮件送达用户邮箱后，用户打开的邮件占全部送达数量的比例。阅读率则是指打开并被用户全部阅读的邮件数量占全部送达数量的比例。开信率和阅读率反映了邮件信息受欢迎的程度，如何获得尽可能高的开信率和阅读率，也是营销活动中要考虑和解决的重要内容。

2. 直接删除率

许多用户看到自己不喜欢的邮件，就像对垃圾邮件一样，并不打开，而是直接删除，直接删除的邮件数量占有效送达邮件的比例就是直接删除率。与阅读率的统计有一定难度一样，获得准确的邮件直接删除率也有一定的难度。

5.4.4.4　用户对邮件的回应评价指标

Email 营销最终的结果将通过用户的反应表现出来，用户对邮件的回应评价指标主要有直接收益、点击率（点进率）、转化率、转发率等指标。

1. 直接收益

对于商品促销类的 Email 营销，最直接的效果莫过于获得的收入，进行投资收益评估是必要的，但问题是不一定能取得精确的效果，因为 Email 营销的效果可能表现在多个方面，并且可能要一段时间之后才能表现出来。同时，对于新闻邮件、电子刊物等内部列表，很难用直接收益来评价其价值。

2. 点击率

点击率（点进率）是最常用的评价指标之一，是指收件人在打开邮件后，实际点击邮件里所列出的链接，进入广告主所要宣传的网页阅读的数量占发出的总邮件数的比例，虽然并不一定可以准确表明 Email 营销的最终效果，但其因直观、直接、可以精确测量等特点而一直被采用。

3. 转化率

转化率是指由于 Email 营销活动而形成的用户直接购买、注册或者增加的网站访问量等。这项指标比点击率更具体地显示出广告是否成功地刺激观众并改变其行为。

4. 转发率

当用户收到的邮件比较有价值或者有趣时，可能会将邮件转发给朋友或者同事，这时可以用转发率来评价邮件的价值，转发率越高，说明邮件得到的反应越高，也可以说 Email 营销越成功。

 课后作业

1. 简述网站不同推广阶段的特征和意义。
2. 以举例的方式解释关键词排名的规则。
3. 站在企业的角度，阐述如何利用 Email 营销最大限度地触达用户。
4. 思考图片分享营销没有成为主流的原因。

6 品牌新媒体运营

学习目标

➢ 了解品牌新媒体矩阵的搭建方法

➢ 了解内容运营的方法和战略

➢ 了解用户运营的要素和用户获取方法

➢ 了解如何用数据指导新媒体运营

➢ 了解社群运营的定义与运作方式

➢ 了解活动运营的基本流程

➢ 了解新媒体运营需要具备的四种核心能力

推荐阅读

➢ 公众号"清华管理评论"《场景数字化：构建场景驱动的发展模式》（2022-06-10）

➢ 公众号"36氪"《企业新媒体是「流量黑洞」？独家揭秘新氧、丁香医生的新媒体运营策略》（2019-07-06）

➢ 公众号"营销兵法"《2020年品牌增长的利器：超级社群运营》（2020-10-22）

全媒体时代，在各类媒体中，新媒体以其自身的优势脱颖而出，重新定义了受众获取信息的方式，对新闻传播产生了深远影响。新媒体运营在品牌营销当中已经不再是一个新鲜的概念，但是随着"新媒体"的不断增多，不同渠道、平台在流量分配中此消彼长，新媒体矩阵的运营范式也始终处在变化之中。

如果像字节一样为新媒体矩阵建立一个内容的世界版图：横轴代表矩阵内容形式，包括文字、图片、短视频、长视频、问答；纵轴代表人群，分地域、城市、职业、爱好、需求等各种标签，横轴、纵轴交叉会划分出无穷多的格子，根据每个格子设计相应的内容产品来对应相应的人群。这样多个内容产品组合形成的矩阵就是一个品牌的内容世界版图。

6.1 品牌新媒体矩阵的搭建方法

6.1.1 传统媒体资源的新媒体转型

6.1.1.1 纸媒——移动端

目前，移动端占据了主导地位，不同类别和功能的移动客户端层出不穷，涉及新闻资讯、生活百科、娱乐休闲等众多领域。很多大型网络媒体以及广播、报纸等传统媒体纷纷转战移动互联网市场，不断开辟新的媒介领域。移动新闻客户端就是其中的一匹"黑马"。2015年，移动新闻客户端开始呈现井喷式发展趋势。其凭借丰富的资讯资源、实时的信息推送和方便的社交互动，得到了越来越多用户的认可，成为人们获取新闻资讯的主要渠道。也由于移动新闻客户端具备用户流量大、精准化推送和社交化属性的特点，它逐渐成为企业常用的营销阵地。

市场上比较主流、用户基数较大的移动新闻客户端包括互联网媒体客户端和聚合信息客户端两大类。互联网媒体客户端主要是由大型门户网站推出的新闻客户端，按照新闻频道划分内容，如网易新闻、搜狐新闻、新浪新闻、腾讯新闻、凤凰新闻等。其中，网易新闻、搜狐新闻、新浪新闻、腾讯新闻这四大门户网站所占用户资源比重较大。聚合信息客户端主要根据用户的阅读习惯定向推送内容。主流的客户端有今日头条、一点资讯、天天快报等。其中，今日头条的发展势头最为迅猛。

1. 移动新闻客户端的广告投放方式

移动新闻客户端的主要营销手段是广告投放。在PC端，由于屏幕较大，网站上下方、左右两侧等处都可以成为平台广告的发布地。而在移动端，这种广告投放方式并不合适。由于手机屏幕小，广告位不如PC端丰富多样。同时，广告的投放应兼顾用户的阅读体验，如果屏幕上布满各式各样的广告，用户很可能会关闭该客户端，不会选择扒开各类广告去找新闻。根据用户阅读新闻内容的习惯，在当前的移动新闻客户端产品中，广告主要有开屏广告、信息流大图广告、内容页广告这3种形式。这3种广告投放形式一般按点击量或千人展示计费，投放精准。

（1）开屏广告。

即用户打开新闻客户端时出现的几秒钟的广告，这种方式在目前的几大移动新闻客户端中都有出现。开屏广告的优势是品牌效应强，利于企业的品牌信息传递；广告时间短，不影响用户体验。其缺点在于广告费用高。

（2）信息流大图广告。

这种形式的广告被嵌入在新闻信息流中，通常用户浏览新闻时会下拉刷新。在下拉过程中，与新闻风格相近的大图文广告将在信息流中展示。内容贴近、生动有趣的广告能带来不错的效果。但随着新闻信息流的滚动更新，广告可能会被快速覆盖或被用户忽视。

（3）内容页广告。

这种广告出现在文章的末尾，主要以图片、图文链接以及下载链接形式展示。其广告成本相对较低。但对于长篇幅内容，用户很难有耐心将文章看完，用户停留时间短，广告容易失去意义。

2. SEO 网站

搜索引擎优化指的是使网站各项基本要素适合搜索引擎的检索原则并且对用户更友好（Search Engine Friendly），让搜索引擎收录尽可能多的网页，并在搜索引擎自然检索结果中排名靠前，达到搜索引擎营销的目的。关于搜索引擎优化的基本原理与主要模式在 5.3 小节中已作详解，此处不再赘述，仅重点介绍如何利用 python 脚本进行搜索引擎优化。

以 Python 语言技术为基础，利用 Scrapy 框架[1]进入网站数据，从而提取想要的结构化数据信息是如今搜索引擎优化的另一重要方法。Scrapy 的应用比较广泛，在数据的挖掘、自动测试和检测中都有使用。它通过 Twisted[2]异步网络库对网络的各种通信进行处理，由数个组件构成：引擎、下载器、调度器、调度器、爬虫、下载器的中间件、项目管道、调度的中间件、爬虫的中间件等。

1）Scrapy 的运行流程

（1）引擎要在调度器中提取一个连接（URL），方便以后进行抓取的工作。

（2）利用引擎将 URL 封装为一个请求（Request），之后给下载器传送过去，然后下载器将其下载下来，最终将其封装成一个应答包（Response）。

（3）然后有爬虫接受 Response。

（4）如果解析出的是实体（Item），就将其交给实体管道进行处理；如果解析出的是个连接（URL），就把它传给调度器（Scheduler），最后就等着被抓取。

2）Scrapy 中查重 URL

在 URL 中利用 Scrapy 在框架中进行查重（判断重复内容），其中主要利用 RFPDupeFilter（Scrapy 中判断重复内容的方法）来实现，即利用这个类中 reguest_fingerprint 的方法来完成。实现信息指纹的去重主要是利用 SHAI 算法[3]进行四个部分的计算得出的，也就是 Method+Url+Body+Head。Scrapy 是自带这种计算去重的方法，它能够确定 request 所请求的资源方向，这样就能够快速地找到目标。但是利用 Scrapy 自带的查重计算方法还存在着一些缺陷：由于网页数量比较大，所以在查重的过程中需要占用很多的内存。因此，在进行大量的

---

[1] Scrapy 是适用于 Python 的一个快速、高层次的屏幕抓取和 web 抓取框架，用于抓取 web 站点并从页面中提取结构化的数据，可以用于数据挖掘、监测和自动化测试。

[2] twisted 是一个完整的事件驱动的网络开发框架，可以开发完整的异步网络应用程序和协议，因为 twisted 提供了网络协议、线程、安全性和身份验证、IM、DBMS 数据库集成、WEB、EMAIL、GUI 集成开发工具等一系列组件供开发者使用。

[3] Secure Hash Algorithm，安全哈希算法主要适用于数字签名标准（Digital Signature Standard, DSS）里面定义的数字签名算法（Digital Signature Algorithm, DSA）。对于长度小于 $2*64$ 位的消息，SHAI 会产生一个 160 位的消息摘要。当接收到消息的时候，这个消息摘要可以用来验证数据的完整性。在传输的过程中，数据很可能会发生变化，那么这时候就会产生不同的消息摘要。

网页查重时，可以利用 Bloom Filter 算法[①]，也就是利用布隆过滤器来节省存在的占用。

3）防止 Scrapy 爬虫被禁止

在爬虫写完之后，如果默认是不加设置，在进行网站的访问时会立刻被禁止，想要解决这种问题有两种对策：

（1）在 settings_py 文件中进行 download_delay 程序的设置，赋值为 1 秒以上，就是降低爬虫爬取的频率，但是这样抓取目标的时间将会被延长。

（2）利用 user agent 池，它包含了在操作系统中使用的相关信息和浏览器中信息的相关字符串，服务器可以通过它分析出当前的访问是网络爬虫，还是浏览器。如果不对 Scrapy 进行改变，那么就会在访问 request.headers 中关于 user agent 的程序时将自己的身份暴露出去。

6.1.1.2 营销行业网站推广策略与工具

网站推广的策略是对各种网站推广工具和资源的具体应用。制定网站推广策略是在分析用户获取网站信息的主要途径的基础上，发现网站推广的有效方法。实践经验及相关研究表明，用户获得企业网站信息的主要途径包括搜索引擎、关联网站、网站链接、社会化网络传播、电子邮件、即时信息、网络广告等方式。每种网站推广方式都需要相应的网络工具或者推广的资源，表 6-1 归纳出部分常用的网站推广方法及相关网络工具、资源及操作要点。

表 6-1 常用网站推广方法及相关网络工具和资源

数字营销方法类别	网站推广方法	相关工具、资源及要点
内容营销	网站内容营销—用户直接访问	网址综合推广：印刷品、产品包装、说明书、名片、广告、二维码、邮件签名档等
	网站内容营销—关联网站营销	运营若干关联网站，扩展网站内容、增加可见度及相互链接
	网站内容营销—搜索引擎营销	分类目录及搜索引擎登录：每个网站的基本要素进行搜索引擎优化，注重优化规范及细节，每个网页的标题、摘要描述、关键词设置等，增加内部链接及外部链接等
	博客营销	企业官方博客及员工博客：扩大企业信息可见度，博客链接到企业网站的相关页面，注意博文的搜索引擎优化，博文转发到微博、微信等拓展传播渠道
	许可 Email 营销	潜在用户的电子邮件地址资源：在邮件列表内容中添加企业网站相关页面链接
	微信订阅号营销	微信公众号：在订阅号文章中"阅读原文"链接到企业网站相关页面，文章内容中体现企业网址等
	文档、图片、视频分享营销	第三方分享平台：以适当的方式将含有企业网站的信息分享，如软文、图片资料、技术文档、研究论文等
	病毒性营销方法	多种资源利用：免费电子书、免费软件、免费贺卡、免费游戏、微博好友转发、微信朋友圈转发等

---

① 布隆过滤器，1970 年由布隆提出。实际上它是一个很长的二进制向量和一系列随机映射函数，可以用于检索一个元素是否在一个集合中。它的优点是空间效率和查询时间都远远超过一般的算法，缺点是有一定的误识别率和删除困难。

数字营销方法类别	网站推广方法	相关工具、资源及要点
网络广告	搜索引擎关键词广告	搜索引擎广告平台：在企业网站设计广告着陆页、投放搜索结果的关键词广告及搜索联盟广告
	展示性广告	选择网络广告媒体：广告着陆页设计、相关规格的BANNER广告设计、广告投放及效果管理
	社会化媒体广告	选择社会化媒体平台：广告着陆页设计、信息流广告设计、自媒体广告投放
社会化营销	社交网络内容营销	微博、微信、QQ空间等SNS平台：企业网站内容分享到SNS，SNS内容+企业网址链接等，吸引用户到网站浏览
	社交平台专题活动	SNS平台：有奖转发、有奖参与等，SNS运营与企业网站专题活动相结合
生态型营销	网络会员制营销	第三方网站联盟平台或企业自建联盟程序：提供按行动支付推广费用的联盟活动（CPA）
资源合作与分享	网站内部资源推广	官方网站及关联网站：网站内容资源、站内广告、站内推广区。增加重要页面站内推广机会，增加用户关注度和浏览量
	网站互换链接推广	内容相关有一定访问量的合作伙伴网站：互相链接实现网站可信度及用户访问
	网络百科词条推广	网络百科平台：创建及编辑相关的WIKI词条，以参考资料、扩展阅读等方式加入企业网页链接，前提是企业发布可信度高的内容

通过表6-1可以看出，每个类别的数字营销方法均有一种或多种适用于网站推广的方法，其中内容营销的适用性最广，几乎所有的内容营销方法都可用于网站推广。另外，网站推广的基本工具和资源都是一些常规的互联网应用内容，但由于每种工具在不同的应用环境中会有多种表现形式，因此建立在这些工具和资源基础上的网站推广方法相当繁多，这就大大增加了用户了解网站信息的渠道，也为网站推广提供了更多的机会。表中列出的仅是部分应用较多的方法，实际上还有更多具体的推广方式。

6.1.2　打通新媒体传播链路：自有媒体矩阵的搭建

随着新媒体平台越来越多，如微信、微博、抖音等，有一个概念开始被频繁提及——新媒体矩阵。"矩阵"原本是一个数学概念，指一个长方形阵列排列的复数和实数集合。目前行业内关于新媒体矩阵的定义尚未统一，本书倾向于将它定义为一种内容多元、风险分摊、协同放大宣传效果，以全面触达目标群体为目标的多维新媒体渠道组合。而矩阵又有横向矩阵和纵向矩阵两种类型。本节将针对如何搭建自由媒体矩阵进行探讨。

6.1.2.1 品牌官号的搭建和运营

上文提到矩阵有纵横矩阵之分。横向矩阵指企业在全媒体平台的布局，包括自有 App、网站和各类新媒体平台如微信、微博、今日头条、一点资讯、企鹅号等，也可以称为外矩阵。常用的媒体平台可以被简单整理归类如下（如图 6-1 所示）。

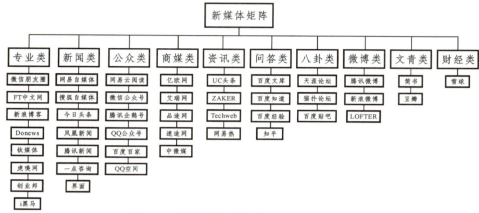

图 6-1　新媒体横向矩阵（不完全举例）

纵向矩阵主要指企业在某个媒体平台的生态布局，是其各个产品线的纵深布局，也可以称为内矩阵。这些平台一般都是大平台，比如微信。企业在微信平台可以布局订阅号、服务号、社群、个人号及小程序。表 6-2 列举了微信、今日头条和微博的部分纵向矩阵。

表 6-2　微信、今日头条、微博的部分纵向矩阵

微信	今日头条	微博
订阅号	头条号	状态
服务号	抖音	新浪看点
社群	悟空问答	秒拍视频
个人号	西瓜视频	一直播
小程序	火山小视频	爱动小视频

企业分散在不同平台运营，可以避免"黑天鹅事件"如账号在某个平台出现意外情况。建立矩阵也是纳西姆·尼古拉斯·塔勒布在《反脆弱》一书中提到的遇到波动和不确定性的情况下一种可靠的解决办法。

建立矩阵后，不同平台的产品及调性可以形成互补。比如进行事件营销，可以先在微博上造势，再在微信上进行转化，最后在今日头条等媒体网站分发品牌公关稿，以达到协同放大的营销效果——用户可能在微博上看到品牌宣传，对这个品牌有印象，后来在微信上又看到该品牌的宣传，消费的冲动进一步加强。一般来说，建立矩阵一共分六步。

1. 第一步：梳理阶段

梳理企业新媒体的发展阶段。不同阶段的重心不同，新媒体矩阵并非一开始就得搭建完善。例如偏品牌宣传的新媒体，在启动期搭建外矩阵时主要以尝试有红利的新平台为主，内矩阵的搭建则在某一确定的平台内进行，如选择微信进行内矩阵搭建的平台，需要先建立一

个账号，找到核心发力点。以"美丽说"为例，其新媒体矩阵搭建始于 2012 年，美丽说利用当时 QQ 空间的红利期很快就吸纳超过 2000 万用户，并且在微博上进行大力宣传，搭建起微博和 QQ 空间共同组成的外矩阵框架。2012 年年末美丽说又开通了微信订阅号，初步布局内矩阵。到增长期，美丽说在微博和 QQ 空间的基础上开发了百度贴吧，外矩阵逐步成熟，在微信内则添加了服务号，根据功能或人群初步分化形成内矩阵。至成熟期，外矩阵开发新兴流量平台，微信内矩阵则进一步进行细分。

2. 第二步：细分人群及需求

企业确定要搭建微信内矩阵后，需要对目标用户进行人群细分。首先是同类群体的细分。有些企业运营的对象是某一类人群，例如英语软件百词斩，用户主要是有英语学习需求的人群，其中学生偏多，年龄范围在 12～25 岁。在增长期，百词斩的用户数增加后，又细分出初中、高中、大学等不同人群，于是百词斩针对不同人群推出相应的板块，比如对大学生推出英语四六级及英语专四专八的学习板块。其次是不同群体的细分。有些企业运营的人群不是同一类，需要细分出矩阵实现分类运营。比如"学霸君"和"千聊"都运营了三类人群（"学霸君"的运营对象是学生+老师+家长，"千聊"的运营对象是听课者+讲师+分发机构），需要单独建三个账号。

3. 第三步：选平台

确定新媒体的目标及运营对象后，再选择相应的平台进行矩阵布局，这里的平台主要指可以入驻的媒体或电商平台。平台的选择分初选、复筛、确认三个步骤。

1）初选

首先，需要了解一些常规的泛内容平台，部分平台例子如图 6-2 所示。

接下来，根据企业垂直领域业务初步选择平台，可以参考各类 App 细分榜单或垂直网站名单确定。例如摄影类企业可以选择 Pinterest、站酷、蜂鸟网等网站；美食类企业选择大众点评、豆果美食等。

2）复筛

初步选定平台后，要进行下一步——复筛，即将初选的平台进一步筛选。假设企业运营了一个关于年轻人图片社交的公众号，根据以上原则初步选定了微博、微信、一点资讯、哔哩哔哩、脉脉、LOFTER 这几个平台。下一步需要进行复筛，找到核心运营的平台。

3）最后确定

通过初选和复筛，选择出几个平台进行试运营。需要注意上述评分是主观意见，结果只能参考，并不能当作定论。可以借鉴其中的分析方法，根据实际的评估结果进行人力和资源的分配。最终还需要经过一段时间的试运营才能得出结论。

4. 第四步：人格化建设

在选定平台、确定矩阵的结构后，需要针对运营的平台账号进行人格化建设。人格化建设的具体内容会在后文中讲到，这里着重阐述企业在不同平台展示的人格化需要遵循 1+N 模式。"1"指的是企业的"基因"，例如，美丽说的基因是时尚，那么所有的人格化建设都会围绕时尚这个调性。而小猿搜题的基因是学习，则小猿搜题的人物身份一定和学习相关。"N"指的是在不同平台需要搭建的角色要有所不同，按照各平台的风格属性进行改造。

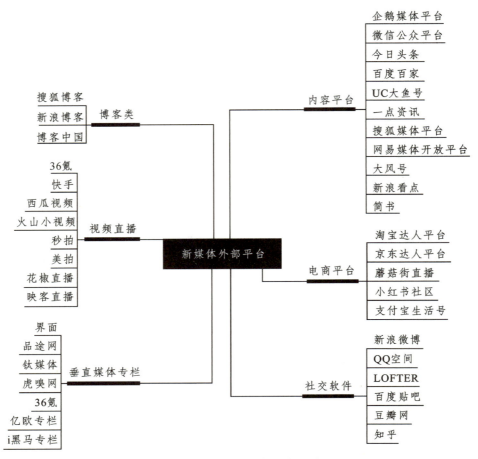

图 6-2　常见的新媒体外部平台

5. 第五步：搭班子

联想创始人柳传志曾经说过，做企业最重要的是三件事——搭班子、定战略、带队伍。搭建矩阵的运营团队时可以参考两种人员配置方式：按业务模块配置和按平台配置。

1）按业务模块配置人员

企业新媒体可以是不同业务模块的组合。新媒体工作种类通常分为四种：内容运营、活动运营、用户运营和投放运营。四个业务模块又可以进一步细分。运营团队的搭建可以根据这些业务模块分别配置人员。

2）按平台配置人员

按平台配置是按照不同平台进行人员分配、搭建团队。例如，将企业负责新媒体的人员分为微信运营、微博运营及抖音运营三大团队，虽然微信运营团队可以进一步细分为文案、社群和投放组，但此时，文案组只需要负责微信平台上的内容输出，不需要负责微博平台上的内容。

两种分类方式没有孰好孰坏之分，主要看哪种更加适配。一般来说第一种更灵活，第二种更适合在某一平台做得非常大的企业，比如在抖音平台上有 20 个账号的企业，可以为抖音平台配置专门的运营团队，之后根据具体的情况再行调整。

6. 第六步：定目标

运营需要强大的目标支撑，这样才能走得更快、更远。对于团队而言，一个好的目标可以让人累并快乐着。

6.1.2.2 关注垂直领域 KOL，联合其他品牌或行业 KOL

对于品牌来说，在新媒体时代下，如何塑造品牌形象，流量转销售，即是品牌公关的价值核心。品牌形象的塑造，一般离不开两大要素，即公共关系与广告营销，公共关系是思维底色，广告营销是方式方法，品牌通过公关和广告，形成用户口碑，向用户传递信息，与用户沟通，潜移默化舆情，带动大众谈论走向，影响消费者心智，最终达成销售转化。

网络媒体环境中信息传播方式的革新，放大了意见领袖的媒体声量。相比传统意见领袖，网络意见领袖在议程设置、传播节点和意见引导三个方面都表现得更为活跃，能够以多样化的方式发挥作用。企业公关需要快速有效地把握舆论动态，将企业的声音传达给大众。在这一过程中，新媒体意见领袖的作用表现也就更为突出。网络上的公众每时每刻都可能构成不同的群体，每个人都同时存在于多个群体之中。除了各自的趣缘圈、行业领域等既定划分标准，热门话题和热点事件可以迅速聚集一批网络公众，形成讨论圈。在实际的传播过程中，传播效果可能止步于某个圈子，要实现全民刷屏的"跨圈层"传播，除了需要广告产品本身的优质的内容，还需要各个圈层的 KOL 进行再传播，跨界联合就显得尤为必要。

勒庞认为群体在智力上总是低于孤立的个人，但是从感情及其激发的行动这个角度看，群体可以比个人表现得更好或更差，一切取决于群体所接受的暗示具有什么性质。网络意见领袖对热门事件发声，能够影响公众对传播信息的卷入度、黏着度，当意见领袖对事件表现出明显的态度倾向时，能够刺激公众关注，因而对议题发展态势产生影响。因此，挖掘垂直领域头部意见领袖，打造稳定新媒体人资源，有利于守好品牌自身的舆论阵地。

近些年，诸多联名款诞生，NIKE 和杜蕾斯联名的避孕套，中国李宁和人民日报的联名服饰等等，各种各样的 IP 加身，实质是与其他品牌的结盟。而除了品牌与品牌的联名之外，还有品牌与品牌之间的互推，以及利用行业 KOL 的影响力来提升自身品牌的知名度。与此同时，还可以针对产品定位，邀请对应行业高公信力代表辅助，树立可靠的品牌形象以及提升品牌在行业内的影响力。

6.1.2.3 注重 KOC 在品牌营销中的作用

小红书 App 下载量破百亿，以及近些年哔哩哔哩和知乎头部 MCN 风行，其显示的都是 KOC 正成为一种强有势的品牌宣传方式以及消费者生产媒体（CGM，Consumer Generated Media）的崛起。KOC（关键意见消费者，Key Opinion Consumer）正成为一种强势的品牌宣传方式，KOC 的一句使用感言可能会影响消费者对品牌的偏好，刺激购买欲望。

KOC 一般指能影响自己的朋友、粉丝，产生消费行为的消费者。从广义而言，KOC 其实就是产品的每一个用户或消费者。在如今流量趋于饱和的大环境下，已难以拉入新流量，于是如何维护与老顾客的关系并激发他们的二次购买就显得尤为重要。

因此，从流量思维转向用户思维的私域流量便进入大众视野中。所谓私域流量，是相对于淘宝、京东、百度这些由集体所共有的公域流量而产生，是指人们可以自主把控、反复、免费并随时随地直接触达用户的渠道，比如微信群、朋友圈、平台私信等，它属于人们的"私有资产"。总体而言，私域流量就是一个基于信任关系的封闭性平台上的流量池，这个平台也不一定是社交平台。私域流量拥有三大属性：为私人所有和把控、能够反复触达、能够免费使用。KOC 正是基于私域流量而产生的，这部分群体通过影响自己的私人社交圈从而产生消费势能。

对于各大平台的 KOL 的选定标准通常拥有更直观的数据指标，品牌商通常是直接对其进行广告投放。而 KOC 的选择和运营更具有挑战性。一方面，选择优质的 KOC 并不简单。优质的 KOC 具有更真实的传播内容、与用户更亲密的关系，因此不能仅仅看某单一数据指标，而是需要"大数据+经验"进行分析和发掘，且为了更长远的发展，还需要基于自己筛选出的优质 KOC 来建立自己的 KOC 库。另一方面，KOC 的运营具有更大的挑战。品牌商利用 KOC 可能会花费更少的广告成本，但却需要投入更多的精力和智慧成本。KOC 具有更强的渗透性和用户黏性，因此品牌商需要保护好他们的优势——真实性和独立性，对 KOC 进行精细化、精准化的引导，使得他们去潜移默化消费者，从而将私域流量和公域流量连接起来。若将这种"熟人圈"利用得当，就可以与用户产生二次互动和二次信任。然而，一旦失去或弱化了KOC 的优势和特点，KOC 可能也就失去了用户的信任，也失去了其存在的意义和价值。

6.2 运营矩阵的五种基础方向

6.2.1 内容运营：数据+产品思维

内容战略是企业践行顾客中心主义的重要战略。它意味着在处理消费者关系时，企业摆脱了以内容为渠道的企业中心思维，转而注重消费者需求与体验，以有温度的内容替代宣讲式的信息，甚至以更开放的心态与消费者共创内容，共建品牌。同时，将内容提升到战略高度，也意味着企业不仅把内容当作营销部门的"武器"，而且将生产内容变成了企业自上而下的集体行动，各个部门围绕着生产优质内容、满足用户需求这一目标达成高效协作。

6.2.1.1 推动内容营销走向内容战略

内容营销是一种营销策略，它将图片、文字、视频和音频等元素以内容的形式呈现出来，使其成为用户可以消费的信息。例如，京东快报通过文章将需要营销的内容转化为为用户提供的有价值的服务，进而吸引用户点击、阅读，引起用户的购物兴趣并付诸行动。其实质是通过对用户购物行为的分析，将这些内容推送给匹配的用户，实现精准营销。内容营销是一种促进流量变现和用户消费升级的新型营销方式，可以简单地将其看作以内容聚集"粉丝"来提高转化率的一种营销方式。同时，这种内容的表达方式使企业与用户之间建立起了强有力的互动，为企业品牌与形象的建立提供了更直接的途径。

内容营销的表现形式非常多样，包括软文、新闻稿、音频、动画、图片、信息图、电子书、在线教学或电视广播、幻灯片、视频、游戏等，通过有价值的内容分享，可将品牌和产品信息传达给用户。内容营销作为一种营销思维，并没有固定的形式和方法，适用于所有的媒介渠道和平台。

内容营销升级为内容战略意味着企业不仅需要考虑营销层面的问题，更需要将内容放在管理的语境中思考。谈及内容营销话题时，一些知名企业，例如可口可乐、麦当劳、蒙牛等，都会将话题引向与消费者的沟通。相较于内容营销，内容战略在内容的打造与传递上更注重整体性。当下，企业触达消费者的渠道繁多，如果缺乏整体性思考，即便在单一渠道中创造出好内容，也难免造成沟通的割裂。

6.2.1.2 内容战略"五力模型"

1980 年哈佛商学院教授迈克尔·波特（Michael Porter）在《竞争战略》一书中总结了"五力模型"，将包含新进入者的威胁、替代品的威胁、购买者的议价能力、供应商的议价能力、同业竞争者的竞争程度在内的五大因素汇聚在一个简单的模型中，引导企业从新老竞争者、消费者、供应链、产品几个方面去审视行业的竞争态势。将其对应到内容战略中，会发现这样一条思路：以消费者为中心，提升品牌、渠道、产品、转化的竞争力，形成破局增长力，应对所在行业新老竞争者的威胁。

1. 沟通力

谁能建立一个双向互动的高效沟通机制，就意味着谁离消费者的距离更近。内容的多样性为这种沟通机制提供了肥沃土壤。内容形式上，在 5G 的背景下，图文已经成为基础，短视频、直播等愈发生机勃勃，与此同时，内容渠道的多样性也让连接消费者变得更便捷，内容内涵加上丰富的场景覆盖了多种多样的语境，不仅为消费者提供了更直观、美感、震撼的全方位感官体验，为企业增加了可以与消费者平等对话的角色感，提高了对话频率，也让企业有机会突破圈层，触达更多潜在消费群体。例如，作为消费者低决策卷入的品类，麦当劳不断与动漫、游戏、时尚类内容展开跨界合作，有时候成为时尚新贵，有时候成为动漫粉丝，有时候当上游戏王者，当品牌进入相应的内容，找到了适合的角色与话题，便能自然地吸引消费者的注意，与之实现沟通互动。

2. 渠道力

在内容和商业的全触点时代，每一个触点都成为企业与消费者沟通的渠道。技术的迭代和更新带来内容载体的多样性，触点和渠道也变得越来越多元，一个游戏、一个信息流广告，甚至一个小程序都可以是触点。内容让企业在注意力和触点碎片化的当下，更快速、高效地直达消费者。总的来看，内容之于触点的意义是，缩短了企业和消费者的距离，增强了渠道中的消费者黏性，让消费者获得更好的体验的同时，也让企业更精准、深度地服务消费者。这也是诸多货架式电商平台都开始大力推进"电商+内容"、向内容型电商转型的原因。这种渠道的整合和消费者的强连接提升了沟通效率，建立了统一的沟通体系，有利于企业更好地建立准确且稳定的品牌形象。

3. 产品力

将内容融入触点，还会带来一个更为直观的力量。彩妆品牌 MAC 做过这样一件事，通过对消费者数据的积累和分析，判断口红受众其实也是游戏《王者荣耀》的受众。MAC 和《王者荣耀》合作推出彩妆口红，让两者的关联内容寄身在产品之上，为产品赋予了双重身份：实物口红+虚拟附加价值。虚拟产品和实体产品的组合，在目标人群看来更有价值，消费者更愿意为此买单。这种探索背后的逻辑是，产品本身是连接消费者的触点之一，将产品纳入内容战略的一部分，通过内容+产品触点的结合，增强了产品的溢价能力，提升产品力的同时也让品牌更有温度感。其融入的方式多种多样，如代言人同款、IP 授权产品等。

如果换一个思路，将内容融入全渠道多触点，则会带来另一种产品力的提升。构建与消费者对话的全触点体系，在每个触点植入内容，或者说用内容串联起所有分散的触点，对于企业而言，更大的意义是提升了消费者行为数据化的程度，为产品研发、定价、营销方式等多层面决策提供反馈，从而让品牌做出更让消费者喜欢的产品和服务。

4. 转化力

内容对于商业的价值还体现在更直观的转化上。如今，商业转化可以分为三个维度：销售转化、行为转化、用户转化。它们涵盖了企业从短线收益到长线运营的全流程。销售转化是最为直接的短线价值。内容直接刺激消费者购买的效率已经不言而喻，直播电商的大行其道就是最佳说明，而 IP 同款效应带来高转化的例子也不胜枚举。不过，不仅转化是短线的，延迟转化也是一种常见的行为，消费者可能在浏览内容之后的数天或者数周内完成最终的销售转化。而在这之前，他们的浏览、收藏、加购物车等被称为行为转化。企业可以在这些关键的行为触点上，通过优质内容刺激，提高行为转化率，从而抓住延迟转化人群，进行中长线运营。最后是用户转化，如何从流量到留量，将消费者变成品牌粉丝或者忠诚用户，这是数字化趋势下所有品牌最关注的问题。想要将消费者沉淀在企业私域流量池，将他们变成可称为数字资产的粉丝，有足够吸引力的内容是绝佳的催化剂。

5. 品牌力

商业价值的另一个维度体现就是品牌力，是消费者对于企业的产品、服务、解决方案能够感知到的价值总和，能够为品牌带来差异化的溢价能力。内容是品牌的底层，苹果发布会上乔布斯身后屏幕播放的 PPT、可口可乐一众脍炙人口的广告语，都是让人迅速记得住的内容转化为品牌心智的典型代表。对于品牌而言，由于内容形式和载体的多样化，在全触点里的植入不仅可以通过无处不在的内容在各种场景中深度表达品牌理念，还可以通过内容引发与消费者的沟通、互动，让消费者感知并且认可到为品牌增加的丰富的精神内涵。

从商业时代的视角，内容战略让过去企业与消费者之间的信息流向从单流运行变成多流往复运转，内容和触点的深度结合，深度连接消费者、增强互动，破除了企业营销手段之间的隔阂，实现了单项营销的整合和串联。如从整体提升五力，企业能够形成完整的从 B 到 C，再从 C 到 B 的全链路闭环，而即便企业仅从一力出发，发挥到极致，亦可形成破局之势，引爆增长。

6.2.1.3　内容营销典型案例

优秀的内容战略对于企业的长期发展至关重要，本小节对一些品牌的成功案例做简单拆解。

以哔哩哔哩为例，作为具有较高商业价值的 Z 世代人群（1995—2009 年间出生的一代人）聚集的数字社区，其用户与内容均保持高质量增长。根据哔哩哔哩 2021 年财报，哔哩哔哩日均视频播放量达到 23 亿，同比增长 77%，月均互动数达到 102 亿，同比增长 86%，用户黏性持续提升。

1. 内容构建

在内容构建方面，哔哩哔哩围绕 IP 化、精品化、服务生态三个方面进行重点扶持与孵化优质专业内容，不断扩展内容边界。哔哩哔哩以优质视频内容为主，平台内容综合多元，PUGV（Professional User Generated Video，专业个人用户视频）内容生态完善，不断朝着满足用户审美、创作与体验需求的目标前进。

1）源头 IP 供应

（1）国创：持续加码对国创的扶持，2019 年推出的《灵笼》在 IP 价值方面实现突破，2021

年推出国漫《时光代理人》，在全球化方面形成突破。

（2）影视/纪录片：2021年哔哩哔哩联合业内专业人士，升级影视、纪录片频道，举办纪录片发布会，并现场发布了《人生一串（第三季）》等21部不同类型的纪录片。

（3）综艺：尝试精品综艺打造，并反哺内容生态，丰富用户娱乐体验，2021年推出异性交友节目《90婚介所》、音乐综艺《我的音乐你听吗》等。

（4）赛事：围绕电竞和娱乐主题，构建全年赛事直播平台，例如成为《英雄联盟》S11赛季等多个赛事的独家版权方。

2）内容扩展

（1）新分区：对内容精准分区，并围绕年轻用户的兴趣不断扩展内容，例如新增知识区、升级美食区、变动物圈为一级分区等。

（2）内容二创：用户对内容的再造，让IP或优质内容在生态合力下激发出更多内容再创，引起话题聚变。

3）娱乐体验升级

（1）大型活动：以海量的内容为支撑，打造哔哩哔哩独特的内容嘉年华，例如哔哩哔哩跨年晚会，哔哩哔哩POWER UP百大UP主颁奖等，并结合社区氛围带动活动发酵。

（2）服务产业链升级：构建立体全面的服务设施，例如哔哩哔哩漫画、电竞战队、会员购等服务，给予用户全方位的娱乐内容体验。

2. 内容营销策略

基于哔哩哔哩生态形成"4I兴趣营销模型"——洞察（Insight）、资源（Immerse）、传播（Impress）、复利（Icon），并通过营销资源的配置，利用圈层营销、节点营销、事件营销、种草营销四种整合传播路径，最终围绕内容实现更长用户留存、更强用户黏性、品牌内容资产沉淀。4I兴趣营销模型的具体解释如下。

（1）洞察：有效构建品牌的完整性、准确性和有效性。

（2）资源：节点内容资源与圈层内容资源结合。

（3）传播：圈层营销、节点营销、事件营销、种草营销。

（4）复利：围绕内容，实现复利。

①社区复利：针对优质内容，UP主和用户进行大量二次创作，帮助品牌产生内容裂变，哔哩哔哩2021年投放金额top100品牌的相关广告增长2.15倍。

②时间复利：在哔哩哔哩发布商业内容后有着持续性的播放量，商业内容具有长尾效应，2020年7月花火上线至2020年11月发布的商单,发布一年后,其7天后播放量占比高达45%。

③IP复利：品牌在哔哩哔哩发布优质的商业内容，激发互动搜索，构筑用户心智，建构品牌资产。哔哩哔哩2021年投放金额top100品牌搜索量增长2.7倍。

6.2.2　用户运营：巧用UCD

6.2.2.1　用户获取

用户获取即为品牌获取新用户的过程。拥有一个考虑周全并且执行到位的用户获取策略是取得成功的必要基石。"获得"意味着同用户建立连接关系，这是用户策略的开始。建立用户连接、维护用户关系、构建用户价值及利益体系、创造用户价值与利益关系、获得用户长期资源价值是数字营销用户策略的基本内容和目标，而用户数据分析则为制定和实施用户策略提供了决策支持。本小节主要阐述新产品的用户获取。

1. 用户的分类

（1）临时用户：有明确的需求但通常比较简单，获得满足之后就会离开，可能会重复访问，也可能只是一次性的。

（2）注册用户：用户可能需要长期的服务，用户愿意为网站提供必要的个人信息，双方建立较为紧密的连接关系。

（3）活跃用户：经常会登录网站/手机 App/其他应用平台等，与网站之间保持较为紧密的关系。

（4）价值用户：为网站带来高价值的用户，这类用户在网站营销生态系统中通常处于核心地位，既是直接顾客，也是网络推广资源。

（5）噪声用户：在企业数字营销信息系统中产生不符合企业期望信息的用户，这类用户并不是数字营销用户的主流，但往往发挥着明显的负面作用。

2. 用户的获取之道

我们经常在线下看到街头的广告牌，在社交平台、短视频 App、搜索引擎上也经常看到各种广告，这些都是品牌在扩大自己的曝光度，让用户能最大限度地看见品牌。如果给这些获取用户的方法简单分类的话，可以概括成这几种：

（1）通过搜索排名优化，让用户搜索时先看到自己，从而获取用户。

（2）通过生产优质内容，让平台算法推荐自己，从而获取用户。

（3）靠服务口碑+利益引导，利用用户关系裂变，从而获取更多用户。

6.2.2.2 用户运营要素

互联网的本质是连接，无论企业的业务是 to Business（商家）还是 to Customer（客户），其背后连接的都是人。马云把 B2B 模式解释为 Business man to Business man，而不是 Business to Business，正是因为企业核心的运营对象应该是用户。新媒体中的用户运营主要指在新媒体平台上设定一系列针对用户的运营策略和动作。换句话说，就是围绕着以用户为中心的设计（UCD，User Centered Design）开展企业的运营策略。

在进行用户运营时，必然要对该企业所获取的用户进行充分的分析，包括用户整体属性、用户行为、变现分析。做完用户画像，了解了用户是谁、他们是怎么来的以及产生了哪些行为，接下来就可以对用户进行相应分层、分级、分阶段的运营。

1. 范围层：实现用户"分类而治"

在用户的分层、分级和分阶段运营中，分层运营主要是根据用户的基本属性及行为属性划分进行运营动作；分级运营主要是根据用户自身的成长分级进行运营动作；分阶段主要是根据用户所处的生命周期进行运营动作。用户的分层、分级和分阶段运营主要解决用户"分类而治"的问题，同时提升企业运营的效率。当然，应用的前提都要求企业有较大体量的用户数，如果只有 1000 个用户，那么意义就不大，因为数据量太小时会有很大的波动和误差。

2. 结构层：私域流量池的部署

"私域"这个概念来自电商行业，如果企业在某个电商平台开设店铺，用户通过搜索框搜索到企业的店铺/商品，那么这部分流量就属于电商平台，而不属于企业。但用户进入企业的店铺后，可以将客户添加至某个群并做相应维护，此时这个用户群就可以称为企业的私域流量池。在微信体系内，公众号、社群、个人号、小程序都是私域。因为用户进入这些平台后，可以独立进行维护。新媒体结构层的设计包括用户环节的设计及社群设计。

用户环节的设计即私域流量池的部署，比如用户从引入期到成熟期，需要经过哪些平台、如何进行转化等，在设计时需要考虑以下三点：覆盖用户全流程、考虑各平台情况以及考虑商业转化漏斗。覆盖用户全流程顾名思义，就是设计时保证整个流量环节是一个闭环，包含从引入到转化的各个环节。考虑各平台情况是由于它们都有其独自的特点，企业需要根据各个平台的特点，考虑如何与产品匹配。考虑商业转化漏斗要求企业熟悉业务的核心并考虑各个环节的漏斗。例如，公众号"花点时间"的主要业务是按月订购、配送鲜花，客单价在200元左右。它的转化路径为当用户关注公众号后，通过拼团等活动刺激用户，让用户直接下单。这里需要考虑"关注—公众号—拼团—拼团成功"的各个漏斗环节。

3. 框架层：用户体验流程设计

在用户运营的框架层面，重点设计用户从关注到最后转化的整个体验流程。以微信公众号为例，首先优化用户体验地图，在用户关注后，消息框会弹出一段欢迎语，直接将用户引流到菜单栏上。菜单栏设置要注重逻辑性，引导用户点击相应模块。媒体型菜单栏注重内容展示，促进内容传播。销售型菜单栏注重购买流程，着重展示营销客服等功能。其次，公众号的简介尽量让用户一眼就记住。公众号简介即功能介绍，是其对读者敞开的第一扇窗户。用户在选择是否关注公众号时，会不由自主地先看公众号展示页的简介。如果简介足够吸引人，那么用户点击关注的概率就会提升。简介最主要的作用是阐述定位，公众号定位不同的简介侧重点略有不同。

1）产品型：注重用户感知

产品型公众号的简介更倾向于说明能帮用户做什么，例如公众号"我的印象笔记""圆通快递"和"有书"。"我的印象笔记"简介是"绑定印象笔记账户，一键保存微信的消息到印象笔记！"。"圆通速递"的简介是"寄快递，找圆通！关注圆通公众号轻松实现下单、查件、投诉"。"有书"的简介是"有书免费听"，关注公众号后回复"听书"，就可以获得"1000本好书免费听7天"的福利。

2）媒体型：注重有趣

媒体型公众号更注重内容，简介侧重说明自己是干什么的，让对这方面感兴趣的用户能一眼记住。新兴品牌可以直接介绍自己，例如公众号"虎嗅网"和"Keep"。"虎嗅网"的简介是"聚合优质的创新信息和人群"。Keep的简介是"关注@Keep：健身方式、饮食建议、用户蜕变，尽在指尖"。

3）销售型：注重利益点

销售型公众号的简介侧重从商品、订单服务的角度阐述能给用户带来什么利益，例如公众号"清单"和"京东JD.COM"。"清单"的简介是"用心生活，认真花钱。从厨卫到美容个护，清单告诉你购买攻略、购买误区，推荐物超所值的好东西，让你告别乱买，理性剁手"。

"京东 JD.COM"的简介是"关注京东服务号，第一时间获取商品订单物流提醒等服务"。

4）视觉层：公众号的 VI 体系

内容营销的效果设计一方面表现为文章的版面设计，图文并茂、段落清晰、层次分明、简洁的内容更能引起用户的阅读兴趣；另一方面表现为外观设置，在效果设计上可选择使用和品牌相同的色调、视觉效果和字体等，让用户在阅读、观看内容的过程中有意识地联想到相关品牌、产品或服务。

6.2.2.3 引爆用户增长

埃里克·莱斯在《精益创业》中提出用户驱动增长的三大引擎，分别为黏着式增长引擎、病毒式增长引擎和付费式增长引擎。

1. 黏着式增长

黏着式增长是指通过口碑或者品牌传播等形式实现的增长，增长的速度取决于复合率，只要自然增长率减去流失率的结果为正数，增长就可以持续。在公众号体系中，黏着式增长主要通过文章自发传播或者口碑推荐吸引用户。黏着式增长的典型方式是依靠内容，内容带来的粉丝是有黏性且精准的，粉丝 7 日留存率一般会超过 80%。

2. 病毒式增长

病毒式增长也称裂变式增长，通过"人拉人"形成正反馈循环。病毒式增长主要关注病毒传播系数和传播周期，通常系数越大、周期越短，说明新人参与越多，传播速度越快、增长越有效。病毒式增长在新媒体中具体的增长方法有社群裂变、红包、任务宝模式等。

3. 付费式增长及其他增长渠道

付费式增长主要是通过金钱或者资源的投入来获取增长，关键考核指标是 CAC（单个获取成本）和后续的 ROI（投资回报比）。接下来，本小节简单介绍几种付费式增长及其他类型的增长玩法。

1）互推增粉

互推是一种相对比较成熟的涨粉方式，主要是找到一个或者多个公众号进行账号的相互推荐。互推涉及两个技巧。第一是人群的一致性，例如，企业的用户是 20~30 岁的女性群体，那互推账号的用户群体也需要包含同一年龄段的人群，老年用户类账号就不在考虑范围之内。第二是互推文案不宜过分生硬地直接推荐对方账号，最好能结合相应的场景，再加上对这个公众号的基本介绍。互推分两种：一对一的单推和多个公众号组团互推。一般单推的效果会好些。如果做多个账号互推，就会存在各个公众号在文案中互推位置的排序问题。一般来说，互推发起方占据第一个位置。具体位置的效果不同，其效果大致排序为位置第一>位置第二>最后一位>其他。

2）Wi-Fi 增粉

Wi-Fi 增粉主要指在机场、商场、医院等某些公共场合，商户提供免费的 Wi-Fi，用户在连接 Wi-Fi 时，会被要求关注公众号。类似的增粉方式还有手推车、网吧 Wi-Fi、照片打印机和摇一摇等。其核心逻辑是用户在某个场合想享受某项免费服务，必须先关注品牌的公开账号。这类粉丝的获取单价大概在 0.8~2 元，但因为这是强制关注模式，很多用户在完成某项动作后会马上取消，所以在采用此类增粉方式时，活动方需要关注用户的留存率和互动率。

6.2.3 数据运营：数据融入日常

管理学大师彼得·德鲁克有一句名言："你无法衡量的东西，你也无法管理。"我们做决策时通常依靠过往的经验或者个人直觉，但容易产生失误。而要想减少这种失误，就需要借助数据分析。数据分析不仅是某一条公式或者一串代码，它真正的魅力在于系统地、客观地、有逻辑地思考，用这种思考方式去代替零散、臆断、盲目，这才是它最大的价值。

新媒体数据分析流程主要分为六个环节，包括明确分析目的、数据获取、数据处理、数据分析、数据可视化、提出建议推动落地。

6.2.3.1 明确目的和思路

做任何事情都有其对应的目的，数据分析也是如此。每一次分析前，都必须要先明确做这次分析的目的是什么，只有先明确了目的，后面的分析才能围绕其展开。常见的数据分析目标包括以下三种类型：① 波动解释型：某天的销售额突然下降了，某天的新用户留存突然降低了，这时候就需要分析师去解释波动的原因。② 数据复盘型：类似于月报、季报，在互联网领域常见于 App 某某功能上线了一段时间后，数据分析师往往需要复盘一下这个功能的表现情况，看看有没有什么问题。③ 专题探索型：对某个主题发起的专项探索，比如新用户流失、营收分析等。

在明确目标和思路时，建立体系化的思考框架很重要，这也是数据分析的核心。如何建立？这需要长期的积累。例如，营销层面的体系化思考框架有 4P 分析、SWOT 分析、STP 理论、用户行为理论以及六顶思考帽等，管理方面的思考框架有 5W2H、PEST、逻辑树、金字塔、SMART 原则等。以下简要介绍其中几种。

1. 用户行为理论

当我们使用一个产品的时候，需要经过一个过程，从了解到熟悉，从试用到使用，最后还可能成为这个产品的忠诚用户。围绕用户行为这个过程的理论称之为用户行为理论。例如，对于一个网站，用户的行为可以分为这 5 个阶段：认知、熟悉、试用、使用、忠诚。而在这五个阶段，数据分析需要关注一些指标，如图 6-3 所示。

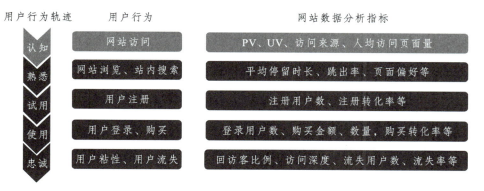

图 6-3　用户行为理论示意图

2. 六顶思考帽

六顶思考帽是"创新思维学之父"爱德华·德·博诺（Edward de Bono）博士开发的一种

思维训练模式。六项思考帽，是指使用六种不同颜色的帽子代表六种不同的思维模式。

（1）白色思考帽：白色是中立而客观的。戴上白色思考帽，人们思考的是关注客观的事实和数据。

（2）绿色思考帽：绿色代表茵茵芳草，象征勃勃生机。绿色思考帽寓意创造力和想象力。具有创造性思考、头脑风暴、求异思维等功能。

（3）黄色思考帽：黄色代表价值与肯定。戴上黄色思考帽，人们从正面考虑问题，表达乐观的、满怀希望的、建设性的观点。

（4）黑色思考帽：戴上黑色思考帽，人们可以运用否定、怀疑、质疑的看法，合乎逻辑地进行批判，尽情发表负面的意见，找出逻辑上的错误。

（5）红色思考帽：红色是情感的色彩。戴上红色思考帽，人们可以表现自己的情绪，人们还可以表达直觉、感受、预感等方面的看法。

（6）蓝色思考帽：蓝色思考帽负责控制和调节思维过程。负责控制各种思考帽的使用顺序，规划和管理整个思考过程，并负责做出结论。

3. 逻辑树分析法

逻辑树又称问题树、演绎树或分解树等，它将问题的所有子问题分层罗列，从最高层开始，逐步向下扩展，适用于业务问题专题分析。逻辑树能保证解决问题的过程的完整性，能将工作细分为便于操作的任务，确定各部分的优先顺序，明确地把责任落实到个人，但在使用过程中容易出现遗漏涉及的相关问题的情况。为尽量把涉及的问题或要素考虑周全，使用逻辑树必须遵循以下三个原则：① 要素化，把相同问题总结归纳成要素。② 框架化，将各个要素组织成框架，遵守不重不漏的原则。③ 关联化，框架内的各要素保持必要的相互关系，简单而不孤立。

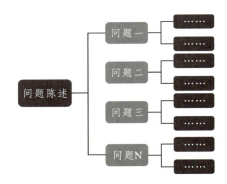

图 6-4 逻辑树分析法示例

4. 金字塔原则

金字塔原则是一种层次性、结构化的思考、沟通技术，可以用于结构化的写作过程，一般运用以下两种写作思路进行结构化思考：①归纳推理，论证的前提支持结论但不确保结论的推理过程。它们落在金字塔的第二行，每一项都针对写作报告的一个具体问题。②演绎推理，结论为前提事实必要条件的推理过程。一项逻辑性地导致另一项。SCQA 架构则是金字塔模型推荐的一个写作架构，即情境（Situation）、冲突（Complication）、问题（Question）、答案（Answer）。

5. SMART 原则

SMART 原则是在设置目标时通常需要遵循的五个原则，具体来说，就是目标必须是具体的（Specific），就是要用具体的语言清楚地说明要达成的行为标准；目标必须是可以衡量的（Measurable），就是指应该有一组明确的数据，作为衡量是否达成目标的依据；目标必须是可以达到的（Attainable），并且是也可以让执行人实现、达到的；目标必须和其他目标具有相关性（Relevant），如果实现了这个目标，但对其他的目标完全不相关，或者相关度很低，那这个目标即使被达到了，意义也不是很大；目标必须具有明确的截止期限（Time-based），只有限定了时间，才能够对目标进行定期检查、复盘，才能决定下一步的行动计划。

6.2.3.2　数据收集

在明确分析目标后，再获取所需要的数据，数据获取主要可以分为外部数据和内部数据两类：

1. 外部数据

想要获取外部数据，一种方法是可以从公开的数据网站上查询，比如在研究进入某个地区或某个国家的策略时，往往需要获取对应地区、国家的数据，这些可以在该地区或国家的公开网站上查到；第二种获取外部数据的方法就是爬虫，这种方法会更加灵活，不过目前做爬虫有一定的法律风险。

2. 内部数据

内部数据是企业自身内部的数据，对于互联网行业而言，用户行为的数据是通过埋点的形式上报获取，最终存储在 hive 表中，作为数据分析师，需要用 SQL（结构化查询语言）去把数据提取出来。

（1）结构化数据。

结构化数据一般是指可以使用关系型数据库表示和存储，可以用二维表来表达和实现的数据。结构化数据能够直接用数据或统一的结构表示，比如数字或符号。不同类型的新媒体关注的数据也不太一样。产品型新媒体主要关注使用次数、使用频次、留存率和付费用户数。媒体型新媒体主要关注打开率、转发收藏率、新增粉丝数、留言数和转载数。销售型新媒体主要关注 SKU（商品库存）、进站 UV（Unique Visitor，即用户访问量）、页面跳转率、购买完成率、复购率和 GMV（交易额）。这些结构化的数据可以通过微信公众号后台或 App 后台数据获得。

（2）非结构化数据。

非结构化数据顾名思义就是没有固定结构的数据，包括所有格式的办公文档、文本、图片、XML、HTML、各类报表、图像和音频/视频信息等都属于非结构化数据。对于这类数据，一般直接整体进行存储，而且一般存储为二进制的数据格式。以微信为例，非结构化数据在新媒体各场景中的具体含义分别如下：用户在微信上的回复文字，关注的公众号的名字，微信对话时使用的表情、文字，朋友圈的内容、形式和使用频次。

（3）半结构化数据。

半结构化数据是结构化数据的一种形式，它并不符合关系型数据库或其他数据表的形式关联起来的数据模型结构，但包含相关标记，用来分隔语义元素以及对记录和字段进行分层，数据的结构和内容混在一起，没有明显的区分。因此，它也被称为自描述的结构，简单地说，半结构化数据就是介于完全结构化数据和完全无结构的数据之间的数据，例如 HTML 文档、JSON[①]、XML（可扩展标记语言）和一些 NoSQL[②]数据库等。

6.2.3.3　数据处理

数据处理阶段主要的目的是解决数据质量的问题，在数据采集环节中，内部的数据往往质量较好，但是外部数据，比如爬虫获取的数据，往往会比较杂乱，俗称"脏数据"，需要进行数据清洗，包括补全缺失值、删去异常值、重复值、进行数据转换，等等。

数据处理一般分为以下四个步骤。

第一步，数据抽取：从源数据中抽取目标字段，比如时间、销量。

第二步，数据清洗：对数据进行重新审查和校验的过程，目的在于删除重复信息、纠正存在的错误，并提供数据一致性，比如去除空值、异常值。

第三步，数据转化：将数据格式进行转化，比如把文本转化成数据格式，日期转化成可计算格式。

第四步，数据计算：进行数据的一些基本计算。这里常用的工具有 Excel、SQL 等。

6.2.3.4　数据分析

数据处理好了之后，就可以开始分析，根据确定的分析目标，选择合适的分析方法。常见的分析方法包括：

1）描述性分析

我们在第一步的分析目标中提到过一种常见的分析类型是做数据复盘，在这种分析报告中，描述性分析就是最常用的方法。描述性分析主要是对所收集的数据进行分析，得出反映客观现象的各种数量特征的一种分析方法，它包括数据的集中趋势分析、数据离散程度分析、数据的频数分布分析等，描述性分析是对数据进一步分析的基础。

2）推断性分析

推断性分析是研究如何根据样本数据来推断总体样本数量特征，它是在对样本数据进行描述统计分析的基础上，对研究总体的数量特征做出推断。常见的分析方法有假设检验、相关分析、回归分析、时间序列分析等。

3）探索性分析

探索性分析主要是通过一些分析方法从大量的数据中发现未知且有价值信息的过程，它不受研究假设和分析模型的限制，可以尽可能地寻找变量之间的关联性。常见的分析方法有聚类分析、因子分析、对应分析等。

（1）聚类分析法。

聚类分析是指将数据对象的集合分组为由类似的对象组成的多个类的分析过程。聚类分析的目标就是在相似的基础上收集数据来分类。聚类源于很多领域，包括数学、计算机科学、统计学、生物学和经济学。在不同的应用领域，很多聚类技术都得到了发展，这些技术方法被用来描述数据，衡量不同数据源间的相似性，以及把数据源分类到不同的簇中。

① JavaScript Object Notation，JS 对象简谱，一种轻量级的数据交换格式。
② Not Only SQL，泛指非关系型的数据库。

（2）漏斗分析法。

漏斗分析法从字面上理解就是用类似漏斗的框架对事物进行分析的一种方法，这种方法能对研究对象在"穿越漏斗"时的状态特征进行时序类、流程式的刻画与分析。漏斗分析涉及四个方面的要素：时间、节点、研究对象、指标。时间指的是事件是何时开始、何时结束的，也包括我们应用漏斗模型进行研究的时间段（即取数的时间范围），还涵盖前后两个节点之间的时间间隔、某节点的停留时长等。节点包括起点、终点和过程性节点，涵盖这些节点的命名、标识等，节点的数量对应于漏斗的层级数。研究对象指的是参与事件或流程的主体，可能是一群人、某类用户或某个人。指标则是对整个事件流程进行分析的工具，也是对漏斗的描述与刻画。

6.2.3.5　数据展现

分析完数据之后，就要将数据清晰地呈现出来生成数据报告，一般会采用图表的方式。每一种图表都有它最擅长表达的方面，所以要根据展示的内容选择正确的图表，比如该用折线图的时候不要用雷达图，否则呈现的数据反而使人迷惑。

首先，报告内容重点要分析数据所体现出来的内涵，阐释个人所做的思考。其次，要分清主次，提炼出核心内容，把握重点，文字凝练。一些重要的数据或是个人思考的内容可以突出展示出来，标黄或标红。最后，整个数据报告要有框架，展示的内容要有逻辑，可以参照前文所说的思维框架建立大纲。

6.2.4　社群运营：以用户为核心

6.2.4.1　什么是社群运营

1. 社群运营的内涵

社群是由共同爱好、共同需求的人组成的群体，是一种具有共同价值观的精神联合体和利益共同体，群成员往往都可以在社群中获得相应的价值。一个真正的社群不仅有共同的价值观、共同的需求，还必须有一套完整的运营体系。社群运营就是通过一些运营手段将一些人聚集在一起，使得他们能够与品牌或者是产品产生紧密而活跃的联系。

一般来说，社群分为短期群和长期群两种，从社群运营的角度看，短期群重点通过高频度信息触达以及高价值回馈等方式做氛围的烘托和产品的转化；长期群则重点做用户连接，通过内容、产品、活动等形成统一的价值观，使用户形成强烈的身份认同与归属感，让社群成为一个深度聚合和链接的团体组织。目前比较常见的是短期群，购物快闪群、知识付费训练营群等都在这类的范畴内。长期群的运营难度则比较大，一个氛围良好的长期社群，需要社群运营者去制定规则、定义玩法、抓住头部，促使用户自觉维护社群氛围。

相较而言，长期群的运营更加考验社群运营者的综合运维功底，短期社群的运营则更加考验运营者单项技能的突出程度。前者可抬高整个职业生涯的上限，后者则可以让运营者在前期就站稳脚跟。

2. 为什么社群要做运营

社群实现了人与人、人与物之间的连接，提升了营销和服务的深度。社群的低成本、高转化是人尽皆知的优点，但实际上社群的最大优势在于"价值延伸"。普通的客户关系，往往只存在于交易过程中，一旦交易全部完成，关系链就会大幅弱化，甚至直接断链。社群则可以做到和客户保持长久的关系，在这期间所做的社群运营可以不断挖掘客户价值，还能增强品牌影响力和用户归属感。

6.2.4.2 社群运营实操

1. 社群运营准备

社群运营的目的是通过长期的用户运营建立信任关系，进而开展有效营销，最终实现转化变现。要达到最终目标，首先需要做好社群运营的各项准备，掌握社群运营的重点。

1）明确社群定位

要弄清楚社群定位这个问题，首先得弄清社群的用户是谁，用户在社群想得到什么，用户能为社群贡献些什么。然后明确对象及其需求，再根据产品或项目的目标去合理地定位社群，即确定社群的核心目标。

2）设定社群规则

根据社群定位，设定社群规则，比如本社群的创建目的、能干什么、不能干什么等基本规则。可以以群公告的形式告知，也可添加用户审核时告知，这样用户进来后就能判断要不要留在群里，降低用户流失率。

3）高质价值输出

在做价值输出的时候，一方面，群管理者需要自己去整理和收集高质量的内容、话题；另一方面，要多挖掘群内成员，帮助价值用户树立专业权威形象，这样他们更愿意参与分享和解答成员疑惑。当社群不够活跃的时候，需要管理者主动去引导话题，让用户积极参与。

4）激励机制设计

群积分是一个保持群活跃的好办法。激励机制的核心是管理者设置的奖励是大家喜欢的、想去争取的，但是这个奖励又不能太好，太好就会导致很多无效信息被刻意地生产出来。一般建议从签到、参与、拉新、分享等方面设计积分规则，然后设立排行榜，带动竞争。

5）核心用户运营

根据二八原则，要想把社群运营好，需要抓好核心用户的运营及维护。维系核心用户最简单的方法就是真诚互动、给予荣誉感，可以是聊天，可以是请教，也可以是邀请分享，充分挖掘活跃用户的价值，给社群成员营造这就是主场的感觉。

2. 社群运营策略

对于一个社群来说，聚集在一起的成员必须有一个共同的强需求，社群必须能提供解决这一需求的服务。社群运营主要是人的运营，是要建立人与产品以及人与人之间的链接，这对运营者的综合能力通常要求比较高。那么究竟该如何玩转社群运营呢？

1）裂变机制

裂变机制的核心有两个，一是诱饵，超出预期的奖励，如免费听课，免费送资料包等。二是门槛，邀请好友才能领取，如分享海报并截图，两位好友扫码等。一个用户若想获得奖励，必须邀请更多的新用户来参与活动，无限循环。根据经典的"病毒传播模型"，一次成功的裂变，病毒系数 K 必须大于 1，即平均每位用户能够带来大于 1 名新用户，才可以实现指数级增长。随着用户参与的次数增多，新鲜度不再，效果可能逐步下降，因此诱饵的打造要有足够的吸引力。

2）社区运营

过去的社区局限在"圈子"概念，主要是由 KOL 或者品牌力号召组建的，而自从互联网社群兴起后，"社区"更多是回归用户需求。例如国潮健身服装品牌对焦（duijiao）通过社群虚拟 IP 来连接用户，以分享生活、运动知识干货为运营核心。设计师运动服品牌 MAIA ACTIVE（玛娅）以运动结合趣味，打造 MAIA FUN CLUB 社群 IP，并结合公益性活动作为社群内容。粒子狂热以小众运动为核心，建立运动团体的概念，普及较少被关注的小众项目等。社群运营已经不仅局限于微信群、QQ 群等，网站、小程序、App 等都可以为载体，比如近年来盛行的早起打卡分红包、拼多多签到领红包等。

3）分销返佣

淘宝客的模式就是分销返佣，为淘宝的流量立下了汗马功劳。微商刷爆朋友圈同样是分销机制。但是因分销层级超过 3 级涉嫌违法[①]，微信分销系统给出了越来越多的限制，企业开始关注三级分销系统 App 的开发，并融入满减、团购、折扣、新人礼包等功能。

4）小程序导流

小程序作为微信力推的产品，开发了很多权限、接口等。小程序也成为一种不错的导流工具。比如小程序"头脑王者"给知乎 Live 的导流，2 天时间获取千万用户量的微信头像小程序"圣诞帽"。"群玩助手"这个流量很大的小程序采用了广告模式，用淘口令的模式给淘宝商家导流。当用户点击按钮后，就会自动复制口令，打卡淘宝 App 即可跳转到商家页面，领取优惠券。简单来说，就是把淘客的模式放到了小程序上。

5）拼团

拼团可以通过客户的社交关系带来自发的分享传播效应，并为品牌带来新客，同时还能让基于好友的邀请认识到品牌的新客对品牌产生信任感。拼多多正是用了这一手段，从而在两年多时间里日订单超过京东。同样，蘑菇街上线小程序获取的 300 万新用户，七成是通过拼团机制吸引来的，转化率是 App 的两倍。目前，在知识付费市场，也出现了拼团机制，比如刷屏的网易云课堂。

6）用户补贴

从百团大战、滴滴 VS 快的补贴、支付宝 VS 微信的红包大战到摩拜 VS OFO 小黄车的免费骑单车，互联网企业的一大竞争法宝就是烧钱换用户。但不同的烧钱战略，效果天差地别。今日头条凭借智能推荐+补贴作者的手段，成为内容领域的颠覆者；趣头条采用读新闻就能赚钱的招式突出重围，实现用户的快速增长。更高明的是，趣头条采用"师徒制"，个人邀请新用户的奖励都有分成，只要徒弟够多，别人刷新闻，自己就能躺着赚钱。在长尾效应下，这样的社群运营用户补贴其实并不需要投入太多成本。

3. 社群运营的几点小技巧

1）社群运营初期拉新

社群运营初期主要通过外部渠道为社群拉新。外部渠道可以分为权威自媒体平台和普通 UGC 内容平台两种类型。前五家权威自媒体平台按重要性进行排序是百家号>搜狐号>今日头

---

① 2013 年 11 月 14 日，最高人民法院、最高人民检察院和公安部联合发布《关于办理组织领导传销活动刑事案件适用法律若干问题的意见》，明确了"包括组织者、领导者本人及其本层级在内"，分销层级不能超过 3 级。

- 115 -

条>一点资讯>UC 头条。除了外部渠道的推广之外，品牌还可以长期持续地产出优质原创内容，通过社群管理工具的流量机制优势获取新用户。

2）树立社群的核心价值观

尤瓦尔在《人类简史》中提出，智人与其他动物最大的区别就是懂得如何讲故事，他们就是凭借这个优势，形成了智人共同的目标甚至是信仰，并为之互相合作，凭借众人之力一次次实现以小博大的成功逆袭。人类合作的前提条件是有统一的目标，社群运营也是。社群所聚拢的是一批有同样需求或者同样属性的用户。要想让这批用户长期活跃于社群之中并释放其价值，就必然需要树立社群的核心价值观，筛选出那批认可社群价值观的用户，通过以点带面来影响后期加入的用户，形成良好的社群氛围。

3）社群运营也适用于 AARRR 模型

AARRR 是 Acquisition（获取用户）、Activation（提高活跃度）、Retention（提高留存率）、Revenue（获取收入）、Refer（自传播）这五个单词的缩写，分别对应用户生命周期中的 5 个重要环节。社群运营也适用于 AARRR 模型，如果要建立健康运行的社群，让运营顺利进行，直至完成收入指标，第一需要明确运营目标，使运营目标和用户需求达成统一，并且自始至终忠于目标，为各个环节制定合理的阶段性目标和方案；第二在运营的任何阶段都兼顾各个环节，让社群流畅健康地更新换代，不断注入新鲜血液，不断产生转化和传播。

6.2.4.3　社群运营数据化

通常在做社群运营的时候，都会涉及数据化运营，社群数据化本身的意义在于达到品牌的既定目标。在社群数据化运营中，主要是对用户行为数据和用户内容数据进行简单的分析。

1. 用户行为数据

主要考察用户在社群中的交互行为，根据行为数据可以对用户进行分类，从而实现精细化管理。举个例子，在分析社群活跃度的时候，我们可以以签到数据为例，借助社群小助手在群里发起签到任务，后台分析用户签到记录以及签到统计数据，如果社群的签到率低，那么可以对社群中不签到的用户进行清退，招募新用户。

2. 用户内容数据

主要围绕发言量、发言趋势以及热力分析，在特定时间段内对发言数进行互动统计。比如社群通知，通常会在用户活跃度最高的时间点来发布，从而达到最高的消息送达率；利用社群小助手，可以在一周活跃走势图中看到哪天用户的活跃度最高，从而确定每周哪个时间段来进行话题讨论和分享。

6.2.5　活动运营：流程化体系规范

举办活动是在短期内达到某个运营目的的捷径，也是提升某项运营指标的有效方法。例如想完成新用户关注量的指标，可以策划并执行一场拉新活动；想完成销售业绩的指标，可以策划并执行一场优惠促销活动。

6.2.5.1　活动目的

网络活动营销是一种十分流行的公关传播和市场推广手段，如能有效地传达企业想要推广的信息，则在提高品牌影响力、用户忠诚度和关注度等方面都将发挥极大的作用。企业开展网络活动营销主要是为了达到以下几个目的：

（1）增加用户数量：以拉新为主的活动，其核心目的是增加用户数量。前文讲到的黏着式增长、病毒式增长、付费式增长等形式都出于用户拉新的目的。

（2）提高品牌影响力：数字营销活动在新品推介、品牌展示、品牌识别和品牌定位方面发挥着重大的作用，一次策划成功的营销活动可以快速精准地吸引目标用户的注意，传递出品牌的核心价值；还很容易吸引媒体的注意，进而被推广到更多第一次接触品牌的用户眼前，加深他们对品牌的印象；还可以影响对品牌触达度比较低的用户，使其变成真正的用户和忠诚用户。

（3）提高用户忠诚度：一般来说，网络活动营销都是企业为了吸引用户关注和参与而打造的活动，用户参与活动的过程实际上也是产品和品牌深入用户心中的过程，如果活动举办成功，口碑效果良好，那么用户对品牌和产品的好感度和忠诚度都会有所提高。

6.2.5.2　活动的目标客户

因为不同渠道平台用户的画像有区别，只有选择活动目标用户画像与平台用户画像吻合的渠道，才能达到较好的宣传、预热、造势作用。

在确定活动的目标客户过程中有三个推动力和三个阻力。

三个推动力分别为有趣、有利、有用。

有趣就是让用户眼前一亮，抓人眼球，可以加强用户的身份认同，满足其好奇心。例如，2018 年双十一前夕，支付宝为推广出境支付打造的一次锦鲤营销，联合数家品牌提供奖品，抽出一位转发者成为支付宝锦鲤，独享价值预计高达 30 万的出境游大奖。这次锦鲤营销，转发量在 6 小时内突破百万，诞生锦鲤"信小呆"后活动一度推向高潮，形成了病毒式传播，瞬间火爆微博、朋友圈。

有利就是给用户带来直接利益。本杰明·富兰克林曾说过，"如果你想说服别人，就要诉诸利益，而非诉诸理性。"在电商中常见的方式有砍价、拼团和团购等。在媒体型新媒体中，常见的活动有留言点赞前三名送奖品等多种形式。

有用就是让用户在参加活动时获得认知价值。创造用户认可的价值是成功营销的关键，而让用户感受到产品和服务价值的关键则在于充分刺激和调动用户的感官（Sense）、情感（Feel）、思考（Think）、行动（Act）、联想（Relate）等感性因素和理性因素。在 2018 俄罗斯世界杯期间，瑞士可口可乐公司在苏黎世主要火车站利用 AR 技术举办一场让球迷亲身体验与瑞士队明星前锋 Xherdan Shaqiri 一起踢球的活动。参与者将接受 Shaqiri 的"技能特训"，并邀请参与者与 Shaqiri 来一场颠球比赛。在体验结束时，用户被提示可以与 Shaqiri 合影，用户可以输入详细信息获取照片副本，并有机会赢取 FIFA 世界杯官方比赛用球。这一沉浸式体验活动吸引真正的足球迷并使他们将可口可乐品牌和全球最大的体育赛事联系在一起。

三个阻力分别为形象、金钱和精力。

形象即社交形象，是人们在人际交往中树立或期望树立的个体形象。用户在参与活动时，常常顾虑别人是否会对自己改观。例如，有些人不太愿意参加"朋友圈集赞送面膜"活动，因为这会损害他们的社交形象，让别人觉得自己爱占小便宜。

金钱是活动的准入门槛。用户参与活动时，常会注意到是否需要交进场费。如果活动设置的准入门槛过高，肯定会筛掉一批用户。例如，在某一活动中，用户要想参与分销，就要先买课程，门槛过高可能导致参与分销的人数下降。

精力即用户精力投入成本。品牌方需要慎重考虑活动操作步骤是否烦琐，是否会要求用户付出大量成本。比如在早期的投票活动中，投票者需要记住候选人的 ID 号，投票时要在投票的页面内输入 ID 号，很多人觉得操作麻烦就放弃了。

活动能够成功的必要条件是推力大于阻力。例如，拼团活动中，如果拼的只是价值 10 元的面膜，大多数人就不愿意参加，而当活动规则是"集满 100 赞送 iPad"时，很多用户的参与热情就会高涨，甚至愿意拉朋友一起参加。

6.2.5.3 活动七大关键步骤解析

第一步：活动目的及主题。

企业需要确定活动的目的，明白活动为何而展开。营销活动通常必须有一个明确的、可以吸引用户、和用户的需求相匹配的主题。例如，2021 年蜜雪冰城发起"唱蜜雪冰城主题曲即可免单"活动，这个活动将用户互动、产品促销紧密结合在一起，既具有趣味性，可以吸引大量用户参与，又可以顺势推广产品和品牌。

第二步：活动创意。

在策划活动时，活动时间、地点、方式的设计都十分重要，不管是策划线上活动还是线下活动，都应尽量使用比较新颖创新的方式提高活动的互动性，刺激用户的参与热情。互联网时代的信息多如牛毛，大众的信息接收有限，如果品牌的活动不具有创意性、不能抓人眼球，那么将被湮没在海量的信息中。

第三步：效果及风险评估。

确定活动创意和实施方案后，在举行活动前，活动方需要进行效果评估和风险评估。如果之前做过类似活动，则活动方可以参考前期活动的效果、核心指标完成情况。如果之前没有做过类似活动，活动方可以关注竞争对手举办过的活动，借此判断本次活动大致能达到的效果并为本次活动设置一个合理指标。活动前，活动方需要设置 ROI 预估值。企业设定活动 ROI 一般不得低于 3，如果预估低于 3，则需要考虑更换活动方案，甚至重新设计活动。做风险评估时活动方应检查活动内容是否涉及诱导分享、敏感词汇或话题等因素，如果涉及，则需要先行整改。例如，在现金类活动中，要防范用户"薅羊毛"等行为。

第四步：匹配资源。

活动前期，可以提前对活动进行预热，邀请有影响力的人、选择有影响力的平台对活动进行宣传。因此活动方需要为活动匹配相应的资源。匹配的资源分为两部分，即内部资源和外部资源。内部资源首先是宣传渠道匹配。评估该活动需要使用多少内部渠道。如果企业有 App，而本次活动想要在 App 进行宣传，就需要提前和 App 运营的同事沟通好具体的使用时段和安放位置。其次是活动的奖品匹配。这里的匹配更多需要考虑奖品和用户之间的匹配，而不是单纯的价格因素。奖品不是越贵越好，重要的是满足用户的需求。外部资源首先要考虑双方目标人群是否一致，不能偏差太大。例如，阅读类 App 找汽车品牌合作就不合适。其次要衡量双方的资源是否是对等，这里的资源指品牌或流量等诸多实力因素。

第五步：活动规划。

活动涉及活动费用预算、活动奖品、其他部门协助配合、资源整合调用、推广方式和渠道选择等。因此在活动开展前，至少要开展以下准备工作：撰写活动的策划方案交由上级领导审批与报备；领导审核通过后，统筹各部门及调用各方面资源；制订活动进度与时间表；编辑执行方案，让各部门清楚自己的工作内容、完成效果、人员配合等。

第六步：活动执行。

在正式活动前，一般要先做演练测试，测试场景应尽可能保证最接近真实的应用场景，以防实际过程中因一些偏差而导致诸多问题。在 H5 类型的活动中，品牌方还需要做压力测试。测试系统在超过多少人的情况下会变慢或者崩溃，这需要请技术部门协助，运营者应提前协调好。在具体执行过程中，原则上各责任人按照计划表实行。对于活动过程中的所有节点，活动主管应把相应的数据记录下来，便于日后复盘。

第七步：活动复盘

活动跟踪包括对活动进程、活动效果的跟踪，也包括对用户反应、用户评价的跟踪。企业只有加强与用户的互动和沟通，为用户提供良好的活动体验，才能拥有良好的口碑。如果活动发展方向出现偏差或产生负面影响，企业应该及时地导正和控制。活动复盘主要包括数据复盘和人员与资源复盘。

6.3   运营矩阵的四个核心能力

6.3.1   数据为王——数字洞察

新媒体的红利潮总会退去，未来精细化运营才是关键。多平台运营，除了将某个平台的运营经验运用到另一个平台之外，还需要用数据驱动运营。通过数据分析，不仅能够呈现结果、帮助总结分析，还有助于优化前期经验、准确预判等，无论是对内容、用户还是活动运营都大有裨益。具体来说，在运用数据进行行业洞察时需要注意以下四点。

6.3.1.1   用户分群

随着人们个性化需求越来越强烈，以往将产品作为一个整体来进行分析的方法已经不再适用。如今企业需要把目标人群按照不同需求、不同特征进行区分，然后差异化看不同人群的行为，进而对不同人群采取不同的分析，对用户进行精细化运营管理。

用户分群可以分成两种：明分群和暗分群。

明分群指的是分群规则和对应群体的运营策略都是公开的，目的是利用更高群体的优质服务来吸引用户进行升级。比如说会员体系，所有产品的会员规则和每一个级别的会员优惠都是明确公开的，商家通过使用更优质的服务来吸引用户不断升级会员等级。

相反，暗分群指的是分群规则和对应的运营策略都是不透明的，用户并不知道自己被分到了什么群体。比如价格歧视策略，也就是大数据杀熟。

进行用户分群一般采用用户价值区隔分层、用户身份区隔、用户需求区隔、RFM 模型和 AARRR 模型等方法，此时就需要收集数据进行分析。以采用 RFM 模型为例，RFM 分别代表用户三种关键行为：R（Recency），距离最近一次交易，衡量用户的流失情况；F（Frequency），交易频次，衡量用户的忠诚度；M（Monetary），交易金额，衡量用户的贡献度。获得数据后，通过数据分析确定每个用户的 RFM 三个值的高低取值，可以将用户分为图 6-5 所示的八种情况。用户分群后只需要根据具体的业务情况和得到的分群，针对每一个分群制定特定的运营策略即可。值得注意的是，RFM 模型并不一定就是上述的含义，在不同领域可以是不同的定义，其核心逻辑是找出影响用户价值高低的关键行为，然后进行交叉分析和用户划分。

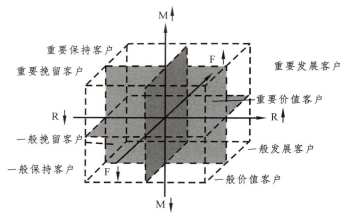

图 6-5　RFM 模型用户分群的八种情况

6.3.1.2　随需分析

以前的分析工具提供的是固定的统计结果，比如在讨论流量的时候，会关注 DAU（日活跃用户数量，Daily Active User）、MAU（月均活跃用户，monthly）统计数据。但光看固定的数据还远远不够，产品应该根据业务特征定制各种各样的分析模型，要能够灵活地设计分析路径。互联网时代，企业需要的是随时随地通过实时分析展现分析结果，积极响应用户变化。

例如在推广新产品时进行的媒体广告投放，对其进行实时分析通过点击率、转化率等指标可以知道用户对该广告的看法，能够及时对广告内容进行改进，减少无用的成本投入却能增强广告的推广作用。根据用户不同属性、需求以及用户关系变化的不同阶段，配合输出不同的内容。并对这部分进行关键动作的设计，对企业的新媒体运营来说事半功倍。

6.3.1.3　全景画像

对用户的描述一直追求的是了解产品的用户特征。以前运营工具提供的只是用户的基础特征以及用户在自己应用产品内的行为特征。但是，对于用户离开产品之后在其他场景下，他的行为特征和用户特征到底是什么样，很难有工具能够提供。这就需要用到外部数据。第三方数据能够帮助企业和产品了解它的用户在整个互联网情况下的各个场景下的行为特征，从而能够更好地描绘用户的具体生活形态。

矩阵能发挥协同效应，跨平台整合可以利用各个平台的特点发挥 1+1>2 的效果。跨平台整合分为以下两方面：第一是联动内部资源，比如新品发布后，要在矩阵内所有的媒体平台同步发布消息，以最大化利用自有资源。此时可能会出现有些平台的账号并不在自己部门内的情况，如企业文化的账号可能在行政部门，某些地区类账号在相应的地区运营。这时候就需要发起联动，一起进行资源整合。第二是联动外部资源，比如召开发布会、让外界的 KOL 写稿推荐等，因此平时就需要注意积累人脉和资源，以便在关键的时候进行整合。

6.3.1.4　诊疗结合

数据结果不能只停留在一个数据结果上面，不能只是策略支持，还要能够针对不同的分析结果，参与到具体运营、参与到用户的触达和维护上，形成"你有病—我有药—我能治"的逻辑，所以诊疗结合是精细化运营工具又一个核心能力。通过不同手段、不同途径去触达用户，这也是对数据分析的功能要求。

数据为王的时代，获得数据就掌握了一笔巨大的财富，如何利用数字化手段撬动数据，发挥其最大化的价值是核心，但也不能忘记，数据背后是人，数据为王的同时还要以人为本，懂得分析人们变化的需求。

6.3.2 创意为王——病毒式传播打爆声量

6.3.2.1 形式：品牌造"梗"

对于长期沉浸虚拟网络世界中的年轻人来说，玩"梗"似乎已经成为沟通暗号，这类带有社交属性的"梗"，能够催发网友们的自发推荐传播，引起全民狂欢，这就是社交流量节节攀升的原因之一。品牌营销恰恰需要这种"自我裂变式"的传播，表达品牌态度，传递品牌价值，以获得认同和喜爱。对于品牌而言，玩"梗"容易，造"梗"不易，如何造"梗"引爆社交媒体确需深思。

品牌造"梗"并不一定局限于自身，有时候联系外在的事物，反而能够产生奇妙的化学反应，"谐音梗"便是其中一种。单纯的品牌名称在社交平台并不出彩，没有话题度，但是如果能够挖掘出能与品牌或产品产生联想关系的明星，借助明星个人"梗"，也是不错的方式。例如霸王洗发水主打防脱发，品牌方邀请"每一根毛发都不容易"的歌手毛不易，在脱发这个问题上"霸王懂你防脱不易"。网友参与"梗"式传播，自发在各自社群讨论，在逗趣之余加深了对霸王防脱功效的印象，形成品牌独特的记忆点。

6.3.2.2 表达：生产爆款

断言、重复、传染，勒庞在《乌合之众》中提到这三大传播手段，其中的"重复"被广告业广为使用。无论早期的脑白金、后续的王老吉还是新近的 BOSS 直聘，都将这一技巧运用得淋漓尽致。蜜雪冰城同样使用了这一技巧，将旋律采用公共版权作品 Oh! Susanna 的主题曲在各大门店反复播放。虽然同样采用了重复，但蜜雪冰城有两点不同：第一，其他品牌采用饱和攻击的广告投放策略，铺天盖地的露出强制形成重复效果。但蜜雪冰城拥有万家门店，再加上它对抖音、B 站等线上渠道的善用，降低了该类成本。第二，蜜雪冰城采用的旋律具有受众基础，这让它直接跨过冷启动阶段，天然具有传唱优势。大多数人小时候就对 Oh! Susanna 有印象，比如通过游乐场摇摇椅或者小学音乐课的学习，朗朗上口的旋律为它成为爆款推波助澜。

如果梳理爆款歌曲在抖音上的崛起路径，便可以发现这样的规律：它们普遍沿着"造梗—爆梗—接梗—引发潮流—流量收割"这一路径。蜜雪冰城这个案例几乎就与这条路径契合：

第一步（造梗），旋律的洗脑性和歌词的重复性自带社交传播点。

第二步（爆梗），在经过万家门店长达一年的歌曲播放后，团队在 5 月底发现一条与主题曲有关的 UGC 内容播放量超过 10 万，认定再次线上推广的时机成熟。

第三步（接梗），通过邀请抖音 KOL 二次创作，推动各国语言、各种方言、京剧、电音等更多版本的出现。在 PGC 内容之外，持续通过 UGC 内容维持甚至拉抬热度。

第四步（引发潮流）：通过为曝光量不高的 UGC 内容投放 DOU+（面向 C 端的广告服务）、加热等手段推升热度，形成广泛讨论，由此刺激更多创作者生成衍生话题。

第五步（流量收割）：围绕主题曲的话题生态已经形成飞轮效应，具备了自驱动的特点，企业在较低成本下持续收割大规模流量。从单纯依靠 PGC 单向硬推，到持续吸引更多 UGC 内容自发涌入，蜜雪冰城从 2020 年到 2021 年的运营策略的变化最终导向了不同的结果。

6.3.3　策略为王——精准收割促进生意落地

在早前，营销人习惯使用的是 4A（Awareness 了解、Attitude 态度、Action 行动、Again 复购）线性漏斗模型。移动互联网及社会化媒体的日渐成熟已经极大地并将持续改变消费者的生活形态，由此也促使营销传播迈进了全新时代。新营销时代中最大的特征，除了从以商品为主导的卖方市场逐渐转向以消费需求为主导的买方市场外，消费者的决策过程也呈现出前所未有的跳跃和碎片化。营销理论从 4A 向 5A（Aware 了解、Appeal 吸引、Ask 问询、Act 行动、Advocate 推荐）的演变也正由此而来：以消费者为中心视角系统性地还原需求的产生、发展及转化的路径和过程。

6.3.3.1　流量蓄水，打爆声量

随着各平台流量红利的消退，获客难度持续提升，品牌最大的焦虑莫过于业务的增长。一些企业开始尝试将用户拉进社群，希望建立长效连接，来解决流量问题，也就是私域流量。但私域只能做存量，公域流量又太昂贵。这时就需要回归到交易的本质：建立信任。

品牌是由信任累积起来的集合体。相对于品牌广告而言，素人的真实购买感受或者综合对比后的心得经验更能让人信服。因此与合适的优质素人建立连接，是品牌打造有效流量的新增长点。企业的关注核心应聚焦在以下几点：识别谁是适合你的优质素人，与素人协作共创优质内容，追踪数据并持续优化效果。

6.3.3.2　深耕内容，坚持品牌长效经营

流量红利的本质是注意力的大规模迁移。短视频和直播内容形态的出现，使得品牌能够以更高效的方式让消费者全方位感受产品的功能和使用价值，拉近消费者与品牌的距离，实现即时快速转化。进阶型新消费人群的出现，让产品内容化成为品牌核心能力。典型的进阶型消费人群是从小白型用户向专业产品转型的消费者，他们有了商品需求后急需专业化内容的引导，因而他们更愿意通过内容被"种草"，以缩短购买决策链路。

从短期新品的流行带动长期新品牌的经营。如今的新消费品牌，如元气森林、Ubras 等，其成功秘诀无不指向品牌的长期经营主义。尽管他们在短时间内依靠一两个爆款获得先发优势，但仅凭此并不能使他们站稳市场。在新消费大爆发的背景下，这些品牌深刻理解产品差异化和品牌价值塑造的重要性。元气森林称自己为"专注于年轻一代健康好喝的饮料"，Ubras 赋予自己"犹如人体第二层肌肤"的独特表达。这些与众不同的品牌从一开始便知晓，爆款系列只是支撑品牌存活的载体，通过品类创新延展塑造品牌价值和经营是维持长久发展的内核。

6.3.4　场景为王——人、货、场推动流量变现

百度连接人与信息，京东连接人与商品，美团连接人与本地生活服务，微信连接人与人。

那么，连接之后呢？共享或者分享？谁帮助流量变现，谁又生成新的流量？答案是：无论实物、信息、视频抑或图文，打动人心的场景成了商业的胜负手。

6.3.4.1 从"人找货"到"货找人"：主体转换重塑消费行为

内容场与电商场的相互叠加从本质上转变了传统电商购物过程中"人找货"的购物流程。在线上购物的过程中，购物的主体由货回归到人本身。用户对平台的使用可以是有目的性的购物，也可以是无目的性的消遣。将消费者线下"逛"商场的场景重现于互联网电商及内容平台，大大增加了电商平台的使用契机和时长。

购物的主体变化使得用户获取商品信息的方式发生改变，在让未产生消费意愿的潜在消费者为商品驻足停留，进而产生购买欲望、做出购买决策的过程中，优质的平台内容发挥了巨大的作用。无论是抖音火出圈的"佰草集延禧宫正传"直播间中情景剧的直播展演形式，还是"爱福龙须糖"中主播有问必答的相声式互动形式，都在很大程度上提升了用户的代入感和沉浸感，能够有效提高留存率和购物转化率。

与此同时，市场中的商品借助大数据算法，可以基于用户的兴趣爱好和浏览行为展开进一步的个性化推荐和精准信息服务，从原来只能被人挑选的被动处境变为主动出击。在提高消费转化率的同时，优化了消费者的购物体验。

6.3.4.2 从"品牌逻辑"到"产品逻辑"

消费逻辑转变带来消费去品牌化，当前平台中涌现了许多进行专业化内容输出的 KOL 群体，例如抖音科普测评的博主@老爸测评、美妆产品测评博主@阿蓝很温柔。在电商直播中主播会在视频中向观众进行产品的数据、成分等专业化内容讲解。内容专业化带来的全民知识普及使得消费者对于品质的重视程度越来越高，品牌在消费者进行购买决策时的影响力被大大削弱。

去品牌化的消费趋势对大牌来讲是一次重大的冲击和考验，但对于物美价廉的产品而言，却是一种机遇。因此，内容与电商融合大潮之下，高性价比的产品才是获得消费者青睐的终极法宝。商家应该回归产品本身，坚定不移地相信"产品才是硬道理"，不断提升优化产品与服务品质。在进行产品的内容推广时，多运用消费者已经熟知的专业名词、可量化的数字等有助于表现产品质量且易于观众理解的元素进行内容产出与传播，对症下药满足受众对内容的需求。

6.3.4.3 从"单一"到"多元"

在传统电商时期，消费者的线上消费行为往往通过电商平台这个单一渠道完成，而随着内容场与电商场的不断融合叠加，多触点的媒体接入为消费者提供了多元的消费场景。无论是淘宝、京东等电商平台，还是微博、抖音等内容平台，都能够为用户对接个性化的购物场景。不过商家在不同平台进行内容传播时，也应考虑到平台的调性，如在抖音的兴趣电商中，内容展示的形式就更加生动、真实、多元化。而快手的电商内容对接更为下沉的用户市场，场景就更加接地气和生活化。因此，商家在进行内容创作时要顺应当前富媒介的发展现状，有针对性地进行内容推广。

在互联网发展的下半场，行业竞争已经进入了流量、供应链、运营模式等方面的综合较量，也就是生态型竞争。而生态竞争，归根到底就是用户注意力的争夺。在这种互联网生态中，专注于单一的电商或内容平台已不能顺应互联网革新和消费者需求升级的趋势。此时，争论电商和内容平台"何者为王"已不合时宜，二者并非单向选择，而是双向奔赴。

 **课后作业**

1. 说明新媒体数据运营的路径。
2. 举例说明你认为成功的品牌公关，并说明为什么。
3. 解释自媒体营销金字塔模型的定义。
4. 举例说明 KOC 和 KOL 在不同营销场景中的价值。

7 网络广告运营

学习目标

➢ 了解网络广告的主要形式

➢ 了解网络广告不同形式的特点

➢ 了解网络广告不同形式的营销价值

➢ 了解如何评价各种不同形式的网络广告的效果

推荐阅读

➢ 公众号"4A 广告门"《〈2022 中国广告主营销趋势调查〉报告》（2022-08-15）

网络广告在数字营销内容体系中具有不可替代的作用。网络广告不仅是数字营销诞生的标志，也是最常见、最活跃的数字营销方法之一。网络广告涉及的内容非常广泛，如网络广告设计、网络媒体投放策略、网络广告效果监测等。网络广告本身自成体系，成为数字营销体系中一个相对完整的分支。近年来由于手机广告的快速发展，出现了更多网络广告形式，使得网络广告的内容更为丰富，在为网络广告投放增加新选择的同时，也增加了网络广告管理的复杂性。

7.1 网络广告的主要内容和营销价值

7.1.1 网络广告的主要内容

从全球第一个标准 BANNER 网络广告出现至今已经有 20 多年的历史，网络广告的形式发生了巨大的变化。这 20 多年是互联网经济最为活跃、日益成为经济和社会主流的高速发展阶段，网络广告则在互联网行业一直发挥着举足轻重的影响。美国的互联网经济是全球网络经济的航向标，网络广告领域也不例外，因此了解美国网络广告的发展状况，也就在很大程度上了解了全球网络广告的整体发展状况。

广义地讲，网络广告是在互联网上发布的所有以广告宣传为目的的信息，如基于网页显示的各种图片和 Rich Media 格式的广告、电子邮件广告、搜索引擎广告等。为了对网络广告进行深入研究，有必要对网络广告的形式进行分类。

IAB[①]（Internet Advertising Bureau，美国互联网广告署）每季度及每年度发布有关美国网络广告市场的收入规模和各种网络广告形式所占份额的报告，其中的网络广告形式也成为分类的主要参考依据。以下根据 IAB 从 2000 年之后发布的报告整理出各年度不同类别的网络广告形式（见表 7-1）。

表 7-1　各年度不同类别的网络广告形式

年　度	网络广告形式
2000	旗帜广告（Banners）、赞助式广告（Sponsorships）、分类广告（Classifieds）、推荐式广告（Referrals）、插播式广告（Interstitials）、邮件广告（Email）、富媒体广告（Rich Media）、关键词广告（Keyword Search）、其他形式（Others）等九种形式
2001	旗帜广告、赞助式广告、分类广告、推荐式广告、插播式广告、邮件广告、富媒体广告、关键词广告、上架费（占位费）（Slotting Fees）等九种形式。 注：2001 年将上架费广告替换了 2000 年的其他形式广告
2002	同 2001 年
2003	展示性广告（DisplayAds）、赞助式广告、分类广告、推荐式广告、插播式广告、邮件广告、富媒体广告、关键词广告、上架费（占位费）（Slotting Fees）等九种形式。 注：2003 年 IAB 将旗帜广告（Banners）的概念替换为展示性广告（Display Ads）概念
2004	展示性广告、赞助式广告、分类广告、推荐式广告、邮件广告、富媒体广告、搜索引擎广告（Search）、上架费（占位费）等八种形式。 注：2004 年 IAB 将关键词广告（Keyword Search）概念替换为搜索引擎广告（Search）；此外，对比 2003 年数据，IAB 将插播式广告归入富媒体广告概念，因此网络广告形式由九类减少为八类

① 2001 年年初更名为交互广告署 Interactive Advertising Bureau。

续表

年 度	网络广告形式
2005	展示类广告（Display Related）、分类广告、引导/推荐式广告（Lead Generation/Refferals）、邮件广告、搜索引擎广告等五种形式。 注：2005 年的展示类广告概念包括了 2004 年展示广告、富媒体广告、赞助式广告以及上架费广告等四种形式的概念；而 2005 年的推荐式广告加入（Lead Generation）强调这部分广告收入统计来源于广告客户因为网络广告而获得回报而支付的网络广告费用
2006	展示性广告（Display Ads）、赞助式广告、分类广告、引导广告（Lead Generation）、邮件广告、富媒体广告、搜索引擎广告等七种形式。 注：2006 年 IAB 又将展示类广告（Display Related）和展示广告（Display Ads）的概念重新进行了替换
2007	展示性广告（DisplayAds）、赞助式广告、分类广告、引导广告、邮件广告、富媒体广告、搜索引擎广告、数字视频广告（Digital Video）等八种形式。 注：2007 年 IAB 新增加了数字视频广告形式
2008	标志广告（BannerAds）、赞助式广告、分类广告、引导广告、邮件广告、富媒体广告、搜索引擎广告、数字视频广告等八种形式。 注：2008 年 IAB 将展示广告（Display Ads）替换为了标志广告（Banner Ads）
2009	展示性/标志广告（Display/Banner Ads）、赞助式广告、分类广告、引导广告、邮件广告、富媒体广告、搜索引擎广告、数字视频广告等八种形式。 注：2009 年用展示性/旗帜广告替换了 2008 年标志广告形式
2010	同 2009 年
2011	搜索引擎广告（Search）、展示类/旗帜广告（Display/Banner）、分类广告（Classifieds）、数字视频广告（Digital Video）、引导广告（Lead Generation）、手机广告（Mobile）、富媒体广告（Rich Media）、赞助式广告（Sponsorship）、邮件广告（Email）。 注：2011 年首次引入手机广告形式
2012	搜索引擎广告（Search）、展示类/旗帜广告（Display/ Banner）、分类广告（Classifieds）、手机广告（Mobile）、数字视频广告（Digital Video）、引导广告（Lead Generation）、富媒体广告（RichMedia）、赞助式广告（Sponsorship）、邮件广告（Email） 注：广告形式同 2011 年，但市场份额排序有所变化，手机广告份额上升
2013	搜索引擎广告（Search）、展示类/旗帜广告（Display/Banner）、手机广告（Mobile）、数字视频广告（Digital Video）、分类广告（Classifieds）、引导广告（Lead Generation）、富媒体广告（RichMedia）、赞助式广告（Sponsorship）。 注：与 2011 年相比，广告形式减少了邮件广告。手机广告市场份额继续上升到第三位，分类广告下降到第五位
2014	搜索引擎广告（Search）、手机广告（Mobile）、展示类/旗帜广告（Display/Banner）、数字视频广告（Digital Video）、分类广告（Classifieds）、引导广告（Lead Generation）、富媒体广告（RichMedia）、赞助式广告（Sponsorship）。 注：与 2013 年相比，手机广告市场份额继续上升到第二位，首次超过展示类广告份额

续表

年　　度	网络广告形式
2015	广告格式同 2014 年。显著变化是，2015 年全年手机广告市场份额（25%）与搜索引擎广告（38%）的差距在缩小，而在 2015 年第四季度则已超出：手机广告占 35%，搜索引擎广告占 34%。在手机广告形式中，展示类广告占 53%，搜索广告占 43%，其他类型占 4%
2016	根据一般规律，IAB 于 2017 年 4 月发布 2016 年全年网络广告收入报告。手机广告市场份额大幅超过搜索广告已成为必然
2017	相比于之前的广告格式，2017 年增加了社交媒体广告（Social Media）。相较于 2016 年，2017 年搜索广告的收入占比有了一定程度的降低，由 48% 降低至 46%。视频广告的收入占比有所提升，由 12% 提升至 14%
2018	广告格式同 2017 年。相比于 2017 年移动端广告与桌面端广告占比差距较小的情况，2018 年移动端广告比重迅速提高，随之带来桌面端广告占比有了一定程度的下降
2019	广告格式同上。值得注意的是在 2019 年网络视频广告增速最快（28.3%）。但总的来说，搜索引擎广告依旧是市场份额占比最大的一种广告形式（44%），展示类广告次之（31%）

表 7-1 中的有关资料表明，2007 年到 2011 年，IAB 将网络广告的形式主要划分为八种，仅仅在是否为展示性广告（Display Ads）、旗帜广告（Banner Ads）以及展示性/旗帜广告（Display/Banner Ads）有一些区别（为了了解这些常见广告形式的发展趋势，我们将这些近年名称不太一致的 Display/Banner Ads 统一称为"展示性广告"），这些也是比较成熟的网络广告形式。2011 年开始，手机广告快速发展，在 2011 年的网络广告收入报告中 IAB 首次引入了手机广告形式（报告发布日期为 2012 年 4 月），手机广告的市场份额逐年扩大，2014 年已超过展示类广告份额，占据继搜索引擎广告之后的第二位。到 2013 年，由于邮件广告收入市场份额过小，首次从主要网络广告形式中淡出。

从上述信息也可以看出，随着互联网应用的发展，网络广告的形式及定义也一直在演变。可以预计，随着互联网应用的发展，一些新的网络广告形式仍将不断出现。

根据 IAB 的分类方式，目前常用的网络广告形式包括九个类别：展示性广告、赞助式广告、分类广告、引导广告、电子邮件广告、富媒体广告、搜索引擎广告、数字视频广告和手机广告，如表 7-2 所示。截至 2020 年，市场份额前三位的网络广告格式是电商广告、信息流广告、搜索广告。除了这些基本形式之外，网络广告还有更多的新形式或概念，如社会化媒体广告、原生广告[①]、植入广告、游戏广告、App 广告、自媒体广告等。

表 7-2　主要网络广告形式及其特点

形　　式	网络广告的作用及特点
展示性广告	在网页上以静态或者超链接的方式展示企业广告内容或者企业形象的网络广告形式。该广告形式出现最早，是互联网最传统而且多年来一直具有较高市场份额的网络广告形式，其主要作用在于提升企业品牌形象和企业品牌认知度

---

① 原生广告（Mative Advertising）概念诞生于 2012 年。顾名思义，原生广告是天生的、本地化的一种广告形式，简单来说就是网络媒体、内容与广告的相互融合。广告也成为网络媒体中有价值的内容的一部分。

续表

形　式	网络广告的作用及特点
赞助式广告	赞助式广告的形式多种多样，如内容赞助、节目赞助、节日赞助以及活动赞助等。该广告形式主要是为了提高企业形象或者扩大产品知名度
分类广告	一般分类广告都放置在专业的分类广告网站或者是综合性网站开设的相关频道或栏目，主要借助平台的大流量吸引更多消费者关注企业。由于网络分类广告按照主题归类，消费者可以自主选择感兴趣的主题，因此不容易在心理上让消费者排斥
引导广告	在 IAB 的统计中，主要指广告服务商向广告客户提供和广告客户相关的客户购物查询要求或者向广告客户提供了消费者的信息（如地理位置、联系方式以及行为方式）。这部分网络广告收入一般以消费者的行为如消费者应用、浏览、参与（如抽奖）或者注册作为广告客户支付广告服务商费用的依据。因此该广告形式对投资回报率 ROI 高的企业比较有吸引力
电子邮件广告	利用企业的客户电子邮件资源或者第三方电子邮件列表，将各种形式的广告以直接发送广告邮件或者将广告内容搭载进新闻邮件、订阅期刊或者以软件升级等形式发送给邮件所属人。该广告形式针对性较强，费用低廉，广告内容可以个性化定制。近年来即时信息及 SNS（社交网络服务）对邮件使用率有一定影响，使得邮件广告份额越来越低
富媒体广告	Rich Media 并不是一种具体的媒体形式，而是指具有动画、声音、视频或交互性的信息传播方法，包含下列常见的形式之一或者几种的组合：流媒体、声音、Flash，以及 Java、JavaScript、DHTML 等程序设计语言。富媒体可应用于各种网络服务中，如网站设计、电子邮件、BANNER、BUTTON、弹出式广告、插播式广告等。富媒体在多样性和互动性等方面也有显著的优势。因此富媒体广告的点击率明显比其他网络广告形式的点击率高
搜索引擎广告	在 IAB 的统计中，搜索引擎广告包括了关键词广告和网站优化两个方面的内容。由于搜索引擎广告是在客户进行搜索行为时依据客户的个性化搜索需求显示的网络广告，不仅广告的针对性显著且广告转化率也相对其他网络广告形式明显，被业界认为是性价比较高的网络广告形式之一。因此该网络广告形式近年来一直占据网络广告市场的主要地位
数字视频广告	数字视频广告采用数码技术将广告以视频的形式展现在互联网上，可以是在网页上投放的视频广告也可以是在网络视频分享网站等多种流媒体上投放的视频广告。由于该广告表现形式新颖且感官冲击力强，内容丰富，互动性强，实时信息更新快等优点不仅带给客户记忆深刻的新奇体验，也可显著提高客户的眼球吸引力和心理占有率
手机广告	手机广告并非单一的广告形式，而是包括了所有适合在手机上展示/播放的网络广告，包括：BANNER 广告、数字视频广告、数字音频广告、赞助式广告、富媒体广告、搜索引擎广告等。手机广告中社会化媒体广告（如 Meta）微博广告等占比较高

7.1.2　网络广告的营销价值

IAB 提到了企业选择交互广告的 28 个理由，其中包括增加品牌认知和顾客忠诚、帮助建立用户数据库、对多种广告活动和价格模式进行测试和调研、跟踪分析顾客的兴趣及其变化趋势、为网站带来访问量、为销售场所带来顾客、为同一公司其他品牌的产品开展交叉销售、开发用户数据库、提供和改善顾客服务、优化广告投放效率、提高企业招聘员工的效率和质量等。

从网络广告对数字营销职能产生的效果来看，网络广告的数字营销价值可归纳为六个方面。

1. 品牌推广

在所有的数字营销方法中，网络广告的品牌推广价值最为显著，是增加企业信息网络可见度及网络可信度最直接的方法之一。同时网络广告丰富的表现手段也为更好地展示产品信息和企业形象提供了必要条件。

多家机构的网络广告研究都得出相似的结论：无论是在快速消费品行业（如洗发水）还是在耐用品行业（如汽车），企业投放的网络广告（如网页展示类广告及搜索引擎关键词广告等），其网络价值不仅仅在于吸引用户点击、促进销售，同时对于增加用户的品牌认知也有明显效果。

2. 网站推广

网站推广是数字营销的主要职能，获得尽可能多的有效访问量是数字营销取得成效的基础。网络广告对于网站推广的作用非常明显，通常出现在网络广告中的"点击这里"按钮就是对网站推广最好的支持。网络广告通常会链接到相关的产品页面或网站首页，用户对于网络广告的每次点击，都意味着为网站带来了访问量的增加。因此，常见的网络广告形式对于网站推广都具有明显的效果，尤其是关键词广告、BANNER广告、Email广告等。

3. 销售促进

各种形式的网络广告吸引已成为影响用户购买行为的因素之一，尤其当网络广告与企业网站、网上商城等数字营销手段相结合时，这种产品促销活动的效果更为显著。网络广告对于销售的促进作用不仅表现在直接的在线销售，也表现在通过互联网获取产品信息后对线下销售的促进。也正因为如此，每当圣诞、新年等购物高峰季节临近，商家的广告大战就特别激烈，发布在第三方网络媒体的广告量比平时有显著增加。

4. 在线调研

在促销和品牌展示之外，网络广告还可以用于营销支持，在线调研就是比较常见的方式之一。网络广告对于在线调研的应用可以表现在多个方面，如对消费者行为的研究、对在线调查问卷的推广、对各种网络广告形式和广告效果的测试、用户对新产品的看法等。通过专业服务商的邮件列表开展在线调查，可以迅速获得特定用户群体的反馈信息，大大提高市场调查的效率。通过搜索引擎关键词广告的对比分析，则可以分析各种用户的搜索行为。

随着网络广告的深入发展，传统的广告形式发生了很大变化，内容与广告结合日益紧密，内容即广告，广告即内容，这也使得传统网络广告的价值发生变化。从数字营销运营管理的角度来看，广告丰富了网站的内容，也为用户带来了新的阅读和分享体验，通过用户分享广告信息创造价值，形成企业、网络媒体、用户及社交圈之间一种新型的信息与价值传递体系。

例如，微信朋友圈的信息流广告往往为"跟广告的广告"[①]提供了机会。一些打车软件或

---

① 即在广告后面发布的评论中含有推广信息，用户的好友可以看到这些信息。

O2O 服务的网络推广信息，通过用户分享到社交网络得到广泛传播。事实上，部分网络广告也成为分享式数字营销的一种方式，网络广告的营销价值有待进一步挖掘和探索。

面对日新月异的网络广告形式我们不难看出，每一个新的时代都催生着不同的消费模式，带来广告形式的完善与革新。新冠疫情暴发以来，伴随着技术的高度发展与成熟运用以及人们生活习惯、消费行为的更新迭代，网络广告也随之获得新的发展机遇。我们除了享受时代赋予的新变化，还应该未雨绸缪，结合当前现状考虑未来网络广告形式应当朝着什么样的方向发展，我们又应该如何利用其营销价值来有效助力后疫情时代消费升级以及世界经济复苏。

7.2 网络广告形式简介

7.2.1 搜索引擎广告

7.2.1.1 搜索引擎广告及其表现形式

搜索引擎广告（SEA，Search engine advertising）是指广告主根据自己的产品或服务的内容、特点等，确定相关的关键词，撰写广告内容并自主定价投放的广告。当用户搜索到广告主投放的关键词时，相应的广告就会展示。关键词有多个用户购买时，根据竞价排名原则展示，并在用户点击后按照广告主对该关键词的出价收费，无点击不收费。

搜索引擎广告的表现形式包括了以下三种：

1. 竞价广告

这是一种由用户自主投放，自主管理，通过调整价格来进行排名，按照广告效果付费的新型网络广告形式。付费竞价广告分手动和自动，手动竞价是指自己设定点击价格，而自动竞价则是由广告主设定价格上限，系统将在价格上限之内自动调整点击价格，保证排名。

2. 关键词广告

关键词广告也称为"关键词检索"，简单来说就是当用户利用某一关键词进行检索，在检索结果页面会出现与该关键词相关的广告内容。由于关键词广告是在特定关键词检索时才出现在搜索结果页面的显著位置，所以其针对性非常高，被称为性价比较高的网络推广方式，近年来它已成为搜索引擎营销中发展最快的一种。

3. 地址栏搜索广告

地址栏搜索广告属于第三代的中文上网方式，用户无须记忆复杂的域名，直接在浏览器地址栏中输入中文名字，就能直达企业网站或者找到企业、产品信息，为企业带来更多的商业机会。用户在使用这种服务时，对要寻找的企业或产品往往更加明确和具体，所以投放这类广告，仅仅选择太过宽泛的关键词效果不一定理想，它的主要目标更多是为了抓住对企业已有一定知晓度的受众，目标更集中，覆盖的受众数量必然相对减少一些。

7.2.1.2 搜索引擎关键词广告的特点

关键词广告是目前应用最广泛的付费搜索引擎推广模式，这与关键词广告自身的特点密不可分。

1. 关键词广告效果"立竿见影"

搜索引擎是目前用户获取信息的主要渠道，只要投放了关键词广告，当用户搜索时，企业的推广信息会立刻出现在搜索结果页面，广告显效快，远比搜索引擎优化效果更为直接。而且由于广告展示在自然搜索结果前列，用户关注程度更高，对于竞争性激烈的行业，关键词广告的优势更为显著。与此同时，当购买了关键词广告服务之后，服务商会为广告用户提供一个管理入口，可以实时在线查看推广信息的展示、点击情况以及广告费用消费信息，对广告效果统计报告进行记录和分析、积累搜索引擎广告推广的经验和进一步提高推广效果具有积极意义。

2. 广告制作成本及推广费用相对较低

关键词竞价的形式比较简单，通常是文字内容，包括标题、摘要信息和网址等要素，关键词不需要复杂的广告设计，因此降低了广告设计制作成本。

按点击付费是搜索引擎关键词广告模式最大胆的特点之一，对于用户浏览而没有点击的信息，将不必为此支付费用，相对于传统展示类网页网络广告按照千人印象数收费的模式来说，更加符合广告用户的利益，使得网络推广费用相对较低，而且完全可以自行控制。因此搜索引擎广告成为各种规模的企业都可以利用的网络推广手段。

3. 关键词广告的用户定位程度较高

在自然检索结果中，搜索引擎收录的网页信息是网站运营人员无法自行确定的，最终用户出现在哪个网页无法自行选择，而关键词广告所链接的 URL 由广告主自行设定，可以引导用户前往任何一个期望的网页。关键词广告所链接的页面，通常被称为着陆页，即广告用户到达的第一个页面。并且由于关键词广告信息出现在用户检索页面，与用户获取信息的相关性较强，因而搜索引擎广告的定位程度高于其他形式的网络广告。而且，由于用户是主动检索并获取相应的信息，具有更强的主动性，符合数字营销用户决定营销规则的思想，属于绿色健康的数字营销模式。

4. 关键词广告形式简单，降低广告制作成本

关键词竞价的形式比较简单，通常是文字内容，包括标题、摘要信息和网址等要素。关键词不需要复杂的广告设计，因此降低了广告设计制作成本，使得小企业，小网站，甚至个人网站、网上店铺等都可以方便地利用关键词竞价方式进行推广。

5. 关键词广告投放及管理效率较高

关键词广告推广信息不仅形式简单，而且整个投放过程也非常快捷，大大提高了投放广告的效率。广告用户可以灵活自主地进行广告投放，包括广告投放的区域、时段、每天每月消费金额等。与其他广告模式相比，关键词广告管理更为有效，对广告展示内容的调整非常方便，可方便地修改广告标题、内容摘要、链接 URL 等信息。广告主也可以随时调整关键词的设计，例如，对于广告展示次数太低、每次点击费用太高的关键词，可以对其进行更换或者取消与之相联系的广告投放。

6. 关键词广告引导用户到达页面的针对性强

关键词广告所链接的页面，通常被称为着陆页，即广告用户到达的第一个页面。关键词广告所链接的 URL 由广告主自行设定，可以引导用户前往任何一个期望的网页，当然更加理想的方式是为广告设置一个专门的着陆页。在自然检索结果中，搜索引擎收录的网页信息是网站运营人员无法自行确定的，最终用户出现在哪个网页无法自行选择，因而这也是关键词广告针对性更强的一个原因所在。

7. 关键词广告是搜索引擎优化的补充

搜索引擎优化是网站基本要素优化的反映，它通常无法保证很多关键词都能在搜索引擎检索结果中获得好的排名优势，尤其当一个企业拥有多个产品线时，搜索引擎优化难以做到覆盖面很广，这时采用关键词广告推广是对搜索引擎自然检索推广的有效补充，综合利用关键词广告与搜索引擎优化更有利于提升搜索引擎营销的效果。

8. 关键词广告可增加数字营销竞争壁垒

搜索引擎营销的竞争是对搜索引擎可见度资源的竞争。利用关键词广告及搜索引擎优化的搜索引擎营销组合策略占据有限的搜索结果推广空间也是一种合理的网络竞争方式，有助于增加数字营销的竞争壁垒。

7.2.1.3 搜索引擎关键词广告排名的算法规则

关键词广告是当下应用最广泛的搜索引擎广告形式，但不是只要付费就能获得好的广告展示机会。争取在关键词广告中取得一个较高的排名，这对于广告传播效果起着至关重要的作用，而关键词广告的排名由算法规则来确定。

搜索引擎公司的关键词广告排名算法属于公司机密，而且不同公司的算法规则也存在差异，跟随时代和技术的发展，各种算法和规则也在不停地调整和改进。因此在这里只能根据一些公开信息对搜索引擎广告的算法进行推测。

根据一些网站的介绍，百度关键词广告的排名以综合排名指数（CRI）也就是出价×质量度[①]的结果作为衡量标准，一般情况下，综合排名指数越大，那么在搜索结果页面排名就越靠前。而用户每次点击的费用，都是由排名、出价和质量度这三种因素决定的，具体的计算方式有以下两种：① 关键词所有推广结果的最后一名，或者是唯一一个可以被展现的推广结果，那么点击的价格是这个关键词的最低展现价格。② 其他情况下，每次点击收费价格=（下一名出价×下一名质量度）/关键词质量度+0.01 元。由此可见，由于竞价关键词排名机制和价格计算公式之间的相互影响，就有可能会出现质量度高、出价低却排名靠前的情况。

7.2.1.4 搜索引擎关键词广告的投放策略

为了能让广告投放发挥最大的作用，优化搜索引擎关键词广告的投放策略就变得尤为重要，一般来说，实现广告投放策略效率的最大化可以从以下几个角度入手：

[①] 主要反映网民对参与百度推广的关键词以及关键词创意的认可程度。影响因素包括关键词的点击率、创意撰写质量（关键词和创意的相关性）以及账户表现（账户生效时间、账户内其他关键词的点击率）等。

1. 需要投放关键词广告的网站运营阶段

在网站发布初期，新产品发布并且希望得到快速推广时；在竞争激烈的领域进行推广时；当网站在搜索引擎自然检索结果效果不太理想时；希望对某些网页进行重点推广时。

2. 搜索引擎广告平台的选择

不同的搜索引擎有不同的用户群体特征，应当根据目标受众特征选择合理的搜索引擎组合。常见的搜索引擎广告平台有百度、谷歌、搜狗等。

3. 关键词的选择

一般来说，在网站上进行关键词投放时可以考虑以下三种策略：一是大词①策略，指的是选择产品的流量大词推广，直接推动产品在大词下面的排名提升，进而利用大词自然位置的提升来获取更多流量和订单的一种广告策略。二是长尾词②策略，与大词策略相反，该策略利用长尾词高转化的特性，筛选出和产品相关度高的产品，通过推动长尾词的排名提升，进而推动中等流量词和大词排名的提升。三是细分词策略，当推广的产品本身属于某一细分市场，并且这个细分市场流量中等或者中等偏下时，就导致推广时必须在细分类目抢占广告和自然排名。三种策略可以结合起来使用，以达到更好的效果，比较稳健的方案是核心词高价精准匹配+长尾词低价短语匹配+精准创意。在此基础上，还需挖掘大量长尾词，根据搜索引擎统计后台的关键词跳出率设定权重和预算来决定是否抢占更高的关键词排名，优化创意以保证核心词的点击率。

4. 广告文案以及广告着陆页面设计

着陆页与关键词的相关性是评估关键词广告价格的指标之一，着陆页对提高用户体验、增强广告效果具有重要意义。

5. 关键词广告预算控制

制定推广预算是任何一项付费推广活动必不可少的内容，关键词广告也不例外。如果广告词费用过高，可以通过降低每天的广告费用限额或者减少关键词等方式进行费用控制。

6. 关键词广告效果分析和控制

进行广告词效果分析，如果发现某个关键词点击率过低，那就有必要对这些关键词进行更换。服务商提供的关键词广告管理后台的各项数据是分析关键词广告的基础，这些指标包括每个关键词已经显示的次数和被点击的次数、点击率、关键词的当前价格、每天的点击次数和费用、累计费用等。

7.2.2 社会化媒体广告

7.2.2.1 社会化媒体广告的定义及特点

社会化网络媒体，简称社交媒体，是用户交流、分享、获取信息、发布个人观点及动态的网络平台，包括网站及手机 App 等多种形式，如 Twitter、新浪微博、微信、QQ 空间等。

---

① 指流量很大的类目词或者品类词或者带一个属性的词。
② 指网站上的非目标关键词但与目标关键词相关的也可以带来搜索流量的组合型关键词。

社会化媒体广告也称社交媒体广告或简称为社会化广告、社会广告或 SNS 广告，简单来说，就是在社会化网络媒体上投放的广告，是社会化数字营销的方式之一[①]。但 SNS 网站上的广告并非都属于社会化媒体广告（如在网页上展示的 BANNER 广告），只有当具备某些社会化的属性时才能被称为社会化广告，如利用用户粉丝资源自行发布的推广信息就不属于社会化广告的范畴。

IAB 于 2009 年 5 月对社会化广告的定义："社会化广告是一种融合了消费者同意展示及被分享的用户交互广告，在广告内容中有发布人的图像或用户名，使得用户可以与广告发布者产生交互。"这一定义的文字表达有些拗口，我们可以这么理解社会化广告定义所指出的基本属性，其中包含三个方面的含义：

（1）用户同意广告出现在个人的社交信息中（如微博信息流）。

（2）广告发布者也是一个社交媒体的"用户"，有发布人的明确信息，如头像或用户名。

（3）用户可以在社交网络中与广告发布者交互，如关注、转发、评论等。

从这些属性来看，目前的社会化网络服务中，在微博、微信朋友圈等 SNS 信息流中投放的广告属于社会化广告的范畴，而这些广告也被称为"原生广告"。不过原生广告的范围更广一些，并不限于 SNS 信息流广告，可简单理解为原生广告包含了社会化广告。

7.2.2.2　社会化媒体广告的形式

至于社会化广告的具体形式则比较个性化，如一段文字加网址链接、一个可以直接提交结果的小调查、一个图片、一段视频等，只要适合通过社交网络发布的内容，就可以成为社会化广告的具体形式。国内常见的社会化媒体广告有微博广告和抖音广告，国外常见的社会化媒体广告有 Meta 广告和 Twitter 广告。

1. 微博广告

以新浪微博为例，"微博推广"的社会化广告形式包括：

（1）粉丝头条：将你的最新动态、推广内容在第一时间触达粉丝，让他们打开微博一眼就能看到。

（2）粉丝通：微博推出的精准信息流广告，可以根据年龄、性别、地域以及兴趣等属性精准地投放广告。

（3）微任务：通过创意传播、微植入及组合传播等多种传播方式，实现企业品牌传播及活动推广，从而带来流量。

2. 微信朋友圈广告

微信朋友圈广告是一种基于微信公众号生态体系，以类似朋友的原创内容形式在用户朋友圈进行展示的原生广告。当前微信朋友圈广告主要有以下几种形式：

（1）图文广告：由五或六个部分的内容构成，包含广告主头像名称、外层文案、外层图片、文字链、用户社交互动等，本地推广图文广告还包括门店标识。

（2）视频广告：由五个部分的内容构成，包括外层文案、外层视频、文字链、用户社交互动，是品牌广告主常用的广告形式。

---

① 利用用户粉丝资源自行发布的推广信息不属于社会化广告的范畴。

（3）基础式卡片广告：卡片广告包括图文和视频两种形态，其文案在图片的下面，与朋友圈原创内容有一定的区别。

（4）选择式卡片广告：在卡片广告的基础上多了两个选择的按钮，更加利于受众互动，了解受众的意愿，体验更好。

（5）广告主互动广告：适用所有朋友圈广告形态，由三个部分构成，包含功能入口、用户@广告主评论、广告主回复。

3. 抖音广告

抖音 App 是由字节跳动孵化的一款音乐创意短视频社交软件。该软件于 2016 年 9 月 20 日上线，是一个面向全年龄的短视频社区平台。目前抖音的社会化广告有两种途径：

（1）选择平台做付费广告：抖音广告的投放在今日头条后台上，收费模式、价格及广告精准定向跟今日头条一致，只需要开通今日头条广告，就可以在广告后台自行设置投放。

（2）选择抖音红人进行合作推广：这是抖音比较常见的推广方式，通过选择与品牌定位相符的博主，将产品植入博主日常的视频中，获取其粉丝的关注，寻求最大的曝光。

4. Meta 广告

Meta 是大众化的社交媒体网络，拥有超过 20 亿活跃用户，超过全球四分之一的人口，为有广告需求的客户提供了前所未有的机会，几乎可以覆盖每个人。Meta 主要有七种不同的广告形式：

（1）图片：利用精彩的图片吸引用户访问目标网站或应用。

（2）视频：利用动态画面、声效体验生动地展示商品特点，并捕捉用户注意力。

（3）轮播广告：在单条广告中展示多达 10 个图片或视频，且每个图片或视频均可设置不同的链接。

（4）幻灯片广告：利用动态画面、声效体验和文本讲述精彩的品牌故事，适合在任何网速下播放。

（5）精品栏广告：借助精品栏广告格式，广告主能够以图像为载体打造沉浸式体验，让消费者能更轻松地通过移动设备发现、浏览和购买商品及服务。

（6）即时体验：即时体验是一种全屏幕点击体验，可以在移动设备上形象生动地呈现品牌、商品或服务。在即时体验中，用户可以观看极具吸引力的视频和照片、滑动浏览轮播图片、填写表单、快速查看商品，还可以探索被标记商品的生活类图片。即时体验支持几乎所有 Meta 广告格式，包括轮播广告、单图片广告、视频广告、幻灯片广告和精品栏广告。

（7）360 度全景视频：360 度无死角全景展现，让用户身临其境，感受品牌故事与各色场景。

5. Twitter 广告

Twitter 彻底改变了突发新闻的模式，为用户提供了无与伦比的访问渠道，让他们既可以与意向用户联系，也能与主流影响者联系。每月有 3.28 亿活跃用户，是最受欢迎的社交媒体平台之一。Twitter 的广告形式主要有四种：

（1）左侧热点话题广告：结合热点趋势对品牌或活动进行宣传推广，趋势话题由于覆盖面很广，因此价格也十分昂贵。

（2）中间信息流（feed）广告：网站推广、推文推荐广告、应用下载广告、视频广告、发

起消费调查

（3）右侧账户推荐。

（4）搜索结果广告。

社会化广告的收费模式也有多种形式，有按展示数量收费的，也有按效果收费的。例如，腾讯广点通广告的收费模式分为 CPC（点击计费，按照每次广告点击的价格计费）和 CPM（按照展示计费，广告每展现给 1000 个人所需花费的成本）两种。这也从一个侧面说明，无论网络广告的形式如何变化，网络广告的基础统计指标仍然是有效的，浏览数和点击数是网络广告效果评价的基础。不过作为一种用户互动性强的广告形式，广告主对社会化广告有更多的评价指标。例如，微博广告可在微博平台内部甚至用户个人页面之内完成广告的传播和转化，因此用户互动指标也就在一定程度上反映了广告的效果，包括获得用户关注（增加粉丝量）、用户参与微博活动（点赞、评论、转发、@更多好友）等。

总之，目前很难说社会化媒体广告已经形成哪些固定的模式，其发展规律还需要在发展中不断探索和总结。另外，除了微博、微信这些用户普及高的社会化媒体，其他社会化网络如开放式在线百科、在线问答、在线点评及本地生活社区类网站等也在不断推出各种广告形式。但不论广告形式如何，社会化广告的基础是对用户进行标识，也就是标签化用户。标识用户存在侵犯隐私的风险，但是能够让算法推荐更精准，从而使广告收益上升；反之，降低标识程度可以保护隐私，但算法推荐不精准，会导致广告收益下降。

2021 年 4 月末，苹果在 iOS 14.5 及后续版本中落实 IDFA（广告客户识别码，Identifier For Advertising）新规，大幅减少个性化广告，直接造成全球各大广告渠道投放效率大不如前。叠加通胀和经济下行压力，Meta、Twitter 等社交媒体 2021 年全年的广告收入都出现不同程度的下滑，甚至在悲观预期下大量裁员。在国内，针对用户隐私保护、数据安全的新法接连落地，也使抖音关闭了部分用户标签，影响了其算法推荐的精准度。

7.2.2.3　网络分类广告

全球最有影响力的分类广告网站 Craigslist，由 Craig Newmark 于 1995 年在美国旧金山湾区地带创立。该网站上没有图片，只有文字，涵盖的分类信息包括了求职招聘、房屋租赁买卖、二手产品交易、家政服务、地区活动指南、寻找相亲对象。

在中国，专业分类信息网站出现之前，大型门户网站（如新浪网）在 2001 年就已经推出了分类广告频道。当时数字营销人员常在网络社区中发布商业广告，不过社区并不欢迎大量的广告信息，在网络社区做广告如同打游击战般遮遮掩掩，而在分类广告区则可以光明正大地为产品/服务做宣传。对许多中小企业来说，充分利用网上免费的分类广告服务资源无疑是有吸引力的。

1. 网络分类广告的特点

1）简单实用

广告形式简单，通常为文字及图片信息，无需专业的网络广告设计人员，也无需太多的专业知识，一般电脑或手机上网用户都可以操作，是一种简单实用的网络推广方法。

2）信息集中

一个分类清晰的分类广告网站，每一类下面都可能集中大量同类信息，为用户选择提供了便利，查看分类广告的人一般对信息有一定的主动需求，意向明确，这也是分类广告的优势所在。

3）沟通及交易便捷

与 BANNER 广告或搜索引擎广告相比，分类广告可以承载更多的信息，商品的详细描述及商家的联系方式，甚至是在线订购均可在一个网站或一个网页内完成，用户通过一个网页浏览即可获取全部信息甚至完成沟通及交易。

2. 网络分类广告的发布途径

网络分类广告常见的信息发布途径有专业的分类广告服务网站、综合性网站开设的相关频道和栏目、网上企业黄页、部分行业网站和 B2B 网站的信息发布区、网上跳蚤市场、部分网络社区的广告发布区等。一般来说，专业性的分类网站通常功能比较完善，分类也比较全面，用户很容易在适合自己产品的类别下发布广告。同样，用户查找信息也比较方便，从而保证了分类广告信息的效果。综合性网站的分类广告栏目可以从众多的网站访问者中吸引一部分人的注意，行业网站和 B2B 综合网站则容易直接引起买卖双方的关注，广告效果甚至略胜一筹。

根据美国民意调查机构（Pew Internet & American Life Project，皮尤互联网和美国生活项目）和网络流量监测公司（ComScore Networks）的调查数据，2005 年是在线专业网上分类广告网站访问量增长最快的阶段，后期由于社交网络及其他网络信息发布方式的出现，网络分类广告所占市场份额逐渐降低。

3. 分类广告在数字营销中的应用

分类广告不仅适用于个人发布供求信息，也适合被小型企业、本地服务业、商品批发、中介公司等作为数字营销信息发布渠道。分类广告的应用比较简单，与 B2B 电子商务平台大致类似。不同的分类广告网站有自己的功能和特点，从总体流程及运营思路方面，具有可遵循的一般规律。利用分类广告开展网络推广的过程可分为以下三个阶段。

1）分类广告信息准备与发布

选择分类网站平台，注册账号或用网站提供的第三方账号登录，然后在正确的类别发布信息即可，通常可以提前准备好要发布的产品或服务介绍，包括标题、内容提要、细节的图片和详细介绍等。需要说明的是，信息标题及细节图片等对于用户了解信息及确定购买意向具有非常重要的作用，应尽可能提供用户关心的要素。例如，用户在站内搜索信息时，是否含有丰富及精准关键词的标题直接关系到该信息是否可以出现在搜索结果中以及用户对其的关注程度。

2）分类广告信息推广——站内可见度

发布了分类信息并不意味着网络推广的结束，如果将分类广告作为一种常规的网络推广手段，信息发布仅仅是推广的开始。因为在同一个网站平台上，可能集中了大量的相关信息，如在搬家服务的页面，大量的搬家公司在发布类似的推广信息，而分类信息页面承载的信息量有限，很多信息可能被淹没了，无法被用户发现。为了提高信息的站内可见度，可以从内容优化及站内付费推广两个方面考虑。

一是内容优化：与网页内容的搜索引擎优化思路一样，做好标题及内容相关性的设计，使得用户在站内搜索时获得展现的机会。

二是付费推广：站内推广是分类广告平台的主要收益模式之一，如国内专业的分类广告平台58同城提供了多种站内推广方式，包括智能推广、精准推广、置顶推广、品牌推广等。支付一定的费用，获得更多的曝光机会和专业服务，或许是提高分类广告效果的捷径。

3. 分类广告管理与效果分析

专业的分类广告网站为用户提供了信息发布、推广、交易撮合、效果分析等一系列基础功能，为分类广告投放及管理带来了方便。对已发布信息的用户浏览、沟通等统计数据进行分析，结合信息的可见度，不断优化信息内容及推广方案，有利于最大限度地发挥网络分类广告的价值。

在现实社会中，任何一种广告类型都包含很多细小的分类和复杂的内容，每一次营销活动都不仅仅是某一种广告形式或营销工具的使用过程，而且是多种工具与形式的有机结合。

7.2.3 其 他

7.2.3.1 电商平台网络广告

电子商务平台是国内企业开展网上销售的主要渠道之一，淘宝、天猫、京东商城、拼多多、苏宁等电商平台对国内企业开展网上销售发挥了非常重要的作用，在电商平台进行付费推广（广告）也就成为企业扩大站内信息可见度从而获得顾客的重要手段。一般来说，电商平台网络广告具有以下特点。

1. 高效率的广告投放

平台广告媒体属于内部资源，广告主是平台入驻的商家。电商平台网络广告作为一项延伸服务，商家无须从第三方购买广告媒体资源，站内投放及管理更便捷高效，可获得快速推广效果。

2. 全信息广告流程

通过站内广告链接，用户点击后可直达商家商品页面或促销页面，无须制作专用的广告着陆页即可展示完整的产品信息并直接订购，在平台内部完成从推广到购买的整个流程，因此电商平台内部广告可被认为是信息量最大的网络广告形式，同时由于广告效果与销售直接关联，数据分析更有说服力。

3. 平台广告的原生属性

当用户浏览电商网站的产品页面或搜索结果页面，网站内容与广告内容都属于相关产品，两者共同组成了用户所浏览的网页内容。广告具有明显的原生属性，为用户获取相关产品信息提供了方便，更容易被用户接受。

与搜索引擎广告相比，电商平台网络广告也有类似之处：用户的自然搜索或浏览相当于搜索引擎营销中的搜索引擎优化，而付费推广则类似于关键词广告。当然电商平台广告的形式并不仅仅是搜索广告，而且包括展示类广告和其他赞助类广告等。

7.2.3.2　社交网络红包广告

网络红包如微信红包、QQ 红包、支付宝红包、微博红包等已成为日常社交尤其是春节收发红包最受欢迎的方式。"能发红包解决的就不用发祝福语"之类的网络语言在微信群里经常可见。一到节假日或特殊节日，要求群主发红包的段子也是不断出现。网络红包已经成为用户使用频繁的网络服务之一。

根据本书对数字营销工具属性的分析，当一种网络服务成为常规应用时，便具有了数字营销的价值。网络红包也是同样的发展路径，从纯粹的社交应用很快发展成为网络广告媒体。提供红包收发的平台如微信和支付宝，它们事实上也就成为网络红包广告平台。

由于红包营销模式仍在不断发展演变中，尚未形成一种稳定的、有一定规律且可以被大多数企业采用的一种营销模式，因此仅做简要介绍。

7.3　评价网络广告效果的常见方法

网络广告的效果评价关系到网络媒体和广告主的直接利益，也影响到整个行业的正常发展。广告主总希望了解到自己投放广告后能取得什么回报，在最容易监测的浏览数量和点击率方面不能反映网络广告效果的情况下，就产生了这样的问题：究竟如何全面衡量网络广告的效果呢？以下从定性和定量的不同角度分别介绍评价网络广告效果的常见方法，主要包括以下几种基本评价方法：对比分析法、加权计算法、点击率、转化率及二跳率。这些并非评价测量网络广告的所有方法，仅供在实际应用中参考。

7.3.1　对比分析法

无论是 BANNER 广告，还是 Email 广告，都涉及点击率或者回应率以外的效果，因此，除了可以准确跟踪统计的技术指标外，利用传统的对比分析法仍然具有现实意义。当然，不同的网络广告形式，对比的内容和方法也不一样。

对于 Email 广告来说，除了形成直接反应之外，利用 Email 还可以有其他方面的作用。例如，Email 关系营销有助于企业与顾客保持联系，并影响对产品或服务的印象。顾客没有点击 Email 并不意味着不会增加将来购买的可能性或者增加品牌忠诚度。从定性的角度考虑，较好的评价方法是关注 Email 营销带给人们的思考和感觉。这种评价方式也就是采用对比研究的方法：将那些收到 Email 的顾客态度和没有收到 Email 的顾客态度做对比，这是评价 Email 营销对顾客产生影响的典型经验判断法。利用这种方法，也可以比较不同类型 Email 对顾客所产生的效果。

对于网页展示类广告，除了直接点击以外，调查表明，广告的效果通常表现在品牌形象方面，这也就是为什么许多广告主不顾点击率低的现实仍然选择展示广告的主要原因。当然，品牌形象的提升很难随时都获得可以量化的指标，不过同样可以利用传统的对比分析法，对网络广告投放前后的品牌形象进行调查对比。

7.3.2　加权计算法

所谓加权计算法，就是在投放网络广告后的一定时间内，为网络广告产生效果的不同层面赋予权重，以判别不同广告所产生的效果之间的差异。这种方法实际上是对不同广告形式、不同投放媒体或者不同投放周期等情况下的广告效果进行比较，而不仅仅只是反映某次广告投放所产生的效果。加权计算法要建立在对广告效果有基本监测统计手段的基础之上。下面以一个例子来说明：

第一种情况，假定在 A 网站投放的 BANNER 广告在一个月内获得的可测量效果为产品销售 100 件（次），点击数量 5000 次。

第二种情况，假定在 B 网站投放的 BANNER 广告在一个月内获得的效果为产品销售 120 件（次），点击数量 3000 次。

如何判断这两次广告投放效果的区别呢？可以为产品销售和获得的点击分别赋予权重，根据一般的统计数字，每 100 次点击可形成 2 次实际购买，那么可以将实际购买的权重设为 1.00，每次点击的权重为 0.02。由此可以计算出上述两种情况下，广告主可以获得的总价值。

第一种情况，总价值为：$100 \times 1.00 + 5000 \times 0.02 = 200$。

第二种情况，总价值为：$120 \times 1.00 + 3000 \times 0.02 = 180$。

可见，虽然第二种情况获得的直接销售比第一种情况要多。但从长远来看，第一种情况更有价值。这个例子说明，网络广告的效果除了反映在直接购买之外，对品牌形象或者用户的认知同样重要。

这种评价方法的问题在于，权重的设定对加权计算法最后结果影响较大。例如，假定每次点击的权重增加到 0.05，结果就不一样。权重需要在大量统计资料分析的前提下，根据对用户浏览数量与实际购买之间的比例有一个相对准确的统计结果来确定。

7.3.3　点击率、转化率与二跳率

点击率是网络广告最基本的评价指标，也是反映网络广告最直接、最有说服力的量化指标。不过，随着人们对网络广告了解的深入，点击它的人反而越来越少，除非特别有创意或者有吸引力的广告。造成这种状况的原因可能是多方面的，如网页上广告的数量太多而无暇顾及，浏览者浏览广告之后已经形成一定的印象，无须点击广告或者仅仅记下链接的网址以备将来访问该网站等。因此，平均不到 0.4% 的点击率已经不能充分反映网络广告的真实效果。于是，对点击以外的效果评价显得重要起来。

与点击率相关的另一个指标——转化率常被用来反映那些观看而没有点击广告所产生的效果。美国的网络广告调查公司 Adknowledge 在 2000 年第三季度网络广告调查报告中提出将"转化"定义为受网络广告影响而形成的购买、注册或者信息需求，并用"转化率"来评价网络广告的效果。该报告认为，浏览但没有点击广告同样具有巨大的意义，营销人员更应该关注那些占浏览者总数 90% 的没有点击广告的浏览者。Adknowledge 的调查表明，尽管没有点击广告，但是，全部转化率中的 32% 是在观看广告之后形成的。

虽然转化率的概念对增强网络广告的信心具有一定意义，但转化率的监测在操作中还具有一定的难度。因此，全面评价网络广告效果仍然是比较复杂的问题。事实上，很多新型

网络广告可能根本没有成熟的效果评价方式，但这并不影响各种新型网络广告的出现与发展。

二跳量与到达量的比值称为广告的二跳率，该值能初步反映广告带来的流量是否有效，同时也能反映出广告页面的哪些内容是购买者所感兴趣的，进而根据购买者的访问行径，来优化广告页面，提高转化率和线上交易额，大大提升了网络广告投放的精准度，并为下一次的广告投放提供指导。

 课后作业

1. 除前文所述的几种网络广告类型，还有哪些网络广告的类型？

2. 说明评价网络广告效果的方法以及如何使用。

3. 对于网络广告来说，除了利用效果监测来适时更换广告形式和广告内容，是否还可以通过网络广告所特有的技术特性来优化相关技术来改进效果？

8

短视频运营

学习目标

➤ 了解短视频平台的不同特点

➤ 了解短视频平台的运营规则和发展策略

➤ 了解从短视频的制作到发布的全流程

➤ 了解品牌如何发布一条成功的短视频

推荐阅读

➤ 公众号"4A 广告门"《〈2022 中国广告主营销趋势调查〉报告》（2022-08-15）

➤ 公众号"新闻爱好者杂志"《短视频运营：本质、原则与方法》（2020-06-02）

移动互联网时代，短视频强势崛起，掀起全民创作和分享的狂欢热潮，推动移动视频生态颠覆式变革。在营销方法上不断创新的短视频平台，更是推动了 UGC+时代到来，短视频 UGC+互动、+位置、+社交、+电商等，在用户体验上带来更多可能，释放全民生产力、传播力、社交力与消费力。超强的观看性、宽广的传播渠道和广泛的受众参与，让短视频在短短几年内火爆发展，短视频平台也成为品牌营销不可忽略的战地。不过，在现阶段的红海竞争中，要想运营好一个短视频账号并使之脱颖而出并不容易。本章将以抖音、快手和微视频为例，详细阐释短视频平台的运营。

8.1　抖　音

8.1.1　抖音的发展趋势与运营意义

8.1.1.1　趋势：从短视频到极速版再到直播+

随着移动互联网发展、智能手机的普及以及 5G 技术的兴起，短视频行业从无到有，用户的观看习惯逐渐养成，"短视频"成为互联网内容平台新风口。短视频应用爆发式增长，掀起短视频全民化风潮。根据中国互联网络信息中心（CNNIC）第 51 次《中国互联网络发展状况统计报告》，截至 2022 年 12 月，我国短视频用户规模已达 10.12 亿人。

1. 抖音依靠算法占据短视频市场

抖音是今日头条旗下子公司北京微播视界科技有限公司研发的一款音乐创意短视频社交软件，其口号是"记录美好生活"，其基本定位是"专注年轻人的 15 秒音乐短视频社区"，于 2016 年 9 月上线，并于 2017 年年底至 2018 年年初迅速走红，现今已成为极具影响力的社交媒体平台。抖音在内容上更偏向于娱乐、搞笑、时尚、穿搭等大众生活化内容。头部账号多为垂直领域优质内容创作者。在分发上，采用推荐系统的逻辑使流量热点回归内容本身，同时官方通过活动运营、挑战赛激励等形式为优质内容和创作者提供曝光机会，但内容始终是获取流量的核心。

上线后的抖音依托母公司今日头条的大数据、算法推送技术，并在通过移动通信技术实现的移动互联、即时通信、流量减免加持之下迅速吸引了大批用户。除今日头条的技术基础外，抖音的运营方还利用大数据监测和分析用户的性别、年龄分布，用户的平均使用时间等，并针对采集到的数据来进行更好的内容推广，增加抖音在潜在用户群体中的渗透率。凭借着算法技术，抖音迅速占据短视频市场，日活用户已超过 6 亿人。

2. 抖音极速版提升市场占有率

2016 年的 Netflix[①]被认为是算法技术驱动，2018 年的抖音也在业内被称为算法驱动，但到 2019 年，两家公司均未将"算法"作为自身的核心竞争力。虽然两家公司均通过算法推荐为自己带来了大量用户，但也带来了用户的"审美疲劳"。

2019 年，抖音在原本的基础上，推出短视频极速版，前期为了增加新用户，抖音极速版推出各种注册得红包、刷视频得金币的方法，增加用户使用时间和黏性让极速版在短期内成

---

① 美国奈飞公司，简称网飞。是一家会员订阅制的流媒体播放平台，总部位于美国加利福尼亚州洛斯盖图。成立于 1997 年，曾经是一家在线 DVD 及蓝光租赁提供商，用户可以通过免费快递信封租赁来归还 Netflix 库存的大量影片实体光盘。

为抖音的"强心剂"。同时极速版具有占用内存更小、功能更简单的特性，比较适合中老年群体。总的来说，抖音极速版是为了争取下沉市场，也就是争取那些收入不太高、想要赚零花钱的用户使用，从而满足市场的不同需求，以此扩大市场占有率。

3. 抖音直播+的探索

抖音 2018 年 1 月推出直播，2020 年开始布局实施直播战略，且不断拓展直播内容边界，推进直播业务破圈。2020 年 2 月 16 日，抖音推出"线上不打烊"活动，面向全国线下商家推出 3 亿流量扶持活动，通过线上团购预售和线上直播分享商品两种方式，帮助线下商户快速对接线上生意。3 月上线"品牌达人"营销工具，通过该工具，员工抖音账号可挂靠品牌账号，通过视频和直播，向更多用户推广品牌商品，完成交易，帮助品牌线上创收。

2020 年 1 月至 2 月中旬，抖音短视频的直播流量增长显著，增长率从 2020 年 1 月的 24%提升至 2020 年 2 月的 28.2%。2022 年刘畊宏通过在抖音直播健身，实现了 30 天涨粉超 1000万，累计观看人数接近 4000 万，单场人气峰值达到了 109 万，成为现象级"健身博主"，彰显了抖音直播巨大的潜能。面对直播自身的迭代，能够敏锐把握产品动态、放大产品影响力的平台才能真正撬动产品价值。抖音直播早已突破单一维度，囊括了更加多元、丰富的内容，当前抖音上的直播内容既有现场教化妆、乐器演奏表演等内容，也有地方民族风情展示、线上课堂助力停课不停学、直播卖货帮扶助农等公益内容，涵盖艺术、人文、教育、自然等多个领域。

8.1.1.2 意义：短视频营销的重要平台

1. 短视频营销现状

短视频营销已成为移动营销矩阵的重要组成部分。短视频营销以内容为主要锚点，首先，通过碎片化、娱乐化的内容快速吸引用户的注意力。其次，利用内容进行气氛渲染、情感带入，巧妙植入并传递营销信息，激发用户冲动性消费欲望，引导用户进入转化环节。最后，通过粉丝运营、社群管理等形式将有过相关观看或转化记录的精准用户进行沉淀，以便于后期的再营销。短视频营销生态是一个涵盖了短视频内容生态、消费转化（电商、支付、下载等）生态、粉丝私域流量生态的营销闭环。

抖音短视频已经形成了一个"良性"发展的生态闭环系统，在商业变现领域实现了突破。2018 年 6 月，抖音短视频全面开放品牌入驻，抖音品牌号认证平台正式上线。凡是符合认证条件的品牌主，均可通过申请抖音品牌号，获得官方认证标识，并使用官方身份，通过视频、图片等内容输出形式在抖音上更好地探索品牌营销。品牌运营抖音账号已成大势。如今很多汽车、时尚、美食、影视、游戏领域的品牌方都已入驻抖音平台，联合一些播主及 MCN 机构参与内容创作，以达成品牌传播、产品营销的目的。

2. 抖音为何如此"出众"

1）用户自我表达的门槛低

本质上，用户的自我表达和对话的需求一直是强烈存在的，当用户掌握一项"工具"的门槛足够低时，这种自我表达的冲动就如潮水一般涌出。相比微博、微信，抖音更多的"工具包"、更强烈的内容冲击为用户提供更低的表达门槛。实质上，抖音是对全民的媒介习惯进行了一场再教育，伴随用户教育的完成，用户的自我表达、对话方式、信息接收方式都会发生巨大的变化。

2. 主流消费人群覆盖率高

抖音能源源不断地吸引了大批品牌主跟抖音的用户群体有直接关系。抖音在 2016 年上线之初，就把自己定位为"年轻人的音乐短视频社区"，所有的运营和产品逻辑都致力于吸引更多崇尚自我个性和表达的年轻人。简而言之，谁能抓住主流用户，谁就拥有未来。巨量算数发布的《2020 年抖音用户画像报告》显示，抖音整体人群画像中男女均衡，19~30 岁 TGI[①]高，新一线、三线及以下城市用户 TGI 高。新一线、三线及以下城市用户 TGI 高。

3. 短视频营销的"TRUST"模型

2019 年，抖音为响应广告主的全链路营销需求，提出短视频营销的"TRUST 模型"：

Target：锁定用户碎片化时间和多元消费场景，利用垂直内容聚焦细分人群和场景，精准触达目标人群。

Relation：通过精品化内容链接用户，与用户进行有效沟通，增强用户的信任感。

Upgrade：AI 赋能内容创新，实现与环境共生，能够引起用户共鸣的原生内容，从而实现与用户的深度沟通。

Share：明星达人引领分享，激发全民参与内容共创，实现品牌声量裂变。

Transform：建立转化生态，激励用户口碑传播与消费行为的转化。

抖音的"TRUST"模型阐述了短视频平台从聚焦用户、建立强关系、创新营销、传播扩散到占领消费者心智、完成转化等全流程的营销策略。2020 年，抖音电商的独立使得抖音的转化链路更加可控，内容与转化之间的距离被进一步缩短。

8.1.2 抖音运营的关键要素

8.1.2.1 账号定位

任何账号都需要定位。第一是人群定位，即锁定目标受众。第二是价值定位，目前大多数品牌在抖音上以两类诉求为主：品牌曝光和产品销售。第三是人格化定位（人设），需要品牌结合自身形象进行人格化定位。例如，"支付宝"账号的人格化形象就是搞笑逗趣的自黑青年。需要注意的是同一个品牌的抖音号，它的人格化定位即人设要长期维持一致性，以便"固粉"和打造账号的品牌效应。第四是风格打造，风格是基于视频内容而言的，风格是人设的其中一个组成部分。风格可以围绕人设做万千种变化，一方面能避免粉丝审美疲劳，另一方面能让视频有机会被推荐给更多的受众群体。第五是功能定位，包括抖音的账号名称、头像的基本设置、账号简介等。

8.1.2.2 内容生产

品牌确定账号定位后，就是内容生产。在正式生产内容前，品牌需要先了解抖音的推荐机制。抖音采用的是算法推荐机制，类似于叠加推荐机制。首先有一个初始的流量池，会把用户刚发布的视频推荐给附近的人或者该主题下的几十个用户看，并会统计一段时间内这个

---

① 指人群较总人群的偏好度，数值越大则说明该样本人群相较总体人群对该事物关注更高。

视频的关键数据，包括点赞数、评论数、转发数和完播率。然后根据这些数据进行反馈、评定相应的分数。如果数据超出某一个阈值，则会继续推荐到一个更大的流量池给相似的用户，如此循环。如果没有超过，则会减少推荐，视频的浏览量逐渐趋于稳定。

在内容生产方面，品牌要更加贴近用户。内容生产方在选择抖音视频主题时需要了解自己产品、竞争对手的玩法以及用户的喜好。实质上，根据抖音官方提炼的三大内容运营法则，整个抖音平台的内容大致可以分为三类：热点型内容、标签型内容和广告型内容。热点型内容，顾名思义就是要追随平台热门内容，强调内容的新鲜性与活跃感。热点型内容无明确营销目的，主要以优质内容吸引受众对账号产生兴趣，其中点赞量和关注量为核心指标。热点型内容需要根据实时热点、流行素材来生产，内容规划需要贴合时下流行，突出显现热点、新潮。标签型内容是指品牌持续不断地产出跟自己的品牌、产品、调性相一致的系列内容，自成一体，有统一风格。标签型内容代表着品牌的核心价值，对于品牌抖音账号来说是不可或缺的。广告型内容可配合品牌关键营销节点集中投放，这样有助于品牌声量在短期内爆发式增长。

8.1.2.3 互动行为

抖音账号和受众的互动行为包括四个方面：评论互动、私信互动、视频内容互动、直播互动。和平时产出的视频内容一样，所有的互动过程，也都要符合账号的人格化定位即人设，否则会让受众感到杂乱，甚至放弃关注。

1. 评论互动

回复受众评论，是彰显账号人设的重要一环。如果还能成为热评，那么对视频的传播效果则有强大的增强效应。在抖音平台评论互动最重要的就是"说人话"，就像平时聊天一样多用口语化语言，品牌可以根据自身的调性调整评论的语言风格来加深在受众心中的印象。

2. 私信互动

据观察，大多数给品牌抖音号发私信的受众，都是在提一些和产品、品牌有关的问题，比如产品性能、价格，品牌发起的活动等。面对这些私信，品牌抖音号运营者在互动时要在符合人设的基础上，更多地注意解答的专业性和权威性。

3. 视频内容互动

视频内容互动指的是品牌账号运营者从某条评论中获得了建议或启发，在不违背账号人设的前提下发布的回应该评论的视频内容。而这条被用视频回应的评论一般都是排名极为靠前的热评。

4. 直播互动

直播互动指的是品牌抖音号人设载体（公司领导、员工、吉祥物人偶等）发起抖音直播，实时与受众进行互动吸粉。品牌在发起直播前，一定要做好万全的准备，保证出镜人设不偏离，过程强把控。

8.1.3 抖音运营的策略

8.1.3.1 如何收获流量

目前以抖音为代表的短视频平台，大多采用了个性化推荐算法为用户推送内容。个性化推荐的优势在于可以打破时间序列及空间限制，让内容遇见对应的用户，进而让志趣相投者相遇。具体来说，在视频发布的过程中，抖音会根据内容、文案、话题、地点（定位）、粉丝数、过往发布历史等数据推荐给首批用户，获得首次播放完成度、点赞、评论及分享数据后，再根据效果，进行下一次推荐。

在内容分发方面，抖音遵循了整个字节跳动的"去中心化"原则，目的在于让优质的内容更易于流动，以原生视频为起点，制造内容爆点，吸引大批用户从围观到参与，在与品牌互动过程中增强对品牌文化的认知理解，从而拉近品牌与用户的距离。

除了个性化推荐算法，抖音还应用了算法亲和法则。通过巧妙设置文案来增强点击和曝光量。很多抖音用户通过标签来满足自己的心理归属感，标签可以直接体现在文案上。竖屏广告的创意要符合移动互联网时代的"标签化"趋势，没有好的标签提高辨识度，即使内容情节不错，吸引用户的概率也会大大降低。调查显示，有文案的抖音视频更容易吸引观众目光，如何设计文案才能吸引更多注意呢？品牌可以采用以下方式：

（1）设置第一眼悬念，吸引观众好奇心。比如"Papi 酱"："喝奶茶？我有无数个理由！"（获赞 64.5 万）。

（2）快速概括视频内容，为视频做注解，在文案中加入抖音话题关键词。比如人民日报："谢谢你们，逆风而行的人！"（获赞 192.3 万）。

（3）升华视频主旨，引发观众共鸣。比如"萌芽熊童子"："爱到最美是陪伴，爱到最深是成全！"（获赞 342.4 万，评论 8.2 万）。

（4）增加互动性语句，引导观众进行点赞、评论、浏览主页等行为，可以带来引流效果。比如"我的前任是极品"："你能猜中哪个是一次成功的吗？"

8.1.3.2　如何做到精准吸粉

运营品牌抖音号，最重要的是引流。如何在线上通过抖音短视频平台吸引用户关注、收割用户时间？可以遵循这个公式：打破刻板形象+善用网红流量=品牌抖音号快速增粉。

1. 打破刻板形象

1）塑造人设

支付宝曾经在公众号推出过一篇哭惨卖萌求关注抖音官方账号的文章，一经发出，评论区就被网友们戏谑地称为"抖音里的最惨官方账号"。在抖音，为了符合平台调性，支付宝为自己塑造了"自黑少年"的人设，不仅擅长幽默自黑，更擅长黑身边的同事，完全没有在公众号上的傲娇感。支付宝用有趣的方式自嘲，拉近与用户的距离，一跃成为拥有近百万粉丝的抖音官方账号之一。人设塑造对于品牌来说是一种贴近用户的方式，将品牌拟人化，与用户形成良好互动，是品牌打破刻板印象的第一步。

2）创作形式萌化

品牌官方账号素来给人一种正经严肃的形象，但优酷在抖音上的官方账号抛弃了这种形象，逐渐走向"不正经"，各类梗和段子信手拈来，给用户留下了搞笑 UP 主的印象。"皮"到像被"盗号"是优酷制胜的关键。

2. 善用网红流量

面对"嗷嗷待哺"的品牌抖音号，与其抱残守缺，不如学会利用网红流量。通过和已经具备一定粉丝基础、有流量号召力的网红合作，为品牌宣发引流，收益可观。

8.1.3.3 如何进行品牌营销

1. 互动性营销

抖音平台的内容碎片化，社交属性强，品牌可以通过互动捕捉用户注意力，获取用户反馈。当用户频繁地与内容进行互动后就能留存自身对内容、商品、品牌、行为习惯、兴趣爱好等诸多标签信息，这为精准营销提供了数据层面的支撑。同样，品牌在营销过程中，除关注实际的转化行为外，也将更加注重广告呈现上的互动性。通过收集用户与品牌互动的诸多行为，判断用户对品牌、商品、服务或广告营销的反馈信息，进而为营销活动、产品或服务提供支持。其中，用户的互动行为可以反映出其对内容、品牌等的底层态度；用户的分享行为表明，其所接触的内容具有一定的话题或社交价值，引起了用户的主动传播欲望；用户的点赞行为即反映出用户对内容、品牌或商品的肯定态度；收藏行为表明内容、品牌或商品等元素对用户有一定的价值，或用户对广告中的产品具有远期消费意向；评论行为表明用户产生了互动意愿，主动参与讨论，表明内容、产品或品牌具有一定的话题性。此外，互动的形式也更有利于捕捉并留住用户的注意力，从而能够保证信息传递的质量。例如直播，作为一种与用户即时、频繁互动的内容形式，也越来越多地受到品牌方的重视。

2. 品质升级

随着抖音等短视频平台的流量不断扩张，优质内容规模不断扩大，平台品质感不断提升。传统品牌广告主预算将进一步向短视频平台倾斜，高端品牌开始接受短视频营销。例如，抖音推出品牌 DOU 榜，分类别为品牌提供深度运营服务。目前，包括奢侈品在内的各路高端品牌开始陆续入驻抖音。奢侈品牌对抖音营销价值的认可是抖音平台品质升级的重要标志之一，这将带动更多高端品牌、高品质广告内容的入驻，从而拉升平台的品质感。

3. 品效合一

抖音平台上内容与广告的界限正在被打破，广告即内容逐渐成为主流。从形式上看，符合短视频观看体验的竖屏广告素材构成形式上的原生广告；从内容上看，商品、应用和服务推荐本身就是短视频平台内容体系的一部分，搭载相关商品的内容并作为一种延展，并未影响用户体验。

4. 流量变现

抖音的流量变现方式非常多，下面两个账号提供了生动的案例。

"主持人王芳"是抖音平台中教育类账号综合热度较高的账号之一，该账号的粉丝数截至2022 年 7 月已到达 1248 万，获赞超 1 亿，其视频内容以解析各种小知识为主，涉及面广泛，如"上善若水"词语解释、学历史的小窍门等，同时还会分享个人日常生活。账号因清晰舒适、逻辑通畅的口语表达圈粉无数。该账号的变现手段主要分为三种：广告植入、直播变现和商品橱窗。广告植入是最常见的变现方式，但此方法对粉丝数量和粉丝活跃数有一定的要求，适用于已经具备商业转化价值的账号。直播变现的红利非常可观，其来源有两点：一是平台自身音浪转换；二是直播课程售卖，进行知识输出。"主持人王芳"会定期在抖音进行直播，此方式不仅是获取收益的最佳手段，也是吸粉表现的新舞台。商品橱窗，该账号的商品橱窗销售商品以书籍为主，在该账号的橱窗中，最高的销售量已经达到 23 万，利润可观。

"尿尿是只猫"是抖音中热门的萌宠类账号，该账号的粉丝数为 1282.4 万，获赞 1.7 亿，其视频内容主要是以记录萌宠"尿尿"的日常为主，通过对尿尿的日常行为、与尿爸的互动进行故事化剪辑，配以文字对喵声进行解读，与尿爸对话，构建了有趣且充满冲突性的内容风格。该账号的变现手段多为广告植入，通过内容"种草"进行产品推荐，且品类多样，不限于宠物。

8.2 快 手

快手短视频 App 是北京快手科技有限公司开发的一款产品。2012 年 11 月，快手从分享图片的应用转型为短视频平台，主要是客户用来记录和分享生活、娱乐、学习、工作的平台。2022 年第一季度快手平均日活跃用户达 3.46 亿，平均月活跃用户达 5.98 亿。

快手创立 10 年来增长速度一直很快，先后历经了 2011—2014 年的工具阶段，快手增加创作、上传和观看短视频的功能，成为中国短视频先驱；2014—2018 年的内容社区阶段，推出直播等功能作为平台的自然延伸，帮助用户更好地社交、实时互动。此后，2018 年快手开启商业化元年，探索多种形态的商业化业务，并由此衍生出线上营销、直播与包括电商业务在内的多种商业化收入模式；2021 年全年实现了 810 亿元的收入。

8.2.1 快手的优势

8.2.1.1 技术优势

快手的核心技术分别为计算机视觉、突破视频处理与压缩、语音音乐识别、多模态理解。

（1）计算机视觉：快手拥有业内领先的人脸关键点识别、人体关键点识别、手势识别、人体分割、3D 人脸重建、AR 相机和视频美学评估等核心技术，这些技术能够生产出更具趣味性的内容。

（2）图像、视频处理和压缩：快手在其视频处理的压缩过程中应用各种信号处理和 AI 技术来优化视频的质量。

（3）语音、音乐识别：快手利用循环神经网络、时延神经网络等技术实现了高精度低延迟的语音识别。

（4）多模态理解：视频是多模态的信息。快手从人脸、图像、语音和音乐几个维度来完成对视频低级语义的信息的感知，感知内容和知识图谱，实现对视频高层语义及情感的理解。

8.2.1.2 技术算法优势

快手起初在三四线的下沉市场快速获得支持，得益于快手的技术算法驱动，人工智能技术深入到了快手中。通过匹配机制，专注于理解内容、理解人，将内容与人链接匹配，再将人与内容之间的交互数据做出快手独有的模型。不打扰用户、只进行个性化算法推送，旁观用户在快手上关注的焦点，然后以此推算他们的兴趣点，呈现给用户他们感兴趣的一类。

8.2.1.3 运营优势

自快手创立，就鼓励用户发布原创内容并坚持产品中不得嵌入转发或转帖功能。快手自上而下的推动将流量分配给更多内容原创者，也使得快手在其他的平台竞争中脱颖而出，并成为用户原创内容的社区。

8.2.2　快手产品特点

8.2.2.1　用户定位

快手的用户定位是社会各阶层普通大众，更多的是来自广大三四线城市和农村的年轻人，受教育程度不高，但有强烈的文化需求与表现欲望。快手可以让他们不需要特别精彩的节目表演或者出众的外貌，只要通过上传自制视频到平台上，就可以被更多人看到。

2020 年开头，快手以一支《在快手点赞可爱中国》的广告片完成了刷屏。短片亮相于《新闻联播》后的黄金时段，2 分钟的时长内集中展现了数个普通人的生活日常。有在老师指导下坚持练武的小男孩，接女友下班的外卖小哥，送别女儿时跟着班车奔跑的父亲……这些内容都来自快手平台。"关注和赞美平凡个体，为普通人提供记录和分享生活的平台"是快手的品牌特色之一。

8.2.2.2　内容生产

根据用户群特点，快手在产品设计使用上十分简单，软件的交互设计理念就是简单易上手、适合工具小白。用户可以在最短的时间内进入状态，它以最简单的操作去迎合最广大的用户群体，让每一个草根都能找到通过网络表达自己，展示自己的机会。因此快手凭借接地气的理念和简单易上手的操作特点，赢得了用户的加入。从内容供给的角度来看，快手持续扩大内容品类，增加对创作者的激励、高价引入 CBA、奥运会、冬奥会等版权，增加在体育、娱乐、财经、二次元等垂直领域的投入。

8.2.2.3　流量分配

1. 注重长尾的"基尼算法

"基尼系数"算法防止头部内容过热。"基尼系数"是衡量一个国家或地区收入差距的指标，介于 0 和 1 之间，越接近 1 表明该地区的贫富差距越严重。快手引入"基尼系数"概念，创新算法的约束条件，防止用户流量"贫富差距"过大。一方面，快手坚持不做转发，不主动推动高热内容的形成。每个用户的快手界面都是通过用户主动点击和 AI 算法智能推荐的自动选择结果。另一方面，快手抑制高热度视频的曝光。当视频热度过高时，快手会降低其推荐频率。

2. 平等的流量分配，普惠长尾用户

与抖音的集中头部热门内容分发方式不同，快手基于"让更多普通人被世界看到"的平等普惠价值观，更加关注长尾用户，将 70%的流量都分配给了长尾用户。快手会给予用户作品一定的初始流量，通过评价、点赞等用户反馈后，把较为火爆的视频作品推荐到更大的流量池中。这种推荐机制大大提升了普通人作品出现在推荐页的概率。快手的定位是让每一种生活都可以在自我表达后被看到、被欣赏，这利于形成多变网络效应，也为"快手电商"奠定了较好的用户基础。

8.2.2.4 去中心化的社区属性

快手定位于社交媒体平台，但与微信、QQ、微博等社交平台不同。2018年，快手初步形成了区别于纯熟人社交和纯陌生人社交的混合社交形式——半熟人半陌生人社交。快手以真实质朴的视频内容为社交抓手，将具有共性、相互理解的人们聚到一起，内容推荐注重用户所关注的人和同城板块，让用户在与自己相似的圈层中获得归属感，加强平台的社区属性。

快手强调"去中心化"理念，致力于成为人们广泛应用的交流工具，鼓励普通人在不断创造内容的同时积淀社交资源。在快手平台上，主播可能是大巴司机、商贾小贩或者快递小哥，主播和观众的身份没有差别，彼此地位平等。通过营造有温度的社交氛围，快手与用户之间建立了基本信任，增强了用户黏性。

8.2.3 快手营销发展策略之多元变现渠道

快手2020年营业收入811亿元，同比增长37.9%。依托下沉市场的广泛用户基础，快手挖掘流量变现的多种途径主要包括直播、电商和营销服务流量变现。

8.2.3.1 直播到电商：成熟变现渠道

短视频应用最好的表现方式是什么？经过几年的摸索，直播逐渐脱颖而出，而直播变现也从过去数年的秀场直播打赏逐步过渡到直播电商带货。对比起强调美好生活方式的抖音，快手从一开始就主打质朴的内容走"接地气"的路线，一方面更容易让用户形成"真实可靠"的认知强化对商品的信任度；另一方面也培养了一批足够下沉的头部主播，而且其关系链向来强于重内容消费的抖音。

表8-1 快手直播电商的特点

	特　　点
算法机制	公平普惠机制，社区属性更强，通过内容、用户特征以及环境特征进行推荐，让更多人能够被看见
用户画像	新二线、三线及以下城市用户为主，24岁以下年轻用户更爱看快手直播
用户黏性	用户与主播的互动更频繁深入，关注者对作者的认可度高，信任度强，用户黏性较高
带货品类	食品、农产品、服饰、生活用品为主，性价比高的白牌型产品较多
带货店铺	有赞、魔筷星选、淘宝、京东、拼多多、快手小店
直播带货本质	属于社交方式，捎带卖货，强社交链条，强私域化

1. 直播加娱乐：多元化直播内容+互动功能，提升直播用户参与度

快手在多元化创作内容基础上，提供点赞、分享、关注、评论、私信、打赏、PK、多人直播等互动功能，帮助提高用户参与度，其中购买及打赏虚拟物品能很好地鼓励观众与主播互动而非被动观看直播，另外PK功能比拼的是两位主播在规定时间内获得的观众虚拟物品数量，营造竞争环境，鼓励了虚拟礼物打赏的行为。此类直播被看作"娱乐直播"，一般包括才艺展示、日常生活、游戏赛事等内容，其目的不在于带货，而主要为观众带去新奇体验，靠内容吸引流量。

直播收入是快手主要营收来源，其 2017—2020 年的直播收入分别为 79 亿元、186 亿元、314 亿元、332 亿元，分别占其营收总额的 95.3%、91.7%、80.4%、56.5%。由于短视频市场多元化竞争加剧、监管日趋严格、用户理性消费等原因，直播收入越来越不可持续，因此快手也逐渐降低了直播业务的流量变现比重。

2. 直播加电商：从自然生长到官方扶持与规范

这一类直播通常被称为"带货直播"，其主要目的是介绍商品，卖出商品。快手从 2018 年开始进军直播电商领域，得益于前期社区建设产生的较强用户黏性，快速成长为直播电商领域的佼佼者。2021 年，快手电商平台交易总额达 6800 亿元，凭借商品交易总额成为全球第二大直播电商平台。表 8-2 是快手电商的不同发展阶段及其特点。

表 8-2 快手电商的发展阶段

阶段	阶段特点
垦荒阶段 （2016—2017 年）	需求零散、供给不稳定； 以主播和粉丝私下交易为主，官方不下场，用户先于官方摸索流量变现； 短视频带货是主流做法
成熟阶段 （2018 年—2019 年 3 月）	规模化初见； 官方下场，打击私下交易，规范市场秩序，只导流不做电商； 直播取代短视频成为电商第一选择
规范阶段 （2019 年 3 月至今）	鼓励并引导商家在快手开店，与淘宝关系降温，抑制电商买量行为； "短视频引流+直播带货"模式确立。明确"以社区融合为导向，而非以 GMV 增长为导向"； 疫情全面加速线下生意线上化，纺锤形结构出现

8.2.3.2 在线营销服务：面向广告商和内容创作者，增长快

品牌的在线营销服务面向平台生态系统参与者，主要包括快手粉条和广告服务。

1. 快手粉条

让内容创作者通过付费在指定时间内向目标数目的观众推广其短视频或直播，以简单的方法使希望增加粉丝数量或视频观看次数的内容创作者以简单的方法达到目的。

2. 广告服务

分为基于效果（根据主动点击收费）和基于展示（广告展示期间按比例收费）的广告服务，形式包括短视频广告、展示广告、口头推荐、推广活动，品牌凭借平台上大量且多元化的内容及 AI 技术，使广告商更有效地接触目标受众并增加对等的投资回报。

8.2.3.3 其他业务：电商 GMV 迅速成长，货币化率具备提升空间

1. 网络游戏

快手平台上大部分移动端游戏为独家代理或联合营运，同时快手也在自研移动端游戏。快手为第三方游戏开发商提供广泛的移动端游戏发行渠道，并获得游戏分成收入，联合营运移动端游戏的开发商负责游戏服务器的托管及维护。

2. 知识分享

内容创作者可在快手平台提前录制或以直播形式提供知识共享内容，内容创作者可对制作的内容收取费用。

3. 征收经济资源与分账比例

快手和抖音作为平台型公司，拥有规则制定权和对平台合作伙伴（主要是内容方或品牌方/商家）征收经济资源的权力。这种征收经济资源的具体表现分为两种，一是显性的，例如快手和抖音对合作伙伴索取经济回报，典型的例子为其对主播、短视频等的分账。快手、抖音以作品播放量为直接衡量标准，即以作品播放量或每千次有效播放量为基数进行换算分账，且大多有保底和封顶金额，同时将流量扶持作为激励机制的一部分。二是隐性的，例如抖音、快手对自己扶持的新兴 KOL 进行流量倾斜，虽然内容方没有直接的经济损失，但是用户的注意力资源被转移了，最终买单的仍然是内容方。总的来说，平台方和内容方一般是按照分账比例来进行经济交易，而受市场环境和平台发展策略的影响，平台方对内容方制定的分账比例会时常发生变动。

8.3 微视频

8.3.1 微视频的缘起

2005 年，网络视频制作人胡戈和他的《一个馒头引发的血案》走红网络，他将《无极》枪版片段、《中国法制报道》以及上海马戏城表演片段进行二次加工，以现代警察破案的故事为框架，制作出时长只有 20 分钟的视频。在当时视频网站还未成立的网络环境下，这部时长远小于电影《无极》的视频短片以文件的形式从胡戈的论坛向外传播，成为比电影《无极》影响力更大的微视频。在 U 盘存储空间都是 64M 的时代，50 多 M 的《馒头》达到了上亿的播放量，这离不开胡戈无厘头的搞笑、辛辣的吐槽、超前的鬼畜脑洞，他的恶搞、剪辑、拼接、配乐至今仍对视频创作产生着影响。

优秀的内容创作推动了形式的发展，形式累积促进了便捷的渠道。可以说，早期创作者胡戈们推动了微视频表达方式进入大众视野，在此之前人们或许看到过微视频，但还没有成形的认知，胡戈之后，2006 年优酷网正式上线，2012 年诞生了精英知识分享节目《罗辑思维》，2014 年"二更"视频上线，越来越多的视频播主进入公众视野，微视频有了更广阔的传播平台。

8.3.1.1 微视频的内涵

什么是微视频？国内目前以视频的时长来界定视频类型。优酷网的创始人古永锵曾给出定义，他认为微视频时长应在 20 分钟以内，表现形态丰富灵活，内容包罗万象，涵盖微电影、微纪录片、DV 短片、广告短片等。可以通过摄像机、手机等多种视频拍摄设备录制的视频短片统称为微视频。微视频还应具有短小精悍、全民参与、随时随地能进行传播的特征。中国互联网协会副理事长张力军提出，微视频的播放时长不超过 5 分钟，同时内容要兼顾一些社会功能和娱乐属性，要满足网民使用数字设备多平台观看视频的需求。

可以认为微视频是在各种新媒体平台上播放的、数十分钟以内的、拥有完整故事情节的、适合移动状态下观看的微型短片。其形态多种多样，包括微电影、微纪录片、微广告、原创

DV 短片、视频剪辑片段、动漫小短片、新闻视频短讯等。摄录传播终端可以是各类摄像机、相机、摄像头等视频专业设备，也可以是手机、平板电脑等带有摄像功能的移动终端等。

8.3.1.2　微视频的分类

从视频制作的方式来看，微视频可以分为直播微视频、录播微视频；从视频的性质与功能来看，微视频可以划分为资讯类微视频、体育类微视频、美食类微视频等。本书主要是从微视频的内容和主题方面来进行分类。

1. 微电影

微电影是指通过互联网平台传播的时长在 30 分钟之内，具有完整故事情节的影片，具有短时长播放、短周期制作、中小型投资的特点。内容主题及表现方式和电影相似，题材丰富，如搞笑题材、情感题材或者公益题材等，往往单独成集，也可制作成系列剧。

微电影的独特表现形式及广泛影响力吸引到了许多广告商，例如益达口香糖邀请当红明星彭于晏、桂纶镁拍摄的"酸甜苦辣"系列广告，还有春节期间由百事可乐公司拍摄的 9 分 48 秒微电影《把乐带回家》等，这些都是当时优秀的微电影代表作品。微电影的本质属性是基于网络视频技术而存在的一种媒介形式，是在微视频到一定高度后产生的。微电影也属于微视频的一种，这两种形式是相辅相成的，而微电影更加适合商业定制，在微视频营销领域有着更强劲的发展势头。

2. 微纪录片

微视频不仅包括微电影，同时还包括微纪录片。作为一种传达真实的表现形式，微纪录片不同于纪录片的关键之处在于"微"，而结合题材及创作方式等方面来看，微纪录片具有和传统纪录片相同的特征。微纪录片以真人真事为故事来源，通过艺术手段的加工，展现社会主题，通过真实的展现引发人们的思考。微纪录片的概念最初由我国专业编剧、制片人胡革纪提出，他认为，由于移动终端的迅猛发展，大众更需要通过微视频来记录过去或正在发生的事。

传统纪录片篇幅过长，观众通常没有耐心完整观看，而微纪录片不仅能以较低的成本拍摄，更能匹配大众如今快节奏的生活方式、消费习惯，因此深受广告商的青睐。在梦洁旗下高端品牌寐 MINE 举行的"千纱织锦——寐·2020 全球新品发布会"中，品牌方首次采用了"微纪录片"的形式来阐述"千纱织锦"的产品与品牌概念，发布了《一支纱的环球旅行》等视频。相对于苍白的语言口头销售，这种"有影像有声音有真相"的微纪录片形式，更能让观众主动"带感"，随着微纪录片的节奏和思维，深入故事情节与场景，从而达到认同产品理念和品牌理念的目的，最终转化为买单进货行为。

微纪录片通过新颖的表现手法，用年轻的元素表现传统的东西，借助互联网让更多的人看到、听到并喜爱。凭借前期的优良策划、后期精良的制作，微纪录片已经成为宣传效果更佳、宣传效果精准的一种商业手段与方式。

3. 微视频新闻

微视频新闻是采用微视频的形式来实时播报的新闻。在移动互联网技术日益成熟、发达的背景下，日常生活逐步转向快速化、场景化、碎片化，大众接收新闻讯息的习惯和方式在被不断改变，更多"短、快、精"的新闻被大量需要。微视频新闻的时效性更强，新闻记者不是唯一的传播者，任何人都能使用一台有摄影功能的手机进行新闻的拍摄，并上传至网络供全网用户观看、互动。微视频新闻不仅解除了以往的媒体对时间和地点的局限性，并且因为花费时间较少且观看流畅，能引来更多用户观看。微视频新闻传播通常借助于手机客户端，如新闻客户端及社交媒体应用。国内常见的新闻客户端有"今日头条""腾讯新闻""澎湃新闻""网易新闻"以及地方类新闻客户端如成都本土新闻客户端"红星新闻"等。与新闻类微视频相关的社交媒体应用有"微博""秒拍""梨视频"等。

4. 微广告

微广告是微型视频广告的简称，它是一种全新的视频广告概念，其目的在于探索另类的宣传效应。传统的视频广告，一般以电视广告（TVC）为主，这些广告的制作往往要消耗大量的成本进行制作，通过独特的创意，利用明星效应，加深观众对广告的印象。而微广告不同于传统广告，它的优势在于较高的性价比，通过低成本的宣传达到爆炸式的宣传效果，实现广告商对产品宣传的非自主策划和投放。目前微视频广告已经发展到地铁、公交车等场所，并带动了电视台和网站的收益。

5. "草根"原创微视频

大众所说的草根文化被看作是和精英、社会主流相对而存在，属于亚文化的一种，具有大众化、平民化的特点。这些草根们把网络作为一种平台，在里面展示自己的才华、发表个人言论、分享感情等等，这让草根文化融入了各个阶层之中，使大众文化多姿多彩。微视频的使用门槛很低，只要有需求，并且喜欢表达自己，有手机等视频拍摄工具，那么就可以创作并发布作品到相关平台。

通过普通大众随时随地拍出来的原创视频就叫作草根微视频，它用来收录大众的实时状态、展现自我、并且还能监督社会大众。微视频能够很好地体现草根文化，因微视频而爆红的网络红人连连涌现，微视频为他们提供了一个展示自己才华与个性的平台。

8.3.1.3 微视频的特征

1. 创作简短化

微视频最大的特点就是"短"。用每一秒钟来进行计数使得微视频的制作更容易完成。市场上流行的微视频拍摄软件如"美拍"，只要在手机上下载，点击拍摄键就能使用。拍摄完毕还可以上传至个人空间、微博、微信朋友圈等社交媒体，满足人们对于"快速消化"的需求。微视频的重点就在于"微"，不只是体现它的"微"时长，还指它创作需要的时间比较短。

2. 传播即时化

移动互联网技术和5G网络的发展，使得人们对于实时收发文字、图片、音频等信息的需求得以实现。因此，网络微视频拥有了"即拍即传"的信息分享功能，网民可以随时随地分享身边发生的事情。网民发布的微视频大多都是用手机拍摄出来的，能够在任何时间任何地点进行拍摄，后期也不需要精细的剪辑制作，同时还有很多渠道分享互动，全民都可以观看和讨论，从而实现了更广泛、更迅速的传播。

3. 内容碎片化

因为受到拍摄时间较短的影响，微视频的传播必然是以碎片化的形态。随着人们的生活节奏逐渐加快，时间场景也逐渐趋向碎片化，人们上网阅读的时间通常只能放在地铁上、排队时等场景，微视频碎片化的播放形式让人们可以更快捷地接收资讯内容，也使人们更偏重于对娱乐化表达形式的追逐。相较于以往的媒体来说，微视频为大众提供了一个表现自我的平台，所以人们更愿意选择用它来寻求娱乐，释放自我。

4. 分享社交化

网络微视频产生于社交网络中，使用者不但能将自己的微视频作品上传至社交平台上，而且能查看、分享并实时讨论社交网站上的其他微视频。由于微视频的内容简短，如果没有社交网站或者视频平台，就很难培养出稳定的用户群体。因此，微视频"微"的这一特性，使它非常依赖社交网站分享，只有在社交网站中才能集结到一大批观众，同时提高社交网站本身的访问量。微视频使用者相互之间进行共享、转发和推荐，传播者和接收者就相同的微视频内容，通过评论和留言等方式直接在线交流、沟通、互动，微视频这种与生俱来的互动性让它成为人们普遍使用的社交手段。

8.3.1.4 微视频的发展路径

1. 微视频的生产与传播模式

微视频的兴起与视频网站的崛起相伴而行。视频网站作为平台，对微视频的发展起到了尤为关键的作用。随着互联网技术的不断升级，视频拍摄设备越来越简单易学，催生了很多热爱视频拍摄的网友，加快了微视频的发展与传播速度。国内的视频网站在很短的一段时间里出现了爆发性增长，这些网站将数不胜数的微视频进行整合发布与推广。

借助初期 UGC 的生产模式，以优酷为代表的视频网站一跃成为行业翘楚。经过多年的发展，微视频的依托平台也由原来的单屏向多屏跨越。在生活节奏日益加快的今天，大多数人通过碎片化的时间去观看微视频，让短小精悍的微视频得到了进一步的发展。另一方面，微视频的生产模式也从 UGC 模式过渡到了 PGC 模式，甚至是 OGC（Occupationally-generated Content，职业生产内容）模式，可以看到越来越多的专业机构参与到了微视频的制作中去，产出了大量优质的内容，符合市场的营销爆点，微视频也逐渐成为新媒体消费领域中最有市场前景的产品。

2. 移动社交媒体与微视频的兴盛

给微视频带来强劲发展动力的是微博、微信和客户端等重要平台。2013 年，互联网依托着 4G 带来的移动优势，将微视频打造成了一个新的形态——基于移动端的微视频。微视频与移动端的融合，正是基于现代人的碎片化场景需求。更短的时间、更大的爆点、弹幕式交互体验、移动互联环境中形成的移动社交媒体网络，让微视频实现了裂变式的传播。随着微博、微信、客户端等移动社交媒体的出现，涌现出了"以 Papi 酱""一风之音"及"姜老刀"等为代表的一大批社交媒体微视频网络红人，也出现了像"一条""二更""梨视频""新片场"这样的集微视频制作、发布于一体的移动社交媒体平台。微视频从初期恶搞、调侃的原始形态剪辑短片转变成为更加正规化、栏目化、专业化的微视频节目。就连微信也开始布局微视频领域，在 2020 年推出了"视频号"。视频号内容以图片和视频为主，可以发布长度不超过 1 分钟的视频，还能带上文字和公众号文章链接，而且不需要 PC 端后台，可以直接在手机上发布。同时，借助微信的社交功能，"视频号"也可以转发到朋友圈、聊天场景，与好友分享。如今，资本的大规模进入，使微视频制作者突破最初利润空间不足的桎梏，将精力完全投入微视频内容的制作中，由此吸引到了更多的微视频用户。这样的良性循环也让微视频行业目前处在兴盛时期，发展趋于成熟。

3. 微视频与专业媒体的互补

在如今移动互联网用户居多的情况下，报纸和电视机使用率下降，专业媒体抵达用户的能力正在下降。造成这种现象的主要原因是当下传播结构的变化，如今，网状传播结构已经占据了主导地位，传播关系也随之发生改变。

在如今复杂的传播结构下，专业媒体以往的主导地位已经成为过去式，专业媒体和用户共同构成了网状传播结构中的节点，作为节点的用户不再是线性传播结构下模糊、弱势的受众概念，而成为存在于不同媒介渠道下不同使用偏好的细分化个体。专业媒体只有改变以往对待笼统受众的传播方式，依照不同的用户群体产生的不同需求来确定传播方式，才能在当下网状传播结构占主导地位的传播环境中实现精准传播。

此种情况下，受到广大网民青睐的微视频成为一项有利载体，使得网状传播结构里的专业媒体能快速地传达给用户。微视频这种媒介形式与专业媒体的融合开辟了一种全新的传播方式。同简单的文字和图片做对比，微视频属于动态的，所以表现形式更加丰富生动，易于传播和接受。与长视频相比，微视频的天然优势就是"微"，信息的获取将耗费更低流量，以碎片化的形态渗透在用户快速变换的移动场景中。

如今，一些严谨和重要的新闻题材的播报方式发生了令大众喜闻乐见的改变。专业媒体的代表新华社就利用微视频报道了很多重要主题及重大突发事件，在理念阐释报道中增加了通俗性和趣味性，丰富了新华社专业媒体的报道形式，深受广大网民尤其是年轻网民的欢迎。比如在 2016 年过年期间，新华社发布《四个全面》的动画 MV，动画的主体就是关于"四个全面"的战略规划，MV 把原创的歌曲和动画融合在一起成为一种创新的报道方式，是探索媒体融合报道的一次新尝试，改变了网民对于重大题材新闻的刻板形象，一经播出就引起了大家的关注。

8.3.2 微视频发展——暗合消费主义

移动微视频运用的逐步扩张，使其变成了一个急速增长、拥有极大潜力的新领域。鲍德里亚在《消费社会》一书中提到，"今天，在我们的周围，存在着一种由不断增长的物、服务和物质财富所构成的惊人的消费和丰盛现象"。他在这本著作中很早就把消费社会的特点指出来了，就是人们进行消费时，不只是追求对物质的满足，还有心理和精神上的满足。

在 2013 年阿里巴巴天猫商城"11.11"倒计时的 7 天里，消费者每天打开天猫移动客户端，都会被推送一条故事类微视频。当消费者看完每个小故事后，在结尾处会发现这是双十一购物节的营销广告。故事的出现，可以迅速吸引网络消费者的注意力，随后将营销活动或商品巧妙地融入这个故事里面，获得消费者的情感共鸣就能使他们对产品生出信任感。

此后，"微视频+"的发展态势把不属于视频平台的网站、移动客户端和微视频结合到一起，网站里面只需要有人浏览，就能像百度百科一样，引入微视频营造商品消费的氛围，从而刺激大众消费。更多不属于视频媒介的平台开始渐渐引入了微视频，比如淘宝、百度等。绝大部分的视频自媒体要想赢取关注，都需要视频平台的推荐。倘若得不到推荐，视频自媒体就很难获得广泛关注和更大的流量。这是 PGC 和 UGC 模式的弊端，用户看到的内容都不是凭空出现的，这跟视频平台编辑的推荐相关，抑或跟视频平台后方的大数据算法紧密相连。

8.3.3 微视频运营策略

微视频的营销方式多种多样，其中有四种最受品牌看重的微视频营销方式，即微电影、创意解说视频、创业纪录片、广告片段。微电影是网络时代的一种电影形式，常将情感诉求与品牌价值和观念融合。创意解说视频通过轻松并富有说服力的方式将产品内容传递给广大受众。创业纪录片通过记录成功人士的创业路程，来向消费者传达企业品牌的理念和内涵。广告片段是一种将广告投放到网络上的营销方式。

微视频的内容运营需要关注以下四点。

1. 打造吸睛的标题

一个具有吸引力的标题，绝对能为微视频营销带来不少的网络用户关注度。值得注意的是，企业在设置微视频标题的时候，需要注意：标题要与内容相符合，不能做"标题党"；标题要点明视频主要内容，要有代表性；最好不要超过 17 个字符；轻松搞笑的标题更能吸引网民的注意力。

2. 深耕微视频内容

微视频的内容决定微视频营销传播的力度和广度，目前具有吸引力通常是有趣、搞笑等类型的视频。因为时长的限制，没有太多的篇幅来铺陈叙事，因此创意就显得极为重要，比如胡戈的七喜系列广告、五芳斋的咸鸭蛋广告和 Timberland 的"踢不烂"广告。与此同时，随着现代人焦虑的加重，饱含温情的微视频能够带来更多触动。

3. 重视微视频互动

相对于传统媒体来说，微视频要更加注重内容的互动性。在微视频的制作中，可以多制作一些容易引发观众共鸣的内容，比如《开学季丨我在"动物园"里上大学》《毕业季丨愿此去前程似锦再相逢依然如故》等微视频，就充分激发了观众的同理心。大多数人有相似的经历，这些话题便能让大家主动参与讨论。企业与其等待网民被动接收视频信息，不如让网民主动参与到传播的过程中，这样更有利于提高微视频营销的传播效率，从而进一步达到营销目的。

4. 塑造难忘的画面

画面张力是微视频的优势之一，精美的画面可以带来良好的视觉体验，也会吸引更多关注。例如《数字峰会的史诗级大片》《三角梅盛开，福州这座立交桥美得让人窒息》等微视频，其漂亮、大气、令人赏心悦目的画面，配上合适的音乐，让观众意犹未尽、"流连忘返"。如今的产品发布会上，通过微视频画面增强感染力已经成为常用手段。

8.3.4 微视频制作形式的拓展

1. 高频使用新型设备，尝试更多新颖拍摄、剪辑手法

在微视频创作中，品牌可以尝试多加使用运动摄像机、航拍无人机、水下摄像机等新型设备，运用"一镜到底"、超高空俯拍等更具表现力与冲击力的拍摄手法，呈现平常肉眼无法

企及的内容，提供更佳感官体验。作为影响视频呈现效果的重要因素之一，剪辑的好坏举足轻重。长片剪短、去粗取精、压缩时长，都是对制作者技术和能力的考验。如《榕博汇快剪视频》《剧透！三分钟带你逛透"5·18"》等微视频，运用"闪卡"这种特殊的视频剪辑手法，把视频、图片、字幕等元素有机融合，配上节奏分明的音乐或快语速的解说词，快节奏地展示亮点，让观众先睹为快，同时视频内容信息量大、节奏感强，有较强的震撼力和感染力。

2. 提升后期包装档次，增强微视频的可看性

微视频在后期包装上下功夫可以有效丰富表达效果，《2分钟带您感受有福之州幸福之城》微视频在包装时打破以往惯例，并不是采用简单的二维字幕动画，而是制作了三维字幕叠加在航拍实景画面中，设置动态跟踪特技，把原本的平面效果变成了立体效果，更具真实感。三维字幕在摆放时也有所讲究，要尽量与画面中的物体相融合，并放在合适位置，以求达到恰到好处的效果。

3. "横屏"变"竖屏"，改换微视频呈现方式

微视频在制作时要注重受众的观感体验，特别是手机用户的感受。如《邀您一起为自贸区打CALL》微视频就一改微视频的呈现方式，由横屏变竖屏。竖屏的呈现方式，更加符合大家的观看习惯，在避免观众"出戏"的同时，也带来了新的观看体验。新媒体环境下微视频凭借其独有的主题凝练、表达创新、传播分享等特性，满足了受众的时代性需求，打破了传统媒体在平台、技术、传播等方面的束缚，有着非常广阔的发展前景。

 课后作业

1. 简述未来短视频的发展方向。
2. 简述如何改进短视频平台的盈利模式。
3. 结合自身理解，说明品牌如何更有效地进行短视频运营。

9 电商平台运营

学习目标

➤ 了解不同电商平台运营模式的区别

➤ 了解电商平台运营的方法策略

➤ 了解品牌在电商平台进行营销的战略

➤ 了解电商化的社交媒体平台的运营规则

➤ 了解未来电商平台的发展方向

推荐阅读

➤ 公众号"TopMarketing"《小红书投放的五大误区》(2022-08-09)

随着互联网技术的发展，电商平台已成为中国国民生活的重要组成部分，它改变了民众的消费行为模式，更促进了我国经济的发展。中国是全球最大的电商市场，并且仍在持续增长中，2021 年中国网上零售交易额达到 13.1 万亿元，同比增长 14.1%。相比以淘宝、京东及拼多多为代表的传统电商渠道，以抖音电商为代表的直播电商增长更加迅猛，在短时间内迅速崛起，已经接棒传统电商，成为电商市场真正的增长引擎，中国电商行业正处在变道增长的关键节点。

用户红利时代已过，电商新内容流量生态正在形成，直播电商营销+销售一体化持续增强，正在拓展传统电商的供应链生态边界。对于新品牌和成熟品牌来说，传统电商渠道及线下渠道营销成本高、增长放缓、品牌营销投入 ROI 较低，品牌方难以实现借力起飞，让品牌快速崛起。对于新品牌来说，积极拥抱直播电商带来的新电商生态有助于实现品牌快速破局、成长及崛起。对于成熟品牌来说，直播电商平台活跃的年轻的用户是品牌未来增量的重要来源，走进年轻消费者聚集地可以提高品牌在年轻用户中的知名度，有助于品牌把握未来市场并刷新品牌形象。抓住直播电商新内容流量红利，与消费者建立"新型关系"，所有品牌都值得一试。

9.1　淘　宝

淘宝一般指淘宝网，由阿里巴巴集团在 2003 年 5 月创立，是亚太地区较大的网络零售、商圈。它同时是中国深受欢迎的网购零售平台，拥有近 5 亿的注册用户数，每天有超过 6000 万的固定访客，每天的在线商品数已经超过了 8 亿件，平均每分钟售出 4.8 万件商品。截至 2011 年年底，淘宝网单日交易额峰值达到 43.8 亿元，创造了 270.8 万直接且充分就业机会。随着淘宝网规模的扩大和用户数量的增加，淘宝也从单一的 C2C 网络集市变成了包括 C2C、团购、分销、拍卖等多种电子商务模式在内的综合性零售商圈，成为世界范围的电子商务交易平台之一。

9.1.1　淘宝平台技术支撑

9.1.1.1　大数据推荐

随着社交化和内容化的升级，比起有明确购买目标的消费行为，越来越多的消费者是"逛着逛着就想买"。如果大数据推荐能精准捕捉消费者的需求点，那么淘宝的宝贝算法推荐无疑是直接且极其有效的引流入口。阿里巴巴集团及其以淘宝为主的平台运营商与品牌运营商在实施广告推送策略之前，可以依据自身客户资源库进行客户需求分析，依据用户过往消费喜好与消费品类进行分类评判，一方面要利用自身的用户数据累积历史，依据用户过往访问痕迹，注入商品品类、词素、时间、浏览停留时长、购买经历与频次、成交次数与额度等数据，建立内部目标用户数据库，并使用数据挖掘和分析技术对这些行为进行分析，较为准确地分析出用户的消费习惯与购买倾向；另一方面，有效利用外部行为数据，精准分析用户触媒习惯，在广告的设计上力求因群而异、差别对待，通过精准的需求分析与广告设计实现按需设计与按需推送。

在坚持"千人千面"算法的基础上，淘宝的大数据技术还构建了实时个性化功能。通过大规模的机器学习优化算法功能，让算法模型具备辨别不同行为模式的能力，捕捉用户的实时需求点和兴趣点，利用用户实时的行为特征形成新的用户画像，从而为消费者提供更精准的个性化推荐服务，也为商家带来更加精准、更加细分的流量。

9.1.1.2 客户服务

灵活有效处理顾客投诉、采取及时补救失误等售后服务措施是保护消费者权益最有效的途径。淘宝在规范售后服务的制度管理、完善售后服务流程的过程中，让单纯传统的售后服务向"整体客户服务流程"转变，提高售后服务的响应效率。在客户服务过程中，淘宝重视顾客体验，耐心回复咨询，积极跟进发货、运输和配送情况，及时回应消费者的疑问，同时发挥阿里旺旺网络聊天的重要功能，不仅在了解货款验收支付处理方式、送货及时与否、售后服务等多个方面促进在线消费，而且通过开展在线消费者联谊聊天活动，进行代金券发放和优质商品信息分享，交流商品信息，使得信息更加透明。此外，网络聊天中的"淘小蜜"可以根据聊天记录协调买卖双方的纠纷，以保证交易的顺畅进行。

与此同时，淘宝坚持对服务质量的严格监控，最大程度实现信息对称，积极维护消费者的合法权益，重视买家对商品质量问题的投诉，对存在品质投诉的商家进行扣分、降级等惩罚，发现商家有侵害消费者权益的不良行为时，对其严格处罚。

9.1.1.3 信誉评价体系

淘宝采用店铺动态评分系统，以心、蓝钻、蓝冠、金冠四个等级来评估商家的信用，除此之外，淘宝网所有店铺违规、产生纠纷的退款及受到的处罚等信息将被完全公布在评价页面。然而，部分商家为博取消费者的信赖，选择利用刷销量、刷好评率的方式获取更高的评级等级，这种"刷单"行为会受到淘宝的严厉打击。

信誉评价系统可以为诚信交易提供参考，保障买家利益并督促卖家诚信交易。因此，信誉评价系统也成为除评价外买家对卖家诚信度判断的重要标准。

9.1.2 淘宝平台服务支持

9.1.2.1 店铺营销推广

淘宝作为中国第一家完全免费的 C2C 分类网站，降低了网民通过电子商务在国际互联网上合法交易的技术门槛。从提升用户消费体验的多个角度分析来看，淘宝在吸引大量用户进入方面已经取得了很大的市场优势。淘宝店的消费体验和服务感受直接培养了淘宝用户的消费习惯、满意度和对服务者的信任。

淘宝的基础在于成千上万的由商家自主搭建的"旺铺"。旺铺是淘宝的一套专业店铺系统，能管理和装修展示店铺和产品，让店铺更加专业，提供更佳的用户体验和更多店铺功能；为商家打造最佳的虚拟商店，随时随地满足一切开店所需。2021 年，淘宝店铺模块由平面展示升级为"LiveCard"模式——可交互、多状态、高效率、跨场景流通。基于店铺模块开放形成的"LiveCard"，重新定义了店铺体系开放的新标准和新形态，引领消费者体验从静态图文浏览到交互式、参与式逛店的全新体验。每一个"LiveCard"都可以是一个小部件或是小部件+小程序，以此为店铺的窗口可以建立起与消费者的深度联结。

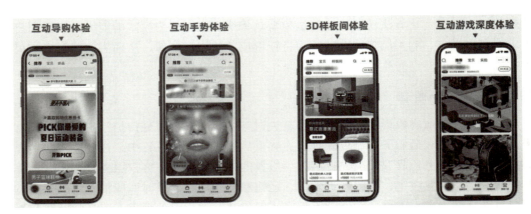

图 9-1　淘宝店铺的"LiveCard"体验模式

除此之外，淘宝还向卖家提供管理工具，主要解决卖家经营中管理和效率问题，包含批量处理工具、进销存软件、会员管理、电子商务软件、分销系统等，同时提供专业数据分析工具，传递数据化营销理念。目前淘宝有数据分析工具、数据报告、店铺数据分析等功能，提供质量检测服务，并且向服务商提供开放接口和模块工具包进行合作定制开发，帮助淘宝卖家提高店铺流量、购买转化率和客单价，包括营销类在线软件产品应用，含有店铺推广、促销工具、导购展示、会员营销、互动营销等。

9.1.2.2　第三方物流配送

目前淘宝网实行的物流方式是推荐物流，淘宝为了更好地为卖家和买家服务，采用与物流企业进行供应链合作的策略。所谓供应链合作就是淘宝与物流企业合作，为广大的卖家和买家提供可选择的物流服务，使物流企业能直接在网站后台接收和处理客户的物流需求订单，从而建立一个真正意义上的 C2C 电子商务平台。这个物流服务具体的功能如下：①淘宝网在"运送方式"上为卖家和买家提供物流供应商的推荐合作服务，让卖家和买家可以自由选择与物流商合作。②淘宝网与物流供应商合作，当卖家处理了一个顾客的订单后，在合作的物流供应商后台能够接收并立即处理交易客户的物流订单。③卖家可以在淘宝网上选择"推荐物流供应商"，也可以自己选择另外的物流商，卖家在拍卖产品时有自由选择物流商的权利。④淘宝网具有计算"物流价格"的功能，网站能够根据卖家和买家地址自动计算出各个物流供应商的运送价格，也允许卖家重新修改物流费用。

基于淘宝平台，卖家可以把自己的企业、产品和服务做得更好，不用再为仓储、配送等物流问题耗费资源和精力。而对于第三方物流企业来说，最大的一个好处就是可以整顿良莠不齐的快递市场，使快递市场里的各家快递公司做到服务标准化，集中物流资源和客户市场，寻求共同盈利。

9.1.2.3　独立支付平台

支付宝是蚂蚁集团旗下的线上支付平台。2011 年，支付宝正式从阿里巴巴集团剥离，但在此之前，支付宝和淘宝作为同集团的产品，无论是在剥离前还是后，在支付、引流等方面都为淘宝做出了巨大贡献。作为网络支付的先驱，支付宝已成为面向全球的电子商务基础服务平台，其以较大的规模资本为基础，通过扩大规模经济的营销策略不断延展自身的市场空间，并在技术条件上为客户持续提供基本的安全保障。支付宝在数字营销的过程中，将"简单""安全""快速"作为自身的主打特征，在参与市场竞争的同时，时刻突出自身信用服务的核心，不断扩大市场占有空间。而在发展中，支付宝也将自身网络支付的内容作为基础，在开发交易承保、自主缴费、转账服务、信用卡还款、个人理财等多项功能后，逐渐将自身的金融业务与线下经济内容相结合，形成横跨商品零售、文化活动、交通出行等多项功能内容的服务项目。

2016 年，支付宝推出"集五福"（爱国福、富强福、和谐福、友善福、敬业福）活动。活动主角从支付宝变成参与发福卡的商家，参与活动的商家都可以在小程序和生活号发福卡，借"五福"IP 热度直接沉淀私域用户。而在往年，"福卡"发放方主要是支付宝，商家仅能参加冠名福卡。

图 9-2　支付宝五福卡

发福卡只是商家与用户互动的一环，以集福卡的 IP 和流量共享为起点，商家能从支付宝获得一系列私域运营链路和工具。商家私域发福卡的过程中，可搭配优惠券、基础会员、储值会员、收藏等各种平台开放工具，让福卡的领取过程和服务、转化强关联。这标志着走到第七年的五福，不再仅是消费者们过大年的娱乐活动，也成为商家私域的一场盛事。

9.1.3　淘宝平台促销策略

9.1.3.1　网店内部促销策略

针对淘宝上商店的特点，网店内部的促销策略着重考虑销售促进和信用管理两种方式。

1. 销售促进
网店内部的销售促进手段以免邮费、打折、赠品为主，其余方式为辅。

1）包邮

网络购物中间环节的邮费问题一直是买家关注的焦点之一，这会影响买家对于网购价格优惠的感知。当前邮费主要有邮局（包裹平邮）、物流快递、特快专递等。平邮的价格较低，但周期较长；物流快递价格适中，送货周期在 3~5 天；特快专递的价格昂贵，因此快递公司是最被买家接受的。店主可以根据买家所购买商品的数量来相应地减免邮费，让消费者增加对优惠的感知。

2）打折

折扣主要采取以下两种方式：一是不定期折扣。因为在节日期间人们往往更具有购买潜力和购买冲动，因此在一些有特色的节日，如春节、情人节、母亲节、圣诞节等，商家会进行打折优惠。同时，店家应选择商品价格调节空间较大的商品参加活动。这种方式的优点是符合节日需求，吸引更多的人前来购买，虽然折扣后可能会造成利润下降，但销售量提高保证了总的销售收入，增加店内的人气，获得更多的顾客，对以后的销售也会起到带动作用。二是变相折扣。如采取"捆绑式"销售，以礼盒方式在节假日销售。这种方式的优点是符合节日气氛，更加人性化。

3）赠品

赠品促销的关键在于赠品的选择，一个得当的赠品，会对产品销售起到积极的促进作用，而选择不适合的赠品会造成成本上升，利润减少，顾客不满意。选择合适的赠品应注意：第一，不要选择次品、劣质品，这样做只会适得其反，影响店铺的信用度。第二，选择适当的能够吸引买家的产品或服务。可以赠送试用装或小样，还可以赠送无形的东西——服务。第三，注意赠品的预算，赠品要在能接受的预算内，不可过度赠送赠品，这会造成成本增加。

4）会员、积分

凡在网店购买过商品的顾客，都能成为网店的会员。会员不仅可享受购物优惠，同时还可以累计积分，用积分免费兑换商品。此方式的优点是吸引买家再次来店购买，并介绍新买家来店购买，不仅可以巩固老顾客，使其得到更多的优惠，还可以拓展发掘潜在买家。

5）红包

卖家可以根据各自店铺的不同情况灵活制定红包的赠送规则和使用规则。通过此种手段可增强店内的人气，由于红包有使用时限，因此可促进客户在短期内再次购买，有效提升网店销量。

6）官方促销

淘宝官方会不定期地在不同版块组织不同的活动，参与活动的卖家会得到更多的推荐机会，这也是提升店铺人气和促进销售的一个好方法。要想让更多的人关注到网店，店主就要经常关注淘宝的首页、支付宝页面、公告栏等发布的活动，并积极参与。

7）社群促销

图 9-3　淘宝社群

淘宝店主可通过淘宝群聊随时随地触达用户，在群内传递产品或节日促销讯息，维系长期忠诚用户。淘宝群可针对场景进行分类建群、分人群运营，以便明确用户，提升效率。一般来说，淘宝社群分为四个类别：商家群——可配多类门槛，最高百万容量，适配各类运营场景；快闪群——目的在于蓄水新客，服务于活动大促，从而高速转化新客；会员群——锁定店铺会员，维系忠实顾客，给予消费者独特权益以彰显身份；直播群——适用于直播铁粉，进行双向导流，群聊店铺双向互通，直播消息将自动同步。

2. 信用管理

信用评价是会员在淘宝交易成功后，在评价有效期内（成交后 3 ~ 45 天）就该笔交易互相做评价的一种行为。信用评价不可修改。评价分为"好评""中评""差评"三类，每种评价对应一个信用积分，具体为："好评"加 1 分，"中评"不加分，"差评"扣 1 分。一方面，网店的信用级别会对消费者的购买决策产生影响；另一方面，买家在交易后对卖家所给的信用评判表示关注。由此看来，店主一方面要诚信经营，提升自己的信用度和信用级别；另一方面要把握好这个宣传机会，在每次交易后不仅要对买家做三个级别的评判，还要在评判留言栏留下相关的店铺信息，如"我们将在下周进行全场商品九折活动，欢迎再次光临"。这样一来，评判留言栏就成了一个促销信息的发布专区，合理地利用了网络资源。

9.1.3.2　网店外部促销策略

网店外部促销策略可以采取搜索引擎、销售联盟和广告促销三种方式。

1. "三管齐下"专攻搜索引擎

许多用户上网首先浏览的页面是淘宝搜索引擎页面，这时，脑海中就会出现一些他们所需要商品的关键词，然后通过引擎搜索到符合条件的商品。因此，要想提高网店商品被浏览的概率，就必须对搜索引擎排序原理有充分的了解。淘宝商品的搜索排序先后规则有四个部分。第一部分是被设为橱窗推荐位的宝贝；第二部分是橱窗推荐中近 90 天内未被人购买的商品；第三部分是未被橱窗推荐的一般宝贝；第四部分是一般宝贝中近 90 天内未被购买的商品。从这个规则来看，网店要想办法让商品在同类商品的排名中尽量显示在前几页，就必须从商品名称、定时发布和橱窗推荐这三方面入手。

（1）商品名称——30 个汉字以内，尽可能包括商品更多的信息。

（2）定时发布——保证商品处在搜索结果的首页。

（3）橱窗推荐——巩固加强，确保万无一失。

选择推荐的商品主要注意以下几个方面：第一，买家对商品第一印象就是图片，因此图片要内容清晰、光线充足、主体突出；第二，商品标题要清楚，用简洁的语言表述商品属性和特点；第三，挑选具有相对价格优势的商品；第四，商品描述详细，提供更多关键部分的细节图展示。

2. "1+1＞2"促销策略——销售联盟

对于销售商品的性质相同、价位区间相同、网店的目标顾客也相同的网店，可以采取竞争品协同营销的策略，即销售联盟。让多家竞争网店联合成为集群，同时通过网店内友情链接将这些竞争网店链接起来，友情链接可以促进网店之间的商品信息交流，无形中给加入销售联盟的网店带来一部分"转移顾客"。这样一来就形成了一个"销售圈"，不仅可以提高网店知名度与成交率，还能更好地与顾客建立关系。

3. 广告促销

广告促销作为电商最基本的促销竞争策略，在传统媒体与新媒体上进行宣传。例如，淘宝每年在节日活动之前都会进行电视媒体的促销。随着近几年电商的快速发展，淘宝天猫等电商平台在电视媒体等大众媒体的平台上投放比例越来越大，从 2015 年开始，基本上在活动开始两个月前就已经开始借助电视广告进行宣传。同时，通过网络、电视等媒体进行病毒式营销，增强每个平台在"双十一"活动期间的促销力度，让消费者在活动之前就已经开始着手准备。

9.1.4　淘宝直播

9.1.4.1　淘宝直播概况

2019 年直播电商爆发，进入真正的电商直播元年。借助于传统电商平台齐全的服务功能、完善的电商购物体系以及强大的供应链支持，淘宝直播 2021 年商业交易总额超过 5000 亿元。

图 9-4　淘宝直播成交金额增速 TOP10 行业

直播本质上是一种丰富的流媒体内容形式，如今将兼具娱乐和专业的销售内容整合进电商交易中，打造出了"云逛街"的效果。相比传统电商，直播电商在呈现形式、互动形式、社交属性、决策成本等维度都具有显著优势，实现购物体验的升级和交易的更高效。

淘宝直播与传统电商的不同在于，第一，呈现形式不同，传统电商的商品展现以图片和文字为主。淘宝直播基于视频，商品展现维度丰富，用户"所看即所得"。第二，互动形式不同，传统电商的用户主要通过文字聊天与客服交流，得到的反馈不够及时，而淘宝直播具有强互动性，直播间氛围活跃，营造沉浸式购物场景，用户边看边买，体验感强。第三，社交属性不同，传统电商缺乏社交行为，以宅在家"云购物"为主，淘宝直播间里，主播与用户、用户与用户之间能即时沟通，直播电商社交关系属性较强。第四，决策成本不同，传统电商用户需要花费更多时间对产品信息进行对比才能做出消费决策，时间成本高。而在淘宝直播间中，主播在亲身讲解产品的功能及优势的同时，用户对产品的疑问可以在第一时间得到专业解答，降低了用户购物决策的时间成本。

9.1.4.2　淘宝直播特点

1. 云逛街模式

"云逛街"，顾名思义，即足不出户的线上购物模式。云逛街有两个优点，一是购物更轻松，二是购物社交成本低，直播购物可以避免线下的矛盾冲突，对直播间主播不满意可以右划手机屏离开。

2. 所见即所得

基于 5G 通信技术，淘宝直播已经可以做到所见即所得。以 2019 年淘宝暖冬节为例，许多主播到工厂直播工人制作羽绒服，让观众近距离观察羽绒服的制作过程，最终直播间的羽绒服成交取得佳绩。

3. 粉丝经济

相比人与物沟通的生硬刻板，人与人的沟通更容易产生感情。淘宝主播会以"我怎么用的、我家人怎么用的"这样有代入感的形式直播，让电商平台的主播逐渐拥有 KOL 属性与明星效应。

9.1.4.3　淘宝直播发展趋势

1. 明星直播

2018 年，许多淘宝店铺与品牌商沟通，让代言的明星通过第三方平台进行导流，引导粉丝访问直播间。2019 年"双十一"期间有一百多位明星亲临淘宝直播间带货。在明星直播间中，往往每期都有不同的主题内容策划，并且加入了综艺的元素，为直播间增色圈粉不少。直播电商不再局限于商品本身的价格、质量，而是在直播形式上形成巧思：用消费者更加喜闻乐见的综艺娱乐的方式，联合明星嘉宾，通过剧情的设计策划、聊天互动、玩游戏、表演节目等形式，丰富直播内容，让简单直接的商品推荐直播变成生动有趣的明星见面会，增强了消费者在直播时的参与感。

2. 品牌 CEO 直播

2019 年年末，突如其来的新冠肺炎疫情无疑加速了直播行业的进程，也推动了各行各业跑步进入"直播+模式"。面对疫情对线下业务的冲击，诸多企业 CEO 亲自上阵，选择自己为品牌代言，用直播这一模式为企业换取生机。

例如，2020 年 2 月 14 日，某一护肤品品牌创始人迎来自己的淘宝直播首秀，2 小时内吸引了 6 万余人观看，总销售额近 40 万，相当于其公司 4 个线下销售门店 1 个月的销量。

3. 虚拟直播

虚拟主播处在高速发展的时期，在淘宝的应用当中，用户更希望在直播中看到"虚拟偶像"。在"双十一"期间的直播里，直播刚开始以及主播下线后的时间段由虚拟主播上线回答问题，提高了受众对于虚拟主播的接受度。这种结合的方式，更大限度地带给受众舒适，还可以缓解主播的劳累。在未来的发展中，虚拟主播将更好地与人结合，更大程度地辅助真人主播，甚至独自完成直播。有关虚拟主播的内容，详见 11.3.3。

9.2 拼多多

拼多多成立于2015年9月，是一家致力于C2B拼团的第三方社交电商平台。用户通过发起和朋友、家人、邻居等的拼团，可以低价团购商品。这种通过沟通分享形成的社交理念，形成了独特的社交电商思维，在电商巨头的角逐中渐渐拥有一席之地。拼多多开创了社交电商的蓝海，在众多已成形并拥有良好数据的电商平台中"夹缝中求生存"，其成功的经验离不开与淘宝、京东等平台差异化的营销模式。

区别于淘宝和京东，拼多多采取了不同的战略定位。首先，拼多多初期将用户锁定在下沉市场的低消费群体，他们消费需求大，更加看重商品的价格而非质量。这样可以避开阿里与京东的目标用户，减少市场竞争的压力。同时，拼多多与腾讯合作，利用微信进行大力宣传，取得了极大的关注度和流量，通过低价商品的大批量需求让制造商实现规模经济，进一步降低价格，也为日后供应链的构建打下基础。其次，拼多多启动"百亿补贴"计划，对中高端商品进行价格补贴，除了可以增加用户黏性，还能树立一个物美价廉的品牌形象，同时吸引高端消费用户群体的关注，扩大市场规模。最后，拼多多响应扶贫攻坚政策，专门推出农产品上行活动，利用C2M（用户直连制造，Customer-to-Manufacturer）①模式进行农产品销售，避免中间商加价，不仅提高了销售效率，还赢得了口碑。

9.2.1 社群营销

9.2.1.1 社群营销模式

"社群经济"是指为顺应社会发展趋势，一些有相同认知、联系和需求的人们相互作用形成的经济系统。这种有情感信任的群体再加上一定的价值反作用于用户，可以取得经济上的成就，从而成就"社群经济"。随着互联网经济的发展，网上购物成为人们日常生活的重要部分。拼多多的营销模式建立在充分运用社群效应的基础上，形成了当前经济形态中一种新业态的交易型"社群经济"。在互联网环境下，社群营销带来的超强传播效应和社群本身超低的边际成本使得其产品及平台的宣传强度更大、成本更低。依靠社群营销，拼多多以消费者向亲朋好友推送拼单助力等方式建立了庞大的用户群体，利用人际关系推广让更多用户参与其中。同时，拼多多内置多样化互动游戏，例如多多果园、多多牧场、多多爱现金等游戏来满足用户多元化体验，用高质量的社群活动充分调动用户参与度，用片刻的成就感提升用户体验，从而丰富社群营销模式。拼多多不仅能留住老用户，利用老顾客人际关系作为推广，同时可以吸引到更多新用户，如此良性循环，吸引更多商家入驻平台，因此在社群营销中，拼多多不仅能和消费者建立稳定关系，还能和供应商、经销商及其他利益相关者建立牢固的伙伴关系，形成一种价值共创的商业模式。

然而，消费者的需求是不断变化的，一成不变的营销手段终会让消费者厌烦。虽然拼多多的优惠会让新用户眼前一亮，但从长远来看，新鲜感过后，产品内容的低下、频繁的助力套路等问题就会暴露出来，其高度利用社区营销也反映出本质上对社群营销产品开发程度较低。

---

① 一种新型的工业互联网电子商务的商业模式，又被称为"短路经济"。该模式由必要商城创始人毕胜提出并率先实践。

9.2.1.2　社交拼团模式

拼多多主推拼团购买方式，利用低于平台均价的团购价格吸引消费者。在购物方式上，拼多多有"单独购买""参与拼单"和"发起拼单"三种模式，用户可以在挑选商品时直观地看到在"单独购买"和"拼单购买"不同购买方式所带来的差价。针对用户消费后的反馈，拼多多还设立了"拼小圈"，利用用户社交关系进行拼单商品的评论信息交流，既有助于实现对商家的优胜劣汰，也有利于提高用户对拼多多产品的信任度。

有别于传统团购的单方优惠券模式，拼多多将社交属性嵌入"拼团"中，将线下的"熟人经济"搬到了线上，结合大数据和算法，将"人找货"的常规网上购物模式转换为"货找人"模式，从而创新了购物模式，重新塑造了用户的购物体验。一方面，在熟人信任基础上的社交网络扩张能够快速吸引用户注意力并促成交易，达到精准营销的效果。另一方面，通过熟人推荐以及用户在购物过程中的互动，可以增加产品在目标用户群体中的曝光度。拼多多通过"拼团、砍价"等融入社交元素的购物模式，不仅使得用户的购物过程娱乐化，也使得老用户成为主动拓展新用户的主要力量。与此同时，通过社交+电商的营销模式，拼多多把每一个参与团购的用户都变成了一个流量节点，他们每一次分享砍价都为拼多多做了免费广告，大大降低了拼多多的宣传成本，也加快了其获得用户的速度。

然而，拼多多的社交拼团模式也存在一定的问题。例如，这种基于强社交的方式不利于多种商品品类的销售。消费频次较高、需求量较大的日常消耗品类产品可能更适合拼团，但不利于一些低消费频次产品的推广。

9.2.1.3　社区团购模式

近年来，随着我国居民收入水平、消费水平的不断提高，消费结构与消费方式有所优化，国内社区团购发展的宏观经济条件已经形成。社区团购是借助微信朋友圈、第三方软件等平台，以社区群体组织的共同消费为出发点，依赖供应链管理的C2M或C2B模式下生活化、本地化、现实化的一站式闭环交易，属于社群经济商业模式，是销售渠道的创新形式电子商务的应用。相比以往的团购模式，社区团购具有"两低、两高、两依靠"的特点，即获客成本低、物流成本低、信息化程度高、用户黏性高、依靠供应链管理、依靠网络平台。

由拼多多平台推出的社区团购业务"多多买菜"是依托于拼多多成熟的供应链管理的C2M渠道创新之作，在微信小程序数月的内测与市场试水后，于2020年8月登入官方软件应用平台，主打销售新鲜果蔬、肉禽粮油等以"一日三餐"为主的生活必需品。

多多买菜在成长过程中实现了三个统一。

1. 供应链、用户、市场的统一

从信息流角度，"多多买菜"将厂商所供与用户所求紧密联系，使供求信息被及时反映且得到快速响应，达成信息渠道的畅通与统一，减少交易阻碍与摩擦。从物流角度，"多多买菜"具备良好的物流基础，缩短了业务前期与外包物流匹配、适应的磨合期，兼顾消费者的购物便捷程度与体验感。同时基于社区团购集中配送、用户自提的特性，"多多买菜"的物流可节省下配送点到用户住处"最后一公里"的费用，降低物流成本。从资金流角度，"多多买菜"次日提货的特点使得用户的总交易时间在1天左右，缩短了资金周转期限，便于"多多买菜"提高资金流的使用效率。

2. 价格、产品、渠道、促销的统一

价格层面，"多多买菜"总体商品价格低于市场均价，同时无起送门槛，减少了消费者凑单的担忧，拓宽了其市场广度。产品层面，"多多买菜"集中力量销售柴米油盐等必需品，且提供良好的售后服务，当用户对商品有疑惑时及时提供解答，对商品不满时提供优质可行的解决方案，进一步打开了市场。渠道层面，"多多买菜"省去了零售商、代理商等环节，相较于传统供销模式增加了消费者剩余，优化了市场渠道结构。促销层面，类似于母平台拼多多的"百亿补贴"营销策略，"多多买菜"设置了"秒杀神价"整点抢购的促销活动，有侧重地设置"爆品"的促销，引导、刺激消费者的购买欲望，为其未来市场发展的深度铺路。

3. 用户黏性与激励机制的统一

"多多买菜"着重培养用户的品牌偏好，注重广告投入的有效性与购物者回购反馈，努力提高用户黏性。同时，"多多买菜"充分挖掘"团长"带货能力，参考其他社区团购的激励机制，利用团长与消费者的强互动性与需求的高了解性，加大引流人的酬劳，减少团长提现难度，建立了更加稳定的客户关系，进一步减少了目标用户的流失。

9.2.2 低价营销

9.2.2.1 拼多多目标客户

拼多多进入电商平台领域时，我国电商平台的市场竞争格局大势已定。拼多多通过对目标用户进行细分领域的重新定义突出重围。

中国有 10 亿左右的人口在三线及以下城市与农村居住，这些人口的消费需求往往被大城市消费者的需求所掩盖，但是三线及以下城市的消费者的购买力却是非常惊人的，因此，拼多多选择海量的未被满足的三四线城市和农村地区的消费群体作为目标用户的切入点，从而避免了与淘宝、京东在同一市场领域的直接竞争。

除地域对拼多多决定目标用户有影响外，社会消费心理也在决定目标用户的过程中发挥了一定的作用。我国的"赶集文化""熟人经济"塑造了拼多多关注的这一类用户群体，即没有明确购物目标，但在熟人推荐或是"集市"互动中产生购物冲动，对价格极为敏感但缺乏品牌意识的用户。这一部分用户虽不是电商平台的主流用户，却拥有巨大的消费潜力，拼多多因此放弃了在主流市场竞争，而是创新性地选择了服务这一部分长尾商家和长尾消费者。

9.2.2.2 低价营销策略

所谓低价营销就是利用低价的策略来吸引消费者的眼球，从而提高市场占有率。拼多多选择以三四线城市以及农村消费者作为其目标客户，而这些目标客户在网购时更加关注价格，促使拼多多针对性地实行低价营销。

拼多多的低价营销模式成功的原因有二：一是对商家进行价格控制。拼多多平台上的商家若想参与拼多多平台的"产品推荐"活动，必须提供低于淘宝平台相同产品价位的链接才可过审，这一措施有力地促进了拼多多平台的商家制定更低的产品价格。商家制定的产品价格虽低，但因为拼多多的客流量能让他们实现薄利多销，所以即使商家话语权较低，依旧有许多商家愿意入驻。二是采用拼单模式和与工厂直接对接的形式，大大降低自身生产成本。

除此之外，参加拼多多拼单活动的用户，需要在一定时间内找到一起拼单的好友，才能获得低价优惠。拼单这一病毒式传播营销的手段，更好地扩大了用户市场。

9.2.2.3　百亿补贴

由于进入市场时，拼多多定位低端市场，要求商家制定较为低廉的价格。但是部分商家为提高利润售卖劣质商品，导致消费者收到货不对板的商品，拼多多一度被嘲为"并夕夕"。长久来看，此举将损失消费能力更为突出的中高端消费群体，不利于拼多多的可持续性发展，拼多多需要吸引高端品牌入驻。其通过"百亿补贴"项目与大量知名品牌商家进行合作，由中国人保财险保障商品正品，打破了用户只敢在拼多多上购买低值物品的局面。补贴后的优惠价格加上正品保障，不仅可以吸引更多高端市场的用户群体，也在一定程度上改善了拼多多的"山寨"形象。除此之外，拼多多还在维持原来拼团交易模式的基础上，通过品牌提升、透明工厂和数字化反向定制等行动进行延续性创新。

9.2.3　裂变式营销

近年来，裂变式的社交互动营销手段已屡见不鲜，例如 2018 年支付宝战队分红包活动、好友邀请点赞等活动就引领了线上参与风潮。裂变式营销是用低成本、巧手法获取更多流量的好手段，然而不是所有东西都适合在互联网上裂变，事物本身需要有很强的"附着力"，才能更容易地进行流行传播。各个商家都在尝试各种营销手段来提升销量，最让商家青睐的还是"裂变营销"。裂变营销依赖熟人社交圈载体，比如微信营销就是基于熟人朋友圈，熟人天生带有一层信任，这也是在微信上做裂变营销效果好的根本原因。

为快速吸引新用户，拼多多巧妙利用社交裂变的爆发性，设计出一系列助力游戏，比如"天天领现金""砍价免费拿"等，在带来用户规模指数级增长的同时，其获客成本仅为主流电商的十分之一左右。另外，拼多多以"多多果园"等游戏为载体，以平台内的社圈和微信等其他社交平台为媒介，得以实现平台用户黏性和平台收入的提高。拼多多正是使用户扮演消费者和推广者的双重角色，基于人际关系扩散商品信息，并依靠裂变式引流，扩大平台的宣传力度。

1. 砍价免费拿

"免费"对于很多消费者尤其是下沉市场的消费者来说具有不可抵抗的诱惑。原本 10 元的商品免费提供给客户比直接提供给客户 20 元代金券带来的效益高得多。拼多多充分抓住了用户的心理，用类似"砍价免费拿"等内容的信息充分博得用户眼球，激起用户参与的欲望。

"砍价免费拿"的模式以引流量为主要目的。通过设置高于商品几倍甚至十几倍的价格，让用户在规定的时间内进行砍价，直到砍到 0 元才能拿到商品。"砍价免费拿"的买家群体庞大，主要是收入中等及偏下者，女性居多，买家之间利用高信任度相互受益。"砍价免费拿"就是利用这些人的特点而设置，通过拉动朋友、亲戚、邻居砍价，形成良性互动，相互受益。在转发链接的过程中，平台增加了关注度和吸入不少的流量，实现了"电商+社交"的盈利模式。

2. 拉新赢现金奖励

拼多多的"拉新赢现金奖励"具体是指：若拼多多的用户想获得平台的现金奖励，就必须主动邀请其亲朋好友一同参与进来，其中已经使用过拼多多的好友只能占据奖励的极小部分，而从未注册过拼多多的用户才是触发大部分奖励的关键。这就要求老用户必须诱导新用户下载拼多多 App 并注册成为拼多多的用户，如此一来，拼多多的用户数量就从一名用户迅速扩大到该用户周边几乎所有亲朋好友。该模式主要利用了消费者的好胜心理，引导消费者持续付出时间和精力、运用社交资源，其本质为消费者与自身心理的博弈。拼多多将每一个用户看作社交拼团的裂变原点，每一个人都可以是流量的入口，也可以是流量扩散的渠道，利用他们的朋友圈、社交网络，在短时间内聚集大量用户，实现用户的指数增长。

传统经济有较高的趋同性，而在"社群经济"模式下信息量将被垂直细分，消费者在"社群经济"的诱导下主动帮平台人工识别新的客户，进而实现有针对性地挖掘新客户资源。拼多多利用大多数消费者的获利心理，利用低成本的裂变式社交营销赢得大量用户，并利用亲朋好友之间的信任，实现平台的高曝光，维持了大量活跃用户。

9.3 京 东

9.3.1 京东用户增长方法论

京东 GOAL 方法论是京东以用户精细化运营为理念，利用自身数据优势和平台资源打造的一套从数据分析、运营策略、到落地实施的品牌用户增长运营方法论，旨在帮助品牌更高效地实现用户增长。字母"GOAL"分别对应的是"Targeting Group（靶向人群）""Osmosis（渗透增长）""Advancing（价值增长）"以及"Loyalty（忠诚增长）"四个词组。京东 GOAL 方法论通过"用户精准定位、4A 价值流转优化、用户高价值识别、海量数据标签化、用户分层运营、用户价值贯通、会员沉淀"等实践验证，探索出品牌成长三维模型下更具实操性的营销方法论。

9.3.1.1 京东 GOAL 方法论实施步骤

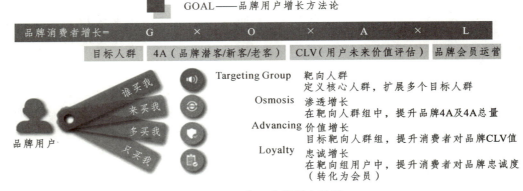

图 9-5　品牌用户增长方法论

京东 GOAL 方法论实施起来分为四个步骤：

TargetingGroup（靶向人群）：即根据京东数亿实名用户的自然属性、社会属性、用户消费行为习惯数据，将人群科学聚类分析形成十大靶群，如都市家庭、小镇中产、都市 Z 世代等。该部分旨在让品牌找到自己在京东平台运营发力的核心人群，有效"识别核心战场"。

Osmosis（渗透增长）：指品牌渗透率和转化率的提升，即从数量和质量出发，衡量用户运营的健康度。在此部分，品牌可结合数据进行多触点布局，针对靶向人群在公私域高效提升渗透率和 ARPU，扩大品牌 4A 消费者资产。4A 资产是指对类目、品牌或 SKU 维度保持"认知（Aware）、吸引（Appeal）、行动（Act）、拥护（Advocate）"的 4 个状态人群，是京东进行用户精细化运营的基本概念，代表的是品牌和消费者之间的关系远近。

Advancing（价值增长）：即在品牌用户中瞄准目标人群，结合京东的数据算法能力，识别用户中长期价值，并通过持续运营对其加以提升。

Loyalty（忠诚增长）：即致力于提升用户对品牌的忠诚度，搭建由高价值用户构成的私域品牌会员池，整合用户运营的工具和资源，促进会员高效招募和关系的加深。

9.3.1.2　京东 GOAL 方法论适用场景——以伊利植选为案例

1. 伊利植选项目背景介绍

如今健康成为食品领域的典型标签，植物蛋白饮料的趋势强劲，势不可挡。伊利作为国内乳企巨头，开始进军植物蛋白领域，推出植物营养品牌伊利植选，重点打造植选无糖纯植物基领导品牌。但作为一个新品类，品牌用户资产尚小，精准挖掘核心价值人群难度较大。

2. 策　　略

在京东 GOAL 方法论中，京东根据全站用户特征聚类，形成十大靶向目标人群，如都市家庭、小镇中产等，品牌通过研究各个靶群购买结构分布、靶群购买增速、靶群购买渗透率等指标，结合品牌自己用户靶群分布情况和品牌策略，科学精准地选定品牌自己的核心用户群体，帮助品牌了解"谁买我"，为其进一步精准获客和用户运营奠定基础。

3. 方法论应用

伊利植选的消费群体主要集中在都市家庭、小镇家庭、都市中产和小镇中产人群，结合品牌策略和品类特征，叠加了"轻食代餐""运动营养""减肥塑身"等相关类目标签；基于人群显著属性和兴趣偏好分析后再次叠加健身，爱好咖啡、烘焙、零食，爱下厨等细分标签特征，进一步形成细化靶群标签。经过实践和验证，最终形成植选的三大主力核心人群（健身人群、精英白领、精致妈妈）和机会拓展人群（学生一族）。

4. 效　　果

京东 GOAL 方法论应用期间，伊利植选产品成交人数环比增幅 165%，且新客成本下降 55%；老客回购提升显著，提升了 232%；4A 用户资产增长 25%，伊利植选品牌核心用户占比提升明显。

9.3.2　店铺运营策略

9.3.2.1　数据罗盘：店铺战术指南

1. 数据罗盘介绍

数据罗盘是京东店铺的营销战术工具，该产品融合了京东云计算技术，跨越了业界大数据、高并发、实时展示的三大门槛，为京东开放平台的商家提供专业、精准的店铺运营分析，大幅提升店铺运营效率、降低运营成本、增强用户体验，是商户"精准营销、数据掘金"的强大工具。数据罗盘提供全方位的数据服务，包含店铺分析、行业数据和京东实验室三大板块，涵盖了20余项主题分析。维度包含了流量分析、销售分析、广告分析、仓储分析、配送分析、售后分析、行业分析等，时间跨度从分钟、小时、天、周一直到月。

2. 数据罗盘模块内容

1）经营报告

营销概况中展现了店铺的一些基本流量数据和销售数据，分为日报、周报、月报。通过查看此功能页面，店主能够了解到每一天、每一时段店铺整体的经营情况，做到心中有数，同时根据趋势图做出分析与预测。

2）销售分析

商品统计排行提供热销排行（前15位）的商品销售数据。点击进入商品统计排行页面，店主可以了解到浏览量、下单量、下单金额等各项经营业务指标。

3）流量分析

商家可点击菜单按钮选择流量概况、流量来源分析、流量来源趋势分析、访问频次分布四个子模块，其分别反映了商家的总体流量情况、站内及站外来源分布情况、各种来源的趋势及访问频次的分布情况。

4）广告分析

广告分析指快速查询按钮提供按本周、上周、本月、上月的快速查询功能。同时，店主可以直接选择具体日期、周或月份进行查看。

5）客户分析

店主可以通过选择具体月份进行查询。客户规模分析图不仅展示所选当月的各级用户规模，而且提供所选月份前一月数据对比查考。会员类型划分为注册、铁牌、铜牌、银牌、金牌、钻石、双钻、企业、三钻、四钻、五钻。图中有各级会员规模具体数据的展示。

6）仓储分析

店主可以按月份查看库存简报，快速查看本月及上月的数据。库存简报概况包含详细的库存统计数据，不光包括基本指标数据，还会呈现"周转天数""商品周转次数""商品动销率"这些衍生指标，让店主充分了解库存的运转状况。

7）来源分析

该功能主要统计站内的店铺来源，方便店主查看不同流量来源的入店次数变化曲线，寻找流量来源薄弱环渠道，做好相应的推广工作，有助于店铺浏览的增长。

8）关键词分析

关键词成交 Top100 分析表，为店主列出搜索次数 Top100 的关键词的各项统计信息。除搜索次数是全站统计之外，提交笔数、提交金额、转化率都是店铺的相关信息。

9.3.2.2 营销方法：提升销量必备

1. 关联营销

关联营销是指一个商品页面同时放了其他同类、同品牌可搭配的有一定关联性的商品。也可以从商品属性等所要营销的方面寻找关联性，实现深层次的多面引导。其目的在于让客户买更多以及让更多客户购买。

2021年某产品迎接"11.11"大促活动期间，推出的一款粉底液产品。店铺内做了很好的关联营销。用户在搜索第一款产品时，如若没有对产品产生购买意愿，便会遵循"为你推荐"功能的引导，查看同一品类的其他产品，帮助用户完成购买决策。

2. 会员营销：会员管理系统

京东会员关系管理系统提供数据分析，具有三大功能，分别为智能分析、营销活动和会员体系。

1）智能分析

在店铺运营过程中，需要对会员的生命周期进行管理。了解新老会员对店铺的贡献占比能够帮助评估会员的忠诚度，评估对会员使用促销手段的效果，从而提升店铺转化率。

2）营销活动

商家可以借助此功能，通过良好的活动策划，利用优惠券发放提升自己的销售额，做到精准的定向营销。其步骤主要为活动创建、选择营销活动的会员对象、确定营销活动方式与内容、发放优惠券。

3）会员体系

建立会员体系是为了划分会员级别，针对不同级别的会员做有针对性的营销活动，这个板块中包括四项功能：会员等级、会员标签、会员查看和会员模型。

9.3.3　京东直播

京东直播是京东商城重点打造的引流入口，通过首页进入京东直播界面，主要包括精选、优选好价、品牌好店、达人精选、同城五方面的内容。商家要想通过京东直播引流，首先需要在商家后台的京东达人平台上申请成为达人，再申请直播权限。当获得直播权限后即可选择直播方式进行预约，确定好预约时间和内容后，商家即可创建直播。创建直播有两种方法，一种是通过达人平台创建；另一种是通过商家后台路径创建，即商家后台→内容营销→营销工具→京东直播。

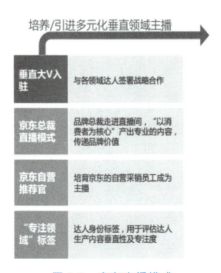

图 9-6　京东直播模式

京东直播在达人培养方面选择差异化打法，采取"培育垂直性专业主播，差异塑造高品质直播"的策略，不以流量为唯一考量，关注主播的领域专业性，通过大力培育、引进各垂直领域主播，京东直播打造高内容质量的直播，在带货的同时帮助品牌商传递品牌价值。

以科技大V王自如在京东直播华为发布会的首秀为例，他能够全面地展现数码产品特征、精确抓住产品卖点和亮点、直击消费受众的痛点和痒点，其专业讲解在带货的同时，也为新品进行内容营销，直播的商业价值具有长尾效应。最终，王自如的京东直播间峰值在线人数突破340万，除互动抽奖无额外折扣情况下，其单场带货GMV实现破亿的成绩。

9.4 电商化的社交媒体平台——抖音、小红书、哔哩哔哩

9.4.1 抖 音

9.4.1.1 抖音电商功能

1. 抖音商品橱窗

抖音商品橱窗是2018年抖音平台上线的电商功能，当用户在抖音平台累计发布10条短视频作品并拥有1000个粉丝后，便可向平台申请开通抖音商品橱窗功能。抖音商品橱窗主要是与淘宝、京东等主流第三方电商平台合作的一种电商功能，显示在抖音个人页的左上角。在抖音商品橱窗用户可以购买自己在短视频中看到的商品，用户只要选中相应商品就会直接跳转到淘宝、京东等第三方电商平台里的店铺进行购买。在2020年年底，抖音加强了直播带货管控，要求全平台商品必须通过巨量星图任务才能进入达人直播间，抖音直播间只支持小店商品，第三方来源的商品将不再支持进入直播间。

2. 抖音小店

抖音小店是2019年抖音橱窗的功能升级，是抖音平台自主开发的内部电商店铺，适合不想使用淘宝、京东等第三方电商平台或者没有第三方电商平台的用户。最初，开通抖音小店需先开通抖音橱窗、资质齐全且必须拥有30万的粉丝量，但从2019年11月1日开始已取消30万粉丝的硬性要求。抖音小店的入口与抖音橱窗共用，不同的是用户在小店内选择商品后不会跳转到第三方电商平台，而是直接在抖音平台内部就可下单购买并进行订单状态查询。

3. 抖音视频购物车

抖音视频购物车是抖音平台在抖音橱窗及抖音小店上拓展出的辅助性功能，商家可以通过它将视频同款产品的购买链接直接挂置在视频页面上，用户在观看视频后若对产品感兴趣，便可在视频页面通过购买链接直接跳转到产品的购买页面。

4. 抖音小程序

抖音平台在推出抖音橱窗及抖音小店后，又在2019年下半年推出了抖音小程序。抖音小程序比抖音橱窗和抖音小店的功能更加丰富，给予用户的操作权利也更大。开通抖音小程序的用户不仅可以在小程序内发布商品进行销售，也可DIY用户的需求。同时抖音小程序的资金回款账期短，相对于每月15日和30日回款的抖音橱窗和抖音小店，在抖音小程序上经营的资金压力较小。

5. DOU+推广

　　DOU+是抖音官方基于抖音平台优质的用户流量，专门为用户提供的一种推广工具，通过DOU+可以更加高效地增加短视频的播放量及互动率，获得更大范围的作品推广，提高人气，提升内容的曝光效果和热度，辅助抖音运营者更好地运营抖音号，更加精准地寻找及转化公域流量。

6. 鲁班电商

　　鲁班电商是由抖音平台的母公司字节跳动为广告主量身定做的一站式电商营销工具，是基于内容营销的二类电商平台（泛指在今日头条、广点通、智汇推等移动广告平台上，依托优质广告流量做单品销售的商家），电商企业可以通过短视频或 H5 页面的形式将产品投放在抖音、今日头条、西瓜视频等字节跳动旗下的任一社交娱乐平台，以扩大商品的销售渠道。只要产品本身和服务没有问题，鲁班的复购率远远大于一类电商平台（包括天猫、京东、唯品会、拼多多等）。

9.4.1.2 抖音电商模式

1. DOU+推广带货模式

　　DOU+推广模式是使用已经开通视频购物车功能的抖音号结合 DOU+进行投放，通过DOU+可以利用抖音巨大的流量把视频购物车推广给更多潜在的用户进行观看，再通过加强视频的展示效果、评论区的引导等形式来完成购物车的转化，从而打造爆款产品。具体操作：将带有购买链接的创意推广视频上传到具有抖音购物车功能的抖音号，在进行视频引导评论等操作之后进行 DOU+投放，投放的同时进行 ROI（投资回报率）的计算。ROI=［（收入－成本）/投入］×100%。只要 ROI 值保持并大于 1：1.2，也就是说投放 100 的成本如果能获得 120的佣金回报，就可持续进行 DOU+的投放，直到 ROI 值低于 1：1.2 就放弃投放。例如，裤子的单价是每条 100 元，成本占 60%，利润占 40%，每销售一条裤子可以得到 40 元利润，在进行裤子推广视频的上传后，投入 100 元人民币进行 DOU+推广，销售出一条裤子时，此时 ROI=［（100－160）/100］×100%=-60%，ROI 是 1：（-0.6），如果要达到 1：1.2，设裤子销售的数量是 X，则 120%=［（100X－60X－100）/100］×100%，解出 X=5.5，即销售 6 条裤子就能赚取佣金回报，而 100 元 DOU+可以换来 2500 至 10 000 的播放量。据有关数据统计，DOU+转化率在 0.3%~0.5%之间，按最低 0.3%计算，如果流量为 2500，那么投放 100 元可转化下单 7.5条裤子；如果流量达 10 000，那么可转化下单 30 条裤子。实际上每个播放量都有可能成交一条裤子，因此 DOU+方式经常被用来进行爆款产品的推广。

2. 抖音 IP 模式

　　抖音 IP 模式是由达人构成的带货模式，主要是通过短视频等形式塑造 KOL 的人设，树立账号的达人形象，然后再打造账号的独特性和辨识度，最后再去进行账号所属定位的相关产品的电商转化。因为 IP 具有精准的垂直受众，在产品推广上，不但能更好地涵盖有效人群，而且能进一步加强消费者黏性，故该模式受各大品牌商青睐，也是抖音平台主推的模式。

3. 企业商家自建抖音矩阵推广模式

　　企业商家抖音矩阵推广模式是指企业商家通过一个运营主体创建或是联动多个抖音账

号，利用相互引流的形式连带各账号进行运营，以最大限度获取抖音平台的自然流量，从而实现营销价值效果的最大化。目前，抖音上比较常见的矩阵方式有以下两种。

1）团队矩阵

团队矩阵的建立，首先由团队成员全部参与到主账号的运营建设之中，打造出一个抖音团队主账号IP，然后在主账号具有一定的粉丝体量之后，再分裂出团队每个成员的个人账号。而主账号通过参演、转发等形式与团队其他账号进行互动，从而进行导流，并最终达到矩阵建设的目的。例如带有"金大班"店铺名称的抖音号有超过50个，其他典型的矩阵账号还有6度服饰、夏天家女装等。

2）抖音IP内容细分矩阵

成功的抖音账号IP并非团体账号，而是具有较强个人属性的个人IP，这些IP会从内容上建立更加细分的小号，并通过在签名区或评论区与小号互动的方式为小号导流，从而建立抖音矩阵。例如，抖音用户"柚子cici酱"是剧情类美妆账号，在其塑造成功后，则从视频内容细分出种草带货账号"柚子买了吗"。这些账号中虽然主播都是同一个人，但账号类型完全不同。

4. 鲁班电商模式

鲁班电商主要针对缺少电商经验、短视频创作能力较低、没有流量、抖音运营能力较弱的企业或者工厂。通过鲁班电商，商家可以迅速创建鲁班小店，然后将鲁班小店以短视频或者H5页面的形式在抖音中投放广告进行销售。鲁班电商作为官方的电商工具，具有流量大、客户多、商品起量快等特点，但当前鲁班电商不支持主动开通，需要卖家与抖音官方进行开通才可。

5. 抖音直播带货模式

抖音直播带货模式指的是以电商企业销售的产品为创作对象，通过线上真人视频直播的形式，经过相应的运营手段结合抖音的电商功能，促使抖音公域流量的个人用户对产品产生兴趣，进而发生购买行为，并转化为私域客户流量的一种模式。

以罗永浩直播间为例。其以罗永浩作为首席主播，李正、黄贺、二总、张大萌、林哆啦、朱萧木、安甜等交个朋友数码科技有限公司旗下其他主播人作为补充，形成了较为完善的主播矩阵。其中，罗永浩直播时间一般定为每周五、周六、周日，同时其他主播参与副播或助理工作，在每周一、周二、周三、周四不定期直播。此外，根据购物节等时间节点不定期开通年货节等专场直播，时间自由度更大。

首先，在直播当日，官方通过微信公众号"罗永浩""交个朋友福利社"以图文推文的形式进行直播时间及直播商品清单的预告。预告信息以图文的形式通过微博进行预告，内容与形式较微信推文较为相似，由"罗永浩"账号发布、"交个朋友福利社"账号转发进行预告。同时，直播期间再次发布消息吸引受众，在推送的同时给各个微信群微博群发布直播预告，附上直播间链接。

直播以两位主播讲相声的形式为主，左右并排，一边负责主要讲解，另一边主要配合迎合以及产品试吃试用。主播背后是幕布显示屏展示商品信息，包括原价与现价，主播在展示台上现场展示实物商品，大约各占竖向屏幕的二分之一。直播页面除了主要的直播背景及主播画面，在上下左右分别固定一些功能按钮：左下角为观众评论区；右下角为购物车与礼物按钮,可以随时进入直播间带货商品列表下单,同时为主播送出虚拟礼物;右上角为实时观众数与礼物贡献榜的前三位;左上角为主播名片及关注按钮。同时,直播间上滑可以直接观看罗永浩账号发布的短视频。

在罗永浩直播间中,"喜欢老罗好久了""老罗的东西质量有保证""表白我罗哥"等弹幕都表现出群体共有的积极情感,响应着罗永浩"有担当有情怀"的符号标签。同时,在情感化的消费过程中,个体需要不断彰显和强化自身的群体身份,这就需要不断地做出符合群体认同的行为——消费行为。在此过程中,消费并不是为了获得商品的使用价值,而是通过消费获取被仪式注入的符号价值。

9.4.1.3 抖音电商发展趋势

1. 品牌自播成为基本盘,专注打造主播形象

李佳琦、罗永浩等带货明星快速崛起,他们是各自平台的当家主播,是品牌方追求的王牌导购、消费者信赖的超级 IP,他们在这股浪潮中实现个人跃迁,也与平台相互成就。而直播电商的另一个分支——品牌自播也在长大,它不依赖头部主播的强带货效应,更看重品牌店铺的日常直播运营,它变得更加常态化与自主可控,提供了关于直播带货的另一个思路。自播已经成了品牌布局抖音电商的新基建,尤其是 2021 年入局抖音电商的品牌们,大多数都会以品牌自播为起点,通过常态化的运营节奏,使其成为品牌销量增长的重要渠道。而拥有与品牌调性相符的主播将化身为塑造品牌力的利器。

2. 借势平台节点 IP,拉动销量和声量增长

造节是平台的重磅武器,也是品牌的"东风"。2021 年抖音电商平台活动丰富,除了几乎每隔两个月都有一次的大促节点,如"818""年货节""11.11"大促等不断吸纳品牌加入外,还有品牌自播巅峰赛、抖音超品日、抖音新锐发布等各种营销 IP,持续促活平台流量。

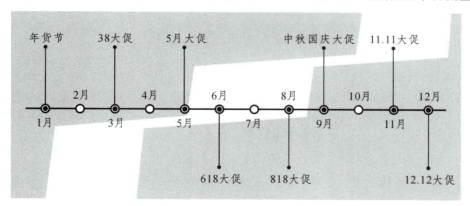

图 9-7　2021 年抖音电商大促活动规划

例如,抖音电商于 2021 年 8 月 1 日至 18 日开展了"抖音 818 新潮好物节"。本次活动有几大亮点:第一,抖音发放上亿份购物红包回馈消费者,结合满返、一元秒杀、粉丝券、新人券等多重福利,将实实在在的优惠给到消费者。另外还推出"安心购",提供包括"正品保障""七天无理由退货""极速退款""运费险""上门取件"等 9 项服务,让消费者在售前、售中、售后各环节得到权益保障,收获更好的购物体验。第二,抖音电商推出千场重点直播,

扶持国潮好物售卖，满足新潮消费需求。该平台的"富域计划"不断携手各地老字号，助其更好地拥抱年轻市场。第三，抖音设置"奇遇匠心"版块，主推含有传统手工技艺或非遗元素的联名款好物，覆盖食品、服饰、家居、美妆等多个品类，让非遗文化走进日常生活。此外，"奇遇匠心"板块还与观复博物馆合作推出博物馆主题日，于直播间推介仿明永乐手绘青花压手杯、龙泉青瓷纯银滤办公杯、耀州窑牡丹套碗等文创产品。这些造节活动具有多元化和亲民的特点，有效地拉动了销量和声量的增长。

每一次平台的节点营销，都成为品牌在抖音电商平台上的试错积累，使其逐渐掌握兴趣电商的营销规律。如今，品牌会为每次营销活动定制内容创意，达到高效引流的效果。

3. 构建强交互、高信任内容

抖音短视频平台用户喜爱模仿与复制，这意味着批量化生产具有话题点、互动性、可调动用户兴趣的短视频内容，是品牌在抖音电商的必修课。短视频种草，是品牌内容的输出，同时通过收获消费者对内容的反馈，也在产品力和品牌力上实现了反哺。

在内容方面，品牌可以从直播画面、话术、内容三个方面入手提升。直播画面优化因素包括真人出镜、画质清晰度、声音音质、灯光光线、背景画面等。例如，注重内容运营的华为商城官方直播间，便常常通过背景墙调整、双高清镜头切换等方式，向消费者输出更为精准的信息，展现出更具视觉效果的商品近景画面。

直播话术方面，品牌采用主动提问、福利引导、贴图标注、热点话题、观众连麦等方式主动引导用户互动。另外，直播内容是衡量直播内容优质程度的重要标准之一，适用人群和场景讲解、合理的优惠福利、产品试用演示等均为影响用户购买兴趣的关键要素。

4. 打造达人矩阵

抖音电商生态内，达人矩阵带货的商业变现能力正在被放大，它甚至已经成为品牌在抖音电商进行日销经营，特别是打爆单品的一条重要赛道。直播和短视频是达人矩阵合作中最常见的两种形式，通过不同的链路设置，可以为品牌带来破圈、引流等不同价值。

比如生活方式品牌"PWU 朴物大美"，一方面通过和罗永浩、陈赫、朱梓骁、种草丛、阿手鉴货、只穿高跟鞋的汪奶奶等抖音达人建立了视频和直播合作的关系，打透多种圈层，为品牌创造直接的销量；另一方面，该品牌还合作了很多垂直领域类博主，借用达人的内容产出，制作品牌内容传播。比如一位家居类达人，通过视频展示很多留香珠使用的小妙招，呈现留香珠的使用场景，引发了用户的共鸣，也传递了"PWU 朴物大美"的产品与品牌理念。最终，这些短视频收获的用户还将被引流到品牌的直播间，沉淀为品牌的用户。"PWU 朴物大美"的达人矩阵思路，总结起来便是通过达人直播与短视频种草两大杠杆，传递将产品的特点和用户的生活场景相结合的内容，宣扬产品卖点的同时传递品牌差异性，将达人兴趣标签下的粉丝转化为品牌自身的用户。

9.4.2 小红书

小红书是一款以移动端为主要端口的内容电商 App，自 2013 年成立以来，小红书以海外购物攻略为切入点，致力于建立一个分享境外购物经验笔记和攻略的 UGC 社区。在发展初期，小红书主要围绕社区建设展开，重视跨境购物领域 KOL 的培养，在这一时段内社区沉淀了大量优质内容，获得了第一批真实跨境购物需求的用户，为下一步电商探索和社区边界拓展打下了基础。

9.4.2.1　小红书的电商之路

2014 年 12 月，小红书上线电商平台"福利社"，不到一年，这个平台的销售额就达到了 7 亿元。发展电商业务，可以为小红书带来"第二增长曲线"，丰富营收来源，拉高盈利上限，为上市增加筹码。在之后的 2015—2017 年间，小红书多个自营保税仓投入运营，成为"全球最大的社区电商平台"，2017 年，小红书在周年庆大促 2 小时突破了 1 亿销售额。在之后的几年里，小红书不断对电商部门进行业务调整和升级，甚至上线自营品牌。2022 年，小红书的电商部门开始调整，社区部和电商部合并成为新社区部。这一调整的方向很明显，电商业务成为新社区部的一部分。这并不是说电商业务的地位下降了，反而是小红书加速内部闭环的迹象——电商与社区进一步融合。

9.4.2.2　小红书电商化的原因

基于种草属性，广告占据了小红书营收的八成。小红书 2020 年营收为 6 亿到 8 亿美元，实现了 3 倍增长。品牌和用户的增长推动了广告业务的发展，但是，小红书广告业务增长的天花板已近，小红书需要更多的变现形式、更强的变现能力来证明自己。小红书上有高质量用户和品牌资源，做电商闭环成为其商业化的必经之路。

首先，中国网络广告的市场规模仅有 8000 亿元左右，高速增长期已过。艾瑞咨询预计，未来 3 年，中国网络广告市场将继续保持 17%的年复合增长率这一稳定的增长态势。在这个趋势下，小红书的广告也很难高速增长了。

其次，小红书的业绩高度依赖广告这一个业务，风险极高。从需求端品牌方来看，小红书是种草的第一选择，但并不是唯一选择，品牌也会在其他平台进行投放。而小红书的广告主要依赖大品牌，以占比例最大的美妆品类为例，2021 年 1 月到 7 月，商业化的美妆品牌一共 137 家，美妆品牌贡献笔记量超过 1.5 万篇，前 14%的品牌贡献超过 77%笔记投放。如果大品牌流失或减少投放，小红书或将面临巨大的业绩下滑风险。

再次，从广告供给端 KOL、KOC 来看，达人会在多个平台进行创作，发布相同的内容，在不同平台接广告业务。小红书到手的广告营收还会和达人进行分成，利润空间进一步被压缩。

最后，小红书的运营成本相对较高。高速增长的广告收入下，虚假笔记也可能成为平台的风险点。2019 年，小红书就曾被央视点名存在"种草笔记 4 元代发一篇"的笔记代写、虚假内容过多的问题。维护平台的内容生态、控制好干货笔记和广告内容之间的平衡等一系列的举措势必会增加小红书的运营成本。

9.4.2.3　小红书的电商策略

1. 在笔记下方外挂商品链接

小红书此前外挂过淘宝链接，成为淘宝的引流平台，用户的体验变差。此举动没有帮助小红书寻找到新的营收增量，反而动摇了护城河，所以该功能仅上线不到一年就被紧急下架。归根结底，信任是小红书平台种草的基础。真实分享，真诚种草，也一直是小红书作为一个内容分享平台的首要规则。

2. 在笔记旁边设置商城的按钮，通过引流的方式促成交易

这其实是流量逻辑，这种策略使得小红书商城不是交易的主要阵地，而只是购物的决策平台。例如，我们想要购买一盒眼影盘，会首先想去小红书上搜索攻略，哪家品牌的眼影盘显色度更高、不飞粉、性价比高等，经过达人的测评推荐，我们有了选择，然后我们会去天猫、京东下单完成购买。用户还没有养成经常在小红书购物的习惯。整个购买流程当中，小红书只充当了导购的角色，电商平台的存在感很弱。小红书的电商只能依靠种草笔记的引流，吸引小部分用户的点击浏览，再有更少部分的用户转化，在平台下单。

2021年以来，小红书在做电商闭环上也不断在尝试。2021年，小红书在商业生态大会上，明确提出了私域阵地的概念，此前还推出"号店一体"战略，降低站内开店的门槛，并切断淘宝外链。但目前来看，这一系列措施并没有给小红书的电商业务带来较大的改变。小红书目前依旧没有找到有效做电商闭环的策略。

9.4.2.4　小红书的电商优势

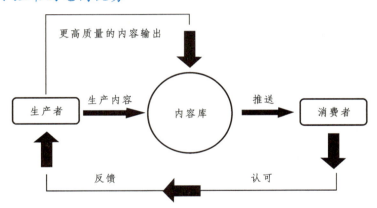

图 9-8　小红书的社区本质

1. 社区本质

传统电商并没有社区属性，用户在传统电商中唯一身份是买家/卖家。而对于小红书来说，社区是基石，是比电商更重要的存在，就是说它先有社交功能，然后依托社区内容开展电商，完成商业闭环。具体点说就是，传统电商是用户先有消费需求，然后去电商平台寻找想要的商品；就算是漫无目的地淘货，也是像在商店里一样，看一件件由卖方提供的商品。而用户在使用小红书时，并没有一个消费目的或者倾向，用户只是在浏览、阅读、发现，就像是在看微博一样，并且内容创造者还可以与用户进行互动。

2. 口碑营销

相对于传统电商，小红书有很强的安利能力。小红书有两个特点：一个是去中心化，算法优先推荐普通用户的帖子；一个是个性化，为每一个用户的喜好和消费倾向建模。这两个特点决定了小红书有非常多的UGC。用户参与内容生产的方式节约了平台运营成本，却保证了平台内容池的贡献度。而且相比淘宝等平台的评论区，小红书的UGC深受用户信任。

小红书通过增加用户曝光度和更多了解用户去刺激用户浏览和发帖，分享他们在生活中的购买经验，用户自发地推荐给别人他们觉得好用的商品。其他用户被推荐了以后，觉得东西好用，再去自己的账号上发帖子。这样一传十，十传百，商品获得口碑，从而实现带货。小红书就是利用互联网不被地域束缚的优势，把喜欢买东西的人聚在一个平台上，给真正的好商品一个快速积累口碑的渠道。反观传统电商，主要模式还是用户自己寻找商品，然后通过评论区判断商品质量，并没有一个用户之间互动的过程。

3. 内容赋能

一方面，这与小红书提倡"生产有帮助的内容"和其定位"打造分享社区"有关。小红书内容特别强调了"对大家有帮助，有价值"。另一方面，这与小红书"笔记"的题材有关。小红书提倡对话体的笔记，就像在唠家常，跟好友聊天。这种方式非常容易拉近人与人的距离，让陌生的用户之间迅速产生情感共鸣。

可以说，丰富、健康的内容生态对小红书的意义绝对不限于提供内容本身，内容赋能贯穿到了整个产业链当中，为小红书平台不断迸发出的新生命力提供最有价值的养料。内容夹带着商品信息传递给用户，用户的购买反馈再反哺内容，一来一往的过程让小红书积累了有效的数据信息，有助于入驻小红书平台的商家快速精准地把握用户的真实消费需求，预测未来趋势，科学驱动供应链建设。而对于中小商家、品牌方来说，小红书平台的内容还将解决卖货困扰，让他们提高销售转化及复购率，降低内容运营难度与成本，帮助推广长尾、非标商品及新品，有效扩大粉丝群体、增加粉丝黏性等，在树立品牌的过程中更好地实现品牌价值的输出。

9.4.3 哔哩哔哩

创建于 2009 年 6 月的哔哩哔哩网站隶属于上海幻电信息科技有限公司，经过十多年的发展，已成长为年轻人高度聚集、涵盖 7000 多个兴趣圈层的文化社区和视频平台。截至 2021 年 12 月末，哔哩哔哩平均月活跃用户数达 2.71 亿人，其中 35 岁及以下用户占比 86%，位居 Quest Mobile 研究院发布的"Z 世代偏爱 App"和"Z 世代偏爱泛娱乐 App"榜单第一名。

9.4.3.1 哔哩哔哩的内容生态

哔哩哔哩分区内容生态变化
2009年　动画、游戏、音乐领域创作者占70%以上
2010年　各分区蓬勃发展，分区创作者最高增速突破 9000%
2011年　舞蹈分区创作者快速增长
2012年　科技区逐渐发展，创作者人数进入分区前五
2014年　娱乐、影视分区创作者增速遥遥领先，均在1500%以上
2016年　时尚分区快速增长，创作者增速高达4670%
2017年　首页开创国创专区
2018年　游戏成为第一个创作者人数突破100万的分区
2019年　增设科技一级分区
2020年　生活区成为创作者人数最多的分区，保持至今，已突破700万
增设知识、美食、资讯一级分区
2022年　增设动物圈、汽车、运动一级分区

图 9-9　哔哩哔哩分区内容生态变化

哔哩哔哩内容生产主要通过两种途径，即专业用户生成视频（PUGV）和机构生成视频（OGV）。

1. 专业用户生成视频（PUGV）

专业用户生成视频是哔哩哔哩内容生态体系的中心。2021 年三季度，哔哩哔哩专业用户生成视频内容播放量占平台总播放量的 93%，月均活跃内容制作者数量达 270 万，同比增长 61%。月均视频投稿量突破 10 万件，同比增长 80%。哔哩哔哩独特的弹幕文化、和谐的创作空间、高效的流量分配机制，激励 UP 主持续创作或分享有创意、高质量的视频内容，从而吸引、聚集更多的用户观看。用户通过点赞、投币、收藏（一键三连）的方式表达对 UP 主的支持。用户的反馈和交流成为哔哩哔哩平台内容评价的重要一环，高效的反馈和激励淘汰机制，又促进哔哩哔哩持续推出更高质量、更受用户喜爱的视频内容，从而使得哔哩哔哩能够更大限度读懂用户需求，在良性循环中提高用户满意度。

2. 机构生成视频（OGV）

机构生成视频是哔哩哔哩内容生态体系的重要补充，包括电影、电视剧、动画、纪录片等，与 PUGV 互为补充。哔哩哔哩的弹幕社区生态一方面可以加深 OGV 创作者对用户的理解，另一方面可为 PUGV 创作者提供丰富的创作素材，将更多的 PUGV 创作者孵化成长为 OGV 创作者。

哔哩哔哩选择动漫这一利基市场作为开发 OGV 内容的突破口，通过加大对国产动漫作品的支持力度，成为国内最大的动漫播放平台，动漫作品背后真实的历史事件引发了观众的强烈共鸣，激发了"Z 世代"对主旋律爱国作品的热情。例如从 2015 年起，哔哩哔哩热播 5 季的爱国主义题材动漫作品《那年那兔那些事》深受年轻用户青睐。用户以弹幕的方式反复刷屏"此生无悔入华夏，来世还在种花家"等评论。

发展 OGV 内容的第二个方向则选择了传统视频网站冷门品类——纪录片。其制作发布的《人生一串》《我在故宫修文物》等纪录片作品，以符合年轻人气质的创新方式讲故事，受到年轻人的追捧和热议。

哔哩哔哩发展 OGV 内容的第三个方向是影视及综艺，通过购买播放符合哔哩哔哩用户兴趣取向的经典老电影和电视剧、推出"说唱新世代"等热门综艺、与电影公司合作推出"青年导演扶持计划"等方式，布局影视内容领域，持续拓展内容版图，丰富用户体验，增加用户黏性。

9.4.3.2 哔哩哔哩的盈利模式

1. 游戏收入

游戏收入是哔哩哔哩营收的重要来源。哔哩哔哩是众多重度二次元的聚集地，主要通过与游戏厂商联合运营游戏，将自身的用户"二次售卖"为游戏厂商的用户，从中进行利润的获取。哔哩哔哩以二次元游戏为主，对用户进行进准投放，让用户感受到平台的内容与自己的兴趣爱好、价值观念等保持高度的一致，提高了用户黏度。

2. 直播增值服务收入

近几年来中国直播行业迅速发展，哔哩哔哩也在自身平台上添加了直播模块。主播粉丝的打赏由平台和主播按照比例分享收益，这一模块的增加既丰富了哔哩哔哩的内容及用户类型，又提高了用户数量。

3. 大会员收入

哔哩哔哩设置自身特有的会员分级模式，普通用户通过答题后可升级为普通会员，但是只有经过充值才能成为哔哩哔哩大会员，但由于大会员功能较少，大会员用户数量较少，收入也较少。

4. 广告收入

目前广告收入依然是哔哩哔哩营收中较少的一部分。哔哩哔哩在创立之初，为了确立对哔哩哔哩的定位，创始人承诺不会在视频里加贴片广告，广告收入只占不到 15%。

近几年哔哩哔哩加入了图片广告，即在首页的板块与板块之间以及内容播放页面上加入了一定图片广告，与内容的类型及颜色非常接近，不显突兀。另外哔哩哔哩允许用户接一些商业广告，与 Up 主进行合作，在内容中加入软广告，而哔哩哔哩则与之按比例分摊广告费用，在一定程度上改善了亏损状况。

5. 线下活动收入

哔哩哔哩利用线下活动，把网上的虚拟消费者聚集在一起，加深彼此的联系，形成线上线下这一完整产业链，将其带入他们熟悉的动漫及游戏圈子，通过手办、抱枕、衣服、手机壳等相关产品塑造他们熟悉的游戏及动漫氛围，在盈利的同时，也增强了用户黏性。

6. 电商业务收入

哔哩哔哩旗下的电商业务收入虽然比例不高，但十分重要。由于哔哩哔哩用户以青年人为主，用户平均年龄只有 21 岁。这个年龄段的青年人虽然收入不高或者没有收入，但是仍然对游戏及动漫很感兴趣，愿意为之花钱。哔哩哔哩抓住了这些用户的心态进行游戏及动漫周边产品的售卖，在一定程度上承担了盈利作用。

9.4.3.3 哔哩哔哩的电商布局

对于所有内容平台而言，做电商似乎成了最好的发展方向。而要达到自建货源完善、商品品类覆盖较广、履约能力较强的效果，内容平台一边开始加强直播带货等高效的电商形式，一边开始限制对第三方电商平台的导流的阶段，形成电商交易闭环，却是困难重重。即便如此，它们也总是想抓住时机建立自己的电商生态。哔哩哔哩就已经在电商产业链布局约 4 年。

2017 年，哔哩哔哩推出以 ACG、泛二次元为主的会员购，虽然交易规模很小，但总归是建立了一个电商业务的支点。

2018 年年底，哔哩哔哩接受阿里巴巴投资，为内容带货创造便利。

2019—2020 年，哔哩哔哩不断鼓励 UP 主展示购物橱窗、发布种草视频，不过实际带货规模还是很小。

2020 年以后，哔哩哔哩转向扶持直接带货，带商品链接的内容越来越多。

在 2021 年 9 月的"本命好物节"上，哔哩哔哩第一次举行了全站规模的大型直播带货活动，而且是以自营的会员购商品为主。

截至 2021 年"11.11"，哔哩哔哩已经具备了比较完整的带货功能，而且建立了一定的自有货源。然而在哔哩哔哩，无论是自营交易还是第三方平台交易的交易规模仍然很小，在庞大的电商市场上几乎可以忽略不计。

9.4.3.4 哔哩哔哩的电商潜力

1. 不同领域划分，内容营销触点增多

2019 年至今，哔哩哔哩的优质内容及爆款活动显著提升了用户量，后疫情时代增速依然不俗。哔哩哔哩不断扩大自身内容边界，同时利用分区模式也减少了各类人群融入导致的社区氛围的变化。目前传统意义上的二次元内容访问量仅占哔哩哔哩总体的 30%，但社区氛围日益浓郁。哔哩哔哩 PUGV+OGV 的内容供给与创作者和用户形成了良好的互动，这是哔哩哔哩能够维持高留存和高黏性的主要原因。

从哔哩哔哩平台来看，除了以二次元为代表的老三区外，又新增了音乐、科技、游戏、时尚、数码、广告区等，可以吸引不同领域和风格的 UP 主原创内容，提升投稿率和用户活跃度，对于创作者而言，也增添了一个多元、包容度高的内容曝光平台。而对于品牌来说，则是增加了丰富的内容营销触点，拥有更多营销机会。品牌可以根据自身品牌调性，搭配不同风格的 UP 主进行差异化的内容创作，比如生活类、科普类、娱乐类等，植入产品、品牌广告，覆盖更多用户。

2. 哔哩哔哩重点扶持直播带货业务

从平台机会成本来看，哔哩哔哩目前亟须拥有自我造血能力，直播带货是重点推动的一个业务方向。在这个方向上，平台将给予 UP 主和品牌更多直播带货的创作激励措施和流量机会。首先是哔哩哔哩主播最主要的收益——金瓜子。观众观看直播时使用金瓜子赠送道具（目前除辣条外，全部都需要金瓜子货币），观众通过 B 币兑换或充值这两种需要付出真实货币的渠道才能获得金瓜子。而主要通过非付费手段获得的银瓜子赠送的礼物只能为主播增长直播间积分。主播收到使用金瓜子支付的礼物后就可获得收益，具体是金瓜子将会以一定比例转换成金仓鼠进行计算。金仓鼠与人民币的兑换比例现为 100：1，达到 100 元以上即可提现。第二是分成佣金，它是绝大多数直播平台都拥有的一种收入来源。哔哩哔哩直播平台与主播的佣金分成比例为 5：5，各分 50%。除此以外，部分哔哩哔哩主播还通过在直播间内打广告的形式将粉丝直接导向自己的网店，以产生利润可观的直接收入。

3. 经营数据

2021 年，哔哩哔哩平均每月活跃用户达到 2.71 亿，移动 MAU 达到 2.524 亿，分别同比增长 35% 和 35%。日均活跃用户达到 7220 万，同比增长 34%。

2021 年，哔哩哔哩移动游戏业务营收达 51 亿元，同比增长 6%；增值业务营收达 69 亿元，同比增长 80%；广告业务营收达 45 亿元，同比增长 145%；电商及其他业务营收达 28 亿元，同比增长 88%。

从成立之初的二次元、游戏等爱好者聚集的弹幕视频网站，再到融入音乐、科技、娱乐等元素的版块，哔哩哔哩的内容越来越丰富，业务范围也越来越广泛，包括投资制作发行动画、游戏，冠名篮球队、赞助电竞队，购买电竞赛事直播版权等。

课后作业

1. 试说明抖音、小红书、哔哩哔哩三个平台电商模式的不同之处。
2. 试分析抖音、小红书和哔哩哔哩三个平台的流量变现逻辑。
3. 选择抖音、小红书和哔哩哔哩三个平台之一，为某品牌策划一次社交媒体营销。

10 知识付费平台运营

学习目标

➤ 了解知识付费平台的不同模式和特点

➤ 了解不同模式的知识付费平台的运营法则

➤ 了解知识付费平台对品牌营销的意义

➤ 了解知识付费平台未来的营销趋势

推荐阅读

➤ 公众号"中国报业"《知识付费产品的运营策略与发展逻辑》
（2019-09-10）

➤ 公众号"中国青年杂志"《知识付费屡屡翻车之后》（2022-01-16）

　　知识付费的本质是将知识变成产品或服务，通过售卖这些知识产品或服务来体现知识的商业价值。本章将"知识付费"定义为"移动互联网时代下利用信息生产者和消费者之间的信息差，将信息包装成产品/服务并将其通过互联网售卖的行为"。信息爆炸时代下，用户强烈的学习愿望、不断提升的付费能力、被逐渐培养起来的付费习惯以及对可被利用的碎片化时间的大量需求推动着用户寻找能够提升自我、解决焦虑的途径。

10.1　知识付费平台概述

10.1.1　宏观经济背景

　　近年来，人民物质生活需求基本得到满足，中等收入人群扩大，非学历教育社会需求爆发，居民的消费结构重心开始从物质消费层面转移到精神消费层面，并逐渐产生对知识付费内容的需求。知识付费是共享经济的重要形式之一，与以往的知识共享相比更加契合用户需求，更加节约用户时间成本。相关资料表明，2016 年可以视为知识付费元年，涉及多样化领域的知识付费行业得到了迅猛发展，不同种类的知识付费产品纷纷涌现。自此以后，中国知识付费用户的规模也呈现出高速增长态势。2018 年知识付费用户规模已达 2.92 亿人，2021年行业发展规模约达到 670 亿元。在大众消费能力升级、知识产品化及商业运作和技术发展等多个方面的共同作用下，知识付费行业整体规模进一步扩大。随着信息化进程的深入，知识付费的行业规模仍具巨大成长空间。

　　2016 年 4 月，百度知道"问咖"和知乎"值乎"出现，随后分答、知乎 Live、得到"李翔商业内参"等在当年 5 月推出。6 月，喜马拉雅 FM 推出"好好说话"，知识付费产品如井喷般出现在当代网民面前。因此 2016 年也被专家、学者们认为是"知识付费元年"。大部分用户愿意为高质量的内容付费，希望利用碎片化时间在知识付费平台接收信息，以便更好地适应当下快速变化的社会环境。知识付费的热潮愈演愈烈，用户对知识的渴求与积极的付费意愿已成为事实。

10.1.2　行业背景

　　信息免费导致筛选时间攀升，现代网民目前已经很难从海量冗杂的信息中找到自己所需要的信息，甄别有用信息已成为"知识饥渴者"的难题。所以，真正迫切有用的知识逐渐被赋予极大的心理价值，用户更加期望通过付费方式获得更高质量的知识信息。人们不再局限于传统的纸质文本阅读，碎片化阅读方式越发普遍。与此同时，当代移动支付的快速普及渐渐改变了社会民众传统的消费方式和消费习惯。以上这些都为知识付费时代的到来埋下了伏笔。

　　技术的提高、信息化的深入、国民教育水平的提升与付费意识的增强，为知识付费平台的兴起与发展提供了肥沃的土壤。具有专业知识以及丰富经验的群体渴望拥有一个能传播他们所擅长领域知识的平台，并能以此获得恰当的经济利益。同时存在的还有拥有特定学习动机的群体，希望提升信息检索的效率与所获信息质量，借此缓解知识焦虑。知识提供者与知识需求者的产生呼唤着知识付费模式的到来，从而实现二者之间的联结。

　　目前，我国知识付费平台的模式类型丰富多样，可大致分为以喜马拉雅、得到为代表的音频分享模式，以网易云课堂、中国大学 MOOC 为代表的视频课程模式，以知乎、百度知道为代表的知识问答模式以及以千聊、荔枝微课为代表的直播模式等。

10.2　音频分享模式——喜马拉雅、得到

10.2.1　喜马拉雅

10.2.1.1　平台简介

喜马拉雅 FM 上线于 2013 年，是一个专注于音频传播的内容分发平台。区别于其他音频类应用，喜马拉雅 FM 更像音频付费版的淘宝，内容更加大而广，包含电台+有声书+付费课程+AI+硬件的组合框架，涵盖了小说、相声、育儿、商业、财经等多个领域，以 PGC（专业生产内容）和 UGC（用户生产内容）为主要的运营模式。喜马拉雅 FM 在保证内容制作深度的同时，充分挖掘潜在用户，拓宽内容来源的广度，改变了以往传统广播电台自上而下的线性传播模式。

考虑到网络电台所采用的直播模式经受不住被观众频繁"换台"的考验，喜马拉雅 FM 使用了点播模式，这吸引了众多传统电台加入平台。同时，社交机制能让听众在听取节目过程中可以和主播进行交流沟通。大量自媒体用户开设属于自己的专有频道，并且和微博、微信、QQ 等社交软件连接，让用户可以在不同平台进行宣传。由此，喜马拉雅 FM 音频生态系统已经形成，该系统独立完整，让内容生产者、接收者以及平台等各个主体都可以找到属于自己的精准定位。

10.2.1.2　用户运营

1. 用户获取

在用户的获取上，喜马拉雅 FM 主要是从供给平台和消费平台两个方面入手。在供给平台的获取上，主要通过合作将自身的内容在其他平台上展示，从而达到引流的效果。例如，在和小米之间的合作时，喜马拉雅 FM 作为小米手机的预装软件，让每一位购买小米手机的用户在打开手机时都能看到它的下载链接。喜马拉雅 FM 在消费平台上对用户的获取，一方面通过明星引流，比如赞助《中国诗词大会》等节目，邀请阿朵成为"喜马拉雅国风季"的代言人与演唱歌手；另一方面使用意见领袖引流的方式，在很多微博"大 V"和微信公众号中都有投放喜马拉雅 FM 平台的优质内容，起到引流的效果。

2. 用户激活

在完成用户引流后，喜马拉雅 FM 便会向用户推送其最有可能感兴趣的内容，推动用户完成注册流程。在此基础上，没有登录的用户界面上会显示"立即登录"四个醒目的字，同时在右上方使用红色字体提醒新用户登录可领取大礼包。在完成账户的注册后，平台将为新用户提供大量免费试听的精品课程，通过以上"福利"措施引导用户完成激活。

3. 用户匹配

喜马拉雅 FM 依靠大数据，有效实现了智能化的用户关联，与此同时，还成立了利用算法技术分析用户的专业团队，对搜索与推荐进行研发。用户在喜马拉雅 FM 上的点击、

搜索，都会被后台记录并产生数据。然后，团队会基于性别、年龄、职业等不同维度建立用户的兴趣图谱，该图谱可用于个性化内容推荐、节目内容的质量判定、广告投放以及商品推送等用途。

同时，喜马拉雅 FM 平台还可以通过车载蓝牙连接智能手机、喜马拉雅车机版、投屏映射服务等方式识别车载喜马拉雅用户 ID。随后，利用大数据算法，根据车载用户的行车时间、行车位置、收听习惯、节目选择偏好等生成用户个性化画像信息，并据此智能化匹配针对该用户的音频内容推荐。在后续的广告投放上，喜马拉雅 FM 根据用户画像信息尤其是区域城市分布进行车主标签划分，根据客户的需求进行广告推送，确保广告的有效性。在软广方面，匹配车载人群常听的分类频道及音频节目内容，进行精准化的内容植入，创作场景化的创意音贴。

4. 用户留存

激活用户后即需要留住用户，喜马拉雅 FM 主要是通过提供多功能的互动来增加用户的黏性，它采取的主要措施包括在平台设置评论、转发以及点赞等功能，从而在一定程度上提高了用户的社交性。同时，众多硬件产品的开发也让喜马拉雅 FM 能在更多场景中被用户使用。"小雅"音响成功抢占了智能的入口；"家庭图书馆计划"又将内容和蓝牙音箱相结合，确保了智能音箱所推送内容的针对性。在平台内，喜马拉雅 FM 还开发了诸如圈子、全民朗读以及趣配音等诸多的功能，鼓励用户自己录音，极大地增强了平台的互动功能。另外，在软件的"发现"状态栏中还设置有"声音交友"的功能，其功能类似于微信的"漂流瓶"，这些社交性质的功能都在一定程度提高了用户的黏性，进而实现留存用户。

5. 用户转化

当喜马拉雅 FM 拥有大量的用户之后，自然就会有品牌想要在该应用上投放广告。喜马拉雅 FM 所具备的大数据技术可以实现广告的精准投放，为其创造了大量的收入。除了直接投放广告之外，它还经常通过口播冠名的方式与其他企业展开进行合作，例如在路虎冠名的《CCTV 国家宝藏》节目中一共收获了 28 亿的播放量。除了广告收入之外，喜马拉雅 FM 在移动音频行业内的付费内容也取得了不错的成绩，仅是每年一度的"知识狂欢节"就能够为其创造数十亿的收入。同时，会员费用也是喜马拉雅 FM 的收入之一，众多的付费内容也都是其进行用户转化的途径。可见，目前喜马拉雅 FM 在用户转化上基本做到了多管齐下，多方式实现盈利。

10.2.1.3　营销策略

1. 签约知名团队，缔造精品 IP

如今音频行业已不再"野蛮生长"，追求精品化将成为主流。内容生产层面，喜马拉雅 FM 始终坚持精品化和多样化的"双重"生产原则。坚持精品化主要体现在从有声书品类与内容形态上与其他平台形成差异化竞争；与多位知名配音员以及专业配音工作室签约以提升品牌形象，马东、吴晓波、李开复等自媒体大咖的参与不仅丰富了平台内容品类，还保证了内容质量；在对文学作品有声化改编方面，不仅上线国内外经典文学作品，同时也注重开发优质网络 IP 资源。除了内容丰富外，平台还设有直播、新闻、交友等功能，增强了社交性，提升了用户活跃度。

2. 细化产品领域，打造品牌电台

为满足受众的不同需求，喜马拉雅 FM 采用 PUGC 模式，坚持内容的多样性。该模式生产门槛低，内容渠道丰富，包括小说、相声、音乐等共 26 个频道。每个频道可再做内容细分，如小说频道又细分为 12 种类型。平台内容涵盖经典文学、娱乐消遣、学习提升、新闻事实等多个方面。而品牌电台是喜马拉雅基于广告主品牌建设需求，运用音频节目的组织形式打造的音频营销模式。品牌方建设品牌电台后，既可以自行负责音频内容的制作，也可以选择由喜马拉雅托管，邀请合适的主播进行相关内容的制作。而在宣传推广层面，喜马拉雅利用大数据算法生成的用户画像信息实现精准推荐和投放，并推动品牌和其用户之间的沟通交流。

3. 设消费狂欢日，达成会员转化

1）"123 知识狂欢节"

喜马拉雅 FM 将每年的 12 月 3 日设置为平台的"123 知识狂欢节"，它是国内首个有声读物消费节，号召全民重视音频内容的价值。2016 年是"123 知识狂欢节"的元年，在 12 月 3 日当天总销售额达到 5088 万。

"123 知识狂欢节"活动推出了"打卡免单"限时抢购会员和专辑、"VIP 会员买 1 得 2"购买喜马拉雅会员赠送腾讯视频会员、"5 折有声书"、特色主题馆等活动，吸引了超过 2135 万用户参与了这场思想文化的盛宴。就预热活动来说，喜马拉雅 FM 将参与流程简化，以方便用户加入："选择专辑"→"分享给好友"→"有至少 1 个好友领取"→"获得该专辑 24 小时收听权限"→"收听时限不随领取好友人数增加"→"每次分享的专辑至多 5 位好友领取"→"你每日最多发起 10 张专辑赠送好友"。这场活动基于社交裂变来进行设计，从活动规则可以看出，活动传播效果有 3 个核心指标，分别是"分享率""传播覆盖率""传播转化率"。

2）"66 会员节"

2017 年 6 月 6 日，喜马拉雅 FM 的"66 会员日"活动上线。该活动推出的"付费会员"月费为 18 元，年度会员 188 元，价格与视频网站会员价格相仿。同时，"66 会员日"在会员福利方面设置了专享折扣、每天免费听书资格、每月获赠优惠券资格、线下活动福利等各类特权，更有邀请好友加入会员送礼品的活动。

为了在最大程度上避免用户跳出，"66 会员节"活动规则遵循"成为会员→获取 5 折券→5 折购买"的三步走形式。而在实际操作上，从加入会员到实现真正的付费转化需要 5 个步骤：活动页浏览→活动页分享→领取会员和五折优惠券→课程页浏览→购买。这次活动的重点在于让用户领到五折优惠券和会员，平台设置的分享方法也较为容易实现。

"123 知识狂欢节"和"66 会员日"的活动名称与日期朗朗上口，便于记忆与传播。两场活动分别在年末与年中，便于喜马拉雅 FM 将其作为平台的常规节日活动延续下去。"会员"这个身份设置可以使得用户在收听付费节目时产生一定的优越感。听众用户在体验过会员特权带来的精品内容和消费优越感之后，大概率会再为会员充值缴费，平台就达到了普通用户转化为忠实用户的目的。

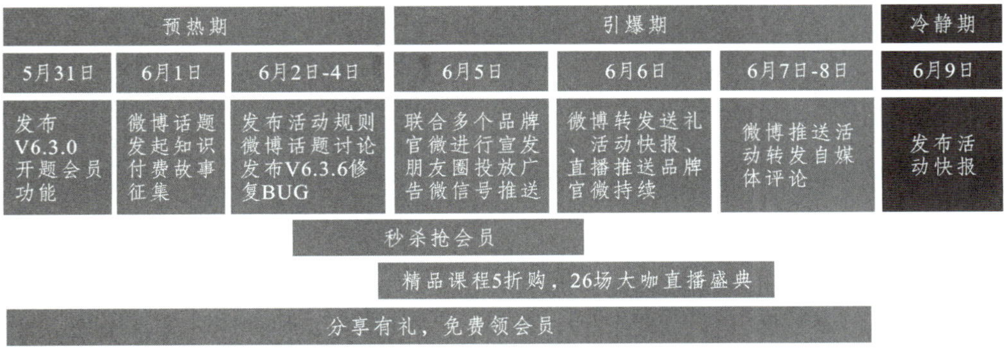

图 10-1   "66 会员日"活动周期

10.2.2   得   到

10.2.2.1   得到 App 发展历程

1. 用户群体搭建

得到 App 于 2015 年 5 月上线，主打省时高效的碎片化学习阅读，服务内容包括但不限于电子书、音频、订阅专栏等。在 2016 年 6 月，得到 App 推出第一个名人付费订阅专栏"李翔商业内参"，当天的订阅数就突破 1 万人，订阅额超 200 万元。在知识付费的实验中，得到 App 率先验证了信息过载时代下有效知识的匮乏以及其平台知识的商业价值。2017 年 9 月，得到 App 推出年度会员服务"每天听本书"，真正为用户提供能"解放双手"的碎片化学习。2018 年，得到 App 推出"得到大学"，通过线上学习线下交流的方式进一步实现用户终身学习的愿望。得到 App 培养了用户对付费模式的认同和对优质内容的追求，即通过付费的方式及时获取精准有效的信息。满足用户的知识需求，是当前应对碎片化时代信息泛滥的应有之策，有一定的市场活跃空间。

2. 头部流量与用户黏性

2012 年 12 月，罗振宇的知识型脱口秀节目《罗辑思维》上线，优酷、喜马拉雅等平台的播放量超过 10 亿人次，优酷平台节目粉丝高达 181 万，成功地建立了一批有着情感认同的忠实用户。2013 年 8 月，同名团队罗辑思维首次推出付费会员制，5500 个会员名额仅半天售罄。这种会员制成功开启了自媒体的商业变现模式。罗振宇用自己的态度和行动打造了一个受欢迎度高的"魅力人格体"，拥有了一批忠实的拥护者。本着已有的用户的情感认同，用户愿意相信他的决策以及推荐，从而产生购买意愿，这都为之后得到 App 的上线奠定了用户基础。

除此以外，引入优秀的 KOL 进行导流也是得到 App 上线前期的流量来源，得到 App 邀请自带话题流量的专家学者并为他们搭建"讲台"，而分众化的用户会选择感兴趣的专家投入平台搭建的流量池中，从而让平台拥有了大量的用户群体。比如，平台内的部分课程"刘擎解读西方现代思想双贤"和"薛兆丰经济学课之成本解读"等课程，围绕刘擎、薛兆丰等具有口碑、话题和影响力的专家，聚拢垂直领域内的受众进入得到 App 进行学习。

3. 用户使用行为的影响因素

《罗辑思维》打造的会员群体实际是一种社群经济。这些用户有着共同的目标和兴趣爱好，因而能实现有效率的交流。《罗辑思维》还通过多种手段来弱化中心的作用，建立起每个人都有话语权的社群。比如微信公众号每日固定推送 60 秒语音以及配套的图文内容，让用户通过有道云笔记来推荐好文章分享。这些措施使得罗辑思维的内容贡献者并不只是依靠一个中心团队或者中心个体，还要依靠会员与普通用户的参与，使所有的内容阅读者都能成为内容的生产者、贡献者，这对社群的构建十分关键并产生了本质化的转变，这也是粉丝经济和社群经济最根本的区别。

10.2.2.2　品牌塑造的要素

1. 产品运营模式

1）高效率的社群转换

从内容出发，以优质内容吸引用户，针对用户群提供特定的产品或服务从而实现盈利目标，是当下最有潜力的内容创业模式。《罗辑思维》围绕科普、历史及社会热点等话题创作优质内容吸引受众，其公众号在 8 个月内吸引了 50 万粉丝；同时间的第一次会员招募，在没有任何清晰可见的权益回报下，5000 个普通会员（200 元）和 500 个铁杆会员（1200 元）在 6 小时内全部售完，高效率的社群转化初见端倪。罗辑思维的内容设计总是围绕着爱自由的年轻群体，传达"爱智求真，积极上进，自由阳光，人格健全"的人生信条，形成了价值观高度一致的知识社群。

社群经济模式中，产品功能退为其次，消费者更注重品牌、文化等产品附加值。罗辑思维的知识服务品牌及人格升迁文化获得受众的高度信任，才能在流量争夺战日趋激烈、新用户获取成本不断升高且转化率低的互联网背景下获得持续走高的转化率，高于普通交易电商的 5 ~ 10 倍，这种高效率的社群转化是罗辑思维转向得到 App 的运营基础。

2）产品定位：专业的内容服务商

互联网虽然存储海量信息，为知识传播提供便利，在某方面却也为用户知识筛选、信息判断造成困惑。生活在互联网时代下的受众愿意为优质知识付出经济成本，行业资深人士的经验或问题见解就是优质知识的重要组成部分之一。得到 App 把握机会，首先采集各平台优质的知识内容，然后"分兵把守"进行整理，最后成为生产版权级的产品对外售卖，充当知识平台的角色。得到 App 专业负责知识服务，并力求精品化，找到各行业最顶尖的老师负责把关相应的信息风口，比如"雪枫音乐会""卓老板聊科技"、薛兆丰的"北大经济学课"等栏目。

3）直击公众需求痛点

当手机等移动设备逐渐成为主流信息媒介时，人们的时间也逐渐碎片化。从纸质书到电子书再到短视频，人们的注意力与时间都越来越分散，但同时，人们迫切需要大量的知识以应对日常生活中遇到的各种难题，终身化、跨界化学习成为时代要求。得到 App 直击受众时间与学习矛盾产生的需求痛点，提供最省时的知识服务，帮助受众充分利用碎片化时间高效掌握各类专业知识，满足各类人群的知识需求。另外，在移动互联网时代，个人需求多元化反映了公众对个体价值的追求。从马斯洛需求层次理论讲，公众日益追求对尊重和自我实现需要的满足，即罗辑思维常提到的"认知升级""自我提升""成为更好的自己"。如罗振宇认为，用户从为满足自己放纵欲望的需求付费到为实现自我提升付费，从迎合人性到逆人性，是这一轮消费升级的本质。得到 App 紧密贴切了受众的人格跃迁、自我期许的需求。

2. 音频的开发与深度现实性

设置自媒体和平台的形式，让音频优先，让碎片时间学习优先。一方面，得到 App 的所有自媒体节目在突出短语音前提下进行了全媒体化。把"听书"设置在文字的最前面，体现了语音优先。无论选择 30 分钟、60 分钟、2 小时和一直听的"随身听"，还是点击得到 App 首页免费专区的"连续播放"按钮，都能连续听课。另一方面，设置 App 导航按钮，让音频优先。首页 5 个导航按钮，位于第一和第五的，是"听书"和"随时听"（新版换成"专题"，在内容和 6 大学院之间增加"播放全部"）。免费区右上角还增添了"连续播放"按钮。付费课后来也设置了"听音频"按钮，能让听众在听的同时聊微信。"看图文"按钮下，每篇文章的最上面，也是这节课的音频。

10.2.2.3　盈利模式

1. 订阅专栏、付费语音图书分享的盈利模式

目前，市场上的主流支付平台都致力对知识进行产品化的包装，并通过移动端变现，如表 10-1 所示。

表 10-1　知识付费平台的盈利模式

平台名称	得到	喜马拉雅	知乎	分答
平台定位	碎片化终身学习平台	有声化平台	分享知识经验平台	多场景的知识付费体系
内容来源	PGC+版权合作	PGC+UGC+版权合作	知乎大 V+UGC	PGC+UGC+社区问答
付费产品形式	（全部）订阅专栏、电子书、商场产品	（部分）订阅专栏、有声书籍	Live 小讲、私家课	小讲、课程、问答

各平台都有其各具特色的盈利模式，199 元/年、199 元/9 个月的订阅专栏是得到 App 的主盈利模式。其中还有 99 元 50 讲、30 讲的大师课，19.9 元的精品课，用以满足不同需求和消费层次的人群。专栏订阅是一种用户预付课程费用，主讲人以年为单位提供内容的服务类型，用户一次性全额付清所有费用，但需要在一定时间内等待作者更新完毕。目前为止，得到 App 中的订阅专栏里上线了有 115 门付费课程，覆盖了商业、科学、人文、社科等 6 大板块，每个订阅课程平均订阅数高达 7.8 万人，展现出了强大的营收能力。同时，得到 App 推出的付费语音图书干货分享"每天听本书""电子书"也成为其盈利模式。

得到 App 在知识内容变现盈利的同时还开设了销售周边物品的商城。在付费获取知识的同时，销售周边物品既可有效地吸引用户、增加黏性，又能提高盈利收支。同时得到 App 作为商业化的产物，也像众多平台一样，通过承接广告得到一定的利润。而广告又包括两种模式：一种是直接广告，即平台通过广告商购买广告位或者赞助内容获利，例如，2018 年 7 月得到 App 携手江苏卫视出品的知识型脱口秀《知识就是力量》；另一种则是间接广告，以知识产品内容吸引用户，再针对目标用户提供产品或服务，根据用户的年龄、消费习惯、浏览历史纪录等进行数据分析，从而向潜在用户推送广告，吸引用户进而产生消费。

2. 得到 App 盈利模式的局限

1）精英视角下的内容生产

得到 App 成立的目的是创造获取知识的捷径，让用户利用碎片化的时间获取最高效的知

识。而当下 App 主要的功能聚焦于职场管理、自我提升、金融理财等方面，这些内容成为付费课程的重要部分，出现内容雷同，限制了用户的购买行为。知识付费本身没有错，但具有较强的功利性且大肆谈论成功学就存在问题。知识的沉淀与质变需要时间，人的成功也不是一蹴而就的，偏商业化功利性的知识传播终究不是知识付费平台的长久之计。

2）售后体验有待提升，需完善用户评价和反馈机制

得到 App 付费课程以音频为主，由于课程的虚拟性，用户一旦购买就无法退款退货，后续也欠缺针对课程知识是否有用以及课程优缺点的评价。在订阅专栏里很多付费课程是全年的，用户在前期试听阶段觉得满意，但无法预料中后期的课程内容与用户预期价值是否有落差，于是会谨慎选择。缺少评价和反馈机制会使知识传播闭合，不利于知识的更新，难以实现增值。用户无法参与到付费知识传播这一过程中，会造成复购率不高，平台黏性下降的情况。

3）去中心化过后的"再中心化"

得到 App 上的用户，更多的是出于对创始人或专栏作家的崇敬而订阅，彼此之间的交流不多，与专家的互动也很少，虽说有互动栏目，但是难以确保每个问题都能被回答。而且，这种问答的方式其实是以专家为中心，与社群经济中"去中心化"人人平等的理念是背道而驰的。用户更多的是对专家的追随，每一个学习者都是孤独的个体，难以对团队有归属感，很容易减少用户黏性，平台从而失去了对用户的吸引力。因此，如何增强用户间的互动，维系其中的情感纽带，是得到 App 下一步应该考虑的。让用户在交流中达到情感的升华，建立一种对品牌的忠诚度，还可以实现以熟人带动熟人的模式，实现订阅数量的增长。

10.3 视频课程模式——网易云课堂

网易云课堂于 2012 年上线，作为在线学习平台旨在提供优质的实用技能类课程课程，内容囊括了职场发展、职业岗位、办公效率、IT 互联网等 100 多个细分领域。网易云课堂设有微专业、系列课程、题库等特色版块以及笔记、进度管理与学习监督、问答等特色功能。

10.3.1 传播者运营

10.3.1.1 把关传播者

传播者作为付费产品产出的源头，是在线课堂最重要的一部分。网易云课堂为了维持平台产品质量，避免劣质课程流入，设置了严格的传播者把关策略。初始的一轮审核是在个人或者机构申请入驻平台之后，审核申请者的基本信息，审核内容包括申请者的个人身份信息、机构的营业执照等，平台以此来判断申请方是否有入驻发布课程的资格。第一轮审核结束后，入驻者可以上传自制的课程内容，但是在上传的内容公开发布到平台之前，需要接受平台的第二轮审核。在这一轮的审核中，平台将会对课程内容做出严格的把关，除却考量课程质量的优劣之外，还会严格审查内容中是否包含广告等不良信息。为了保证用户上课体验，上传的课程视频的画面也是其审核的重要内容之一。经过两轮严格审核之后，入驻者创作的内容才能够真正被发布在平台上，被用户学习使用。除此之外，App 后台还会根据用户的反馈进行智能的关键词筛选，对直播间里的教师实施实时监控把关，确保课程内容质量。

10.3.1.2   激励传播者

2017 年，网易云课堂发布了重磅培育方案——"行家计划"。这是网易云课堂培养优质传播者的孵化器，网易云课堂会从平台中筛选出一批优秀的讲师，培养他们成为领域行家。"行家计划"不仅扶持流量大的知名 ID，还会深入挖掘那些在细分领域里的教育专业人士，以"一揽子"计划为基础，为他们提供流量倾斜、资金支持、教学服务和推广等四大内容上的帮助。网易云课堂的目标是在 2017 年至 2019 年的两年时间里通过平台的资源倾斜和升级培养出100 个营收超过 500 万的优质传播者。为了进一步激励讲师、机构，2018 年 1 月网易云课堂又推出了"零分成"平台政策。平台对流量进行标记，对于课程提供方自身带来的流量，平台将不再参与分成，且为他们提供免费的工具支持和运营服务支持。"零分成"策略不仅帮助传播者降低了运营费用，提高了自我营销的能力，增长了收入，还激励平台的传播者为平台带来大量优质的个人讲师和教育机构。其中便有一些来自其头部机构的传播者，他们的到来直接充实了平台的传播者阵营。此外，网易云课堂内部还设置了"金云奖"，获得奖项的传播者将会得到课程页面获奖标注、专题页面展示等奖励。通过奖项的设置，网易云课堂激励更多的传播者优化课程内容，提高课程质量。

10.3.2   内容运营

10.3.2.1   用户导向推荐产品内容

在互联网飞速发展的背景下，任何产品想要生存下去，都必须适应互联网，以互联的思维来思考。互联网思维的核心则是以用户为中心，注重用户的体验感，从用户的角度来思考规划产品。

在用户注册登录网易云课堂 App 之初，平台会让用户选择自己感兴趣的内容。根据用户初始选择的信息，后台会智能化地向用户推荐他们感兴趣的内容。为了迎合用户的需求改变，用户可以随时自行在 App 上更改感兴趣的内容，更改之后，平台也会对向用户推荐的内容做出适应性的调整。

作为网易系的产品，网易云课堂同样搭载了网易云，接入网易云基础服务的容器服务、负载均衡、对象存储、数据库等功能。为了满足网易云课堂用户的偏向，打造用户喜爱的课程，网易云课堂借助网易大数据团队打造了敏捷 BI（Business Intelligence，商业智能）解决方案——网易有数，可以快速获取数据并将其转化为报表。云课堂团队根据网易有数提供的可视化数据能够实现对用户的实时监测，分析了解用户的反应，从而做到优化课程，合理推荐产品内容。

为了满足用户利用碎片化时间学习的需求，一些轻量内容从课程、书籍里被提炼出来，以 3～15 分钟短视频、书摘文章、音频等方式呈现给用户。这些碎片化的知识同用户系统性学习课程的结合，降低了用户的学习门槛，丰富了学习形式，让用户可以随时随地利用碎片时间学习，高效方便。

10.3.2.2   PGC 模式生产专业内容

随着在线教育市场需求的不断扩大，用户对于线上学习的期待也在不断提高，这就使得课程内容不得不做到专业化和精品化。想要产出优质专业的内容，抓住专业的内容生产团队是关键。

网易云课堂的课程内容来源主要有四个方面：

（1）专业机构出品的课程内容，将平台课程内容往精品化、专业化方面打造，用免费试听课程吸引用户去其机构报名付费课程。

（2）网易内部实战经验的内化总结，开发成体系的课程，这部分内容也是用户信任度最高的内容，由于网易在业界的专业认可度高，此类课程经常刷屏于朋友圈。

（3）职场领域以及其他领域的优秀讲师团队，这类讲师多有专业协作的团队，比如秋叶PPT、十点课堂等。

（4）高校课程及教师资源自有开发的内容，利于开拓高校资源。

10.3.3　用户运营

10.3.3.1　精准画像寻找目标用户

在网易云的技术支撑下，网易云课堂为在线教育用户做出了精准的画像，并完成了品牌的全新升级。"在云课堂的体系中，他们被称为'–2 到+4'的用户"，网易云市场营销负责人这样评价目前网易云课堂的目标用户。"–2 到+4"即以大学毕业为临界点，向前两年的大三大四即将进入职场的大学生以及毕业后四年内的职场"新人"。这类用户即将进入职场，需要通过一个快速有效的途径迅速融入职场生活或者增加自己的价值，在就业市场上获得企业的认同。数据显示，处于"–2 到+4"的大多是 90 后和 95 后，属于"互联网原住民"，他们接受新鲜事物的速度快，学习能力强，能够独立地在互联网上完成个人的学习，完全符合产品用户画像。

网易云课堂将这类用户精准地划分为六个大阶段，围绕他们职场生活所需技能开发各类实践性的课程，调整策略，放弃多维度而着重一点打造核心竞争力，充分发挥自身优势。

10.3.3.2　社群运营增加用户黏性

网易云课堂 App 中有一个名为"发现"的板块，这一板块包括推荐和关注两部分内容，推荐部分是已经购买了课程的用户发表的课程评价，或者课程提供者发布的帖子，用户可以在此推荐一些内容或者发表课程感受。而用户关注的部分显示的则是用户早已关注的其他对象所发表的动态或者文章。用户可以对文章评论，且评论留言不经过后台审核能够直接显示，用户的动态下不能直接评论，但可以一键转发至微博、微信等社交平台。为了给用户提供更全面的服务，网易云课堂几乎每一项课程都设置了一个 QQ 群，用户可以自由地在群里讨论课程相关问题，群主还会不定时发放一些资料、组织群内答疑活动等。网易云通过建立社群的方式，增加了用户间互动，营造了良好的学习氛围，满足了用户分享需求，提高了用户的认同感，进而提升了 App 的用户黏性。

10.3.4　盈利模式分析

现阶段，网易云课堂主要的盈利模式为收入分成模式，在此基础上又分为两种类型：一种是纯第三方课程，平台以服务形式参与分成；另一种是自营课程，以网易云课堂为主，其他讲师或机构参与分成。

1. 学生课时费抽成

平台作为中间方对课时费进行抽成，额度是 0~20%，这是目前业内的主要做法。基于这样的理念，网易云课堂将重点放在了优质内容引进上。比如独家签约秋叶老师，倾斜资源，提高销量。《和秋叶一起学 PPT》上线仅一个多月就实现了超过 10 万元的销售总额，实现一年收益 500 万左右。秋叶的课程起初只专注 PPT 的设计和制作，后来与网易联合开设了系列课程，集结成了《跟秋叶学 Office 办公技能》，包括文档、表格、PPT 的使用。"系列课程"的触角也伸向了其他内容领域。定价上，一门课的价格从几块钱到几百元不等，能够满足不同人群的需要，靠量实现盈利。2017 年年底，网易云课堂推出了"行家计划"，计划在未来两年内打造 100 位年收入在 500 万以上的教育行家，可见网易云课堂对第三方优质内容的重视。

这种平台签约合作讲师和机构并根据流量向入驻的网师端用户收取佣金的做法有别于许多传统教育机构的互联网发展之路，借鉴了电商的销售模式，将平台作为分销渠道来吸引习惯于互联网学习的用户。

2. 自营课程获利

2014 年起，网易云课堂开始自营内容。同年 11 月上线了全球首个完整 MOOC 形态的大学计算机专业课程系统；2015 年 2 月推出了在线职业教育项目"微专业"。截至 2017 年，网易云课堂已上线了 30 门微专业课，累计付费学员超 10 万，收入占平台总收入的 37%，微专业也使得平台上沉淀的大量免费内容变为引流产品，成为重要的盈利点。

C 端盈利模式及产品定位逐渐清晰，网易云课堂开始探索企业级在线教育市场的可能性。2016 年 11 月，网易云课堂企业版正式上线。通过与中欧商业在线、IBM 中国研究院等行业领跑者合作，整合行业优质资源打造专业课程体系，为企业定制专属内容。从酒店餐饮行业到人工智能行业，从新员工入职培训到中高层管理，模块化设计，覆盖多种培训场景。在技术层面，网易云课堂依靠网易在云技术方面的强大实力，以 SaaS 的方式，为企业提供全方位的培训计划及运营支持，保证信息私密不泄露，让企业培训有效落地。传统企业培训存在资源杂、执行难、实效低等问题，而网易云课堂企业版的发布可以推动企业培训朝专业化、体系化的方向发展，也为网易云课堂探索出新的盈利点。

10.4　知识问答模式——知乎

知乎是最大的中文互联网知识问答社区，各行各业的用户聚集于此平台，分享彼此的知识与经验。围绕着高质量内容社区这一定位，在版本更迭中，知乎逐渐演变为集社区分享与知识付费一体化的平台，先后开创了问答、文章、专栏、知乎大学、付费咨询、知乎 Live、知乎书店等多样化核心功能，以更好地完善用户体验，增加用户活跃度。

知乎于 2011 年 1 月上线，但是直到上线两年多才开始向公众开放注册。前期采取邀请注册制，吸收优质精英入驻。开放注册后，知乎注册用户数量迅速由最初邀请注册的 40 万增加到 400 万。从 2011 年 1 月上线到 2016 年 5 月，知乎平台的日均活跃用户达 1300 万人次，平台内容月浏览量总次数超过 50 亿，用户人均平台使用时长达到 33 分钟。用户提出的问题总计达 1000 万个，收到的问题回答数目达到 3400 万个，这些回答获得的点赞数总计超过 3500

万个。截至 2021 年 9 月，知乎月活用户达 1.01 亿人。

表 10-2 知乎和喜马拉雅比较

项目	知乎	喜马拉雅
上线时间	2016 年 5 月	2016 年 6 月
Slogan	有问题，上知乎	每一秒陪伴都有爱
平台定位	综合社交知识社群	移动音频分享平台
生产方式	PGC+UGC	PGC+UGC
付费模式	单次付费/打赏/会员制度	订阅合辑付费/会员制度
服务形式	在免费知识交流问答基础提供付费咨询、LIVE 讲座、电子书等服务	在免费音频分享的基础上，推出付费音频栏目专区

10.4.1 价值主张

价值网络是指由拥有不同资源和能力的群体缔结而成的、能够实现价值创造和传递的关系网络。知乎的价值网络关系结构清晰，由平台、知识生产者和用户（即知识需求者）三个核心成员构成，其中平台充当着知识生产者与用户之间的桥梁。在不同领域拥有专长的知识生产者是平台上知识服务内容的主要提供者，其水平的高低直接决定了付费内容的质量。借助平台及其传播效应，知识生产者可以将自己所精通的知识分享和传播出去，并获得相应的收益，实现盈利价值。平台的知识生产者所分享的都是经过理解和重新诠释的非原始知识，这就提升了知识质量，也提升了平台的形象。知识生产者与平台之间是互为联结、相辅相成的。平台作为连通知识生产者与用户之间的桥梁，构成了一个闭环的价值网络，知识消费者的货币化支付是知识付费商业模式形成闭环的关键。

正如创始人周源所说，一个人大脑中从未分享过的知识、经验、见解和判断力，总是另一群人非常想知道的东西。知乎的价值主张是让合适的人来回答合适的问题，让用户分享彼此的知识和见解，而平台、知识生产者和用户这三者构成的价值网络便能让彼此的知识和经验形成很好的连接，构成一个社会化的问答平台。这种社会化平台的价值可概括为以下四点：

（1）构建知识精英社区：知乎平台的主要知识贡献者为各行各业具有较高教育背景的知识精英，他们可以为网络环境下知识精英群体的特征、行为、影响等相关研究提供良好的样本。

（2）监控舆情：除了社会公知和专家等意见领袖的存在，知乎社会化平台的"草根领袖"也可以成为处理突发事件、消除谣言影响的新力量。

（3）推广科普教育：知乎平台汇集了大量不同领域的信息，众多用户通过发言、讨论和评选，源源不断地向公众提供高质量信息，发挥科普和教育的作用。

（4）促进图情工作：社会化问答平台为学科服务、参考咨询等图情工作提供了良好的机遇。例如，社会化问答平台的相关经验和规则能够有效用于改进联合参考咨询的服务形式，参考咨询人员也可以参考社会化问答平台意见领袖的特点，调整自身的行为方式，增强自身和咨询平台的影响力，提升参考咨询的服务质量。

10.4.2 营销模式

知乎主要采用了口碑营销、产品定价以及线上线下相结合的营销组合。很久以来，知乎通过成功的口碑营销，在用户心里留下了"专业化"的形象。其良好的口碑主要源于高质量的知识生产者以及平台本身。创作者通过优质内容的创作来吸引粉丝、积攒人气，提升自身魅力与影响力。而平台通过优质的内容推送与良好的管理吸引用户，打造专业形象，培养忠实的用户群体。此外，知乎合理的产品定价也是其成功的营销方式之一。例如知乎的"盐选会员"，融合了读书会员与超级会员两者的特权，为用户提供更好的服务体验，便于用户阅读电子书资源和收听 Live 讲座，这样的产品定价方式吸引了很多用户。随着知乎逐渐从知识社区向平台的转化，其开始采用线上线下相结合的方式向用户展示更为有趣、多元的一面。例如，知乎在线下推出的"不知道诊所"以满满的创意吸引了大批用户。

基于当代年轻人关心的时尚、美食、心理、电影、摄影、学习六大领域，知乎通过线下创意诊所的形式，在"不知道诊所"里设置六大科室（外科、口腔科、心理科、五官科、放射科、内科），把知乎上专业多元的内容以有趣的互动方式展示出来。在这个模拟真实的诊所场景之下，大家可以在挂号台现场提出问题，然后被分配至对应的科室，与现场坐诊的数十位知乎优秀回答者组成的"专家门诊"进行面对面的沟通交流，最后前往"取药台"完成"诊疗"。通过一系列创意营销活动，让知识得以跨界、生动、流行起来，也让知乎更好地实现了用户和品牌的渗透，展现出了"有趣多元"的另一面，在帮助用户"发现更大的世界"的同时，实现"知识连接一切"的品牌使命。

10.4.3 盈利模式

知乎主要通过三个途径实现盈利：内容价值化盈利、社交网络化盈利以及场景生态化盈利。

首先，内容价值化盈利体现在聚焦优质的内容并以专业化方式展现，实现其价值的盈利。盈利主要来源于用户购买、企业合作等途径，比如"盐选会员""知乎圆桌"等栏目。其次，社交网络化盈利主要体现为"网红效应"，企业可以通过社交网络的拓展，打造知识"网红"以实现自身盈利。还可以通过邀请知名度较高的人物作为讲座的主讲人以吸引消费者，实现盈利。知乎平台在发展线上业务的同时，也发掘了线下业务的潜力。通过线下场景的打造，内容场景化和生态场景化使得盈利渠道得以拓宽。此外，一些创意体验馆的设立实现了线下 IP 的延伸，可以收获与不同品牌方的合作，从而实现盈利。

知乎平台采用的基本商业模式是社区型知识付费模式。知乎平台用户包括三类：提问者、回答者和偷听者。提问者就自己疑惑的问题在知乎上选择心仪的答主大咖，对其进行提问，并向答主支付相应的报酬，然后答主大咖在方便的时间就提问者的各个问题进行时长一般为60 秒的录音回答。偷听者则是这样一群用户：他们有一些疑惑的问题，但是这些问题已经有人对一些答主大咖进行了提问并且获得了答案，那么他们就可以通过支付 1 元钱的方式对答主已经回答的问题的答案进行"偷听"。偷听者支付的费用由提问者和答主均分。

知乎的付费产品目前主要有三个：第一个是知乎 Live，是知乎在 2016 年 4 月推出的实时问答产品，其基本模式是先由平台答主创建 Live，然后这个 Live 经过平台运作随机出现在用户们的信息流之中，感兴趣的用户点击 Live 并支付由答主设定的票价后，就可以进入该 Live 的沟通群。在沟通群内，答主通过语音形式进行信息分析，可以与参与者进行即时语音互动，因此信息交流的效率比较高，用户体验较好。第二个是值乎，其主要形式是语音回答，答主回答提问的语音可以被所有人付费收听，获得的收入也是由问题提问者和回答者均分。第三个是知乎书店，将知乎直接出品的 E-books 和与合作出版机构出版的图书收揽上架。它把图书购买、阅读和讨论等环节连接了起来，为用户对特定话题的深入探讨提供了条件和氛围。

10.5　直播模式——千聊

千聊于 2016 年 3 月正式上线，为各行业专家提供了在线开课的平台，帮助他们通过视频或音频的形式为 C 端用户传授知识经验，从而获取一定的授课费用。千聊的产品定位为知识界的淘宝。目前千聊微信端每日活跃用户达百万级，千聊 Live 公众号粉丝数超过 700 万，超30 万位讲师和机构在千聊注册直播间，其中不乏卡娃微卡、丁香医生、果壳网等微信大号，累计覆盖听众超过 6000 万。同时，千聊也拥有自己独立成熟的 App，在话题类别上，千聊每天新建主题超过 1 万个，话题分类囊括亲子、家庭、两性、健康、理财、母婴等 33 个类别。

10.5.1　内容策略

1. 以生活实用类为核心内容

千聊定位于职场、美妆、亲子、家庭以及教育等大众化、生活化、实用化的内容。

千聊最初是一款为自媒体等内容生产者提供社群直播、知识变现的工具。首先，对于内容生产者来说，生活实用类内容是一种普适、高频、刚需的内容，最能引起用户共鸣，也更容易变现，因此使用千聊的内容生产者会倾向于生产该类型的内容，平台上自然也就会积累海量相关的内容。其次，对于内容消费者来说，多元的社会身份会产生多元的需求，而围绕生活的各项需求最渴望被满足，生活实用类内容对他们来说既是"有用"的，也是"易用"的。相比之下，"精英类"内容天然带有一定门槛，普通人群"使用"了也不一定能够得到"满足"，因此他们会倾向于为生活实用类内容付费。随着知识付费的不断发展，生活实用类等轻量型内容正在崛起，影响整个知识服务生态。

2. 以白领女性为目标客户

经济水平高的区域，知识付费的意愿比较强烈。一方面，生活在一、二线城市的人们拥有良好的收入水平，愿意为提升自我而付费。另一方面，他们生活节奏快、竞争压力大，需要通过碎片化的学习来提升自己，以较低时间成本获取高质量的信息，知识付费为他们提供了一个解决方案。在锁定目标人群为一、二线城市互联网用户的同时，千聊推出了变美、亲子、情感、生活、职场、理财等 20 个细分领域的内容，平台重点为女性提供知识服务，例如《零基础也能掌握的美妆圣经》《世界 500 强精英女性都在学的魅力形象课》《教你有效抗衰老，做冻龄女人》等课程。主要面向女性知识付费群体、深挖女性用户需求场景、提供满足女性需求的知识产品，是千聊区别于得到 App、喜马拉雅 FM 等知识付费平台的特征之一。

3. 采取头部尾部内容共抓策略

知识付费市场头部效应明显，高知名度的内容创作者或内容生产平台凭借网红经济效应，能够吸引大部分用户关注和付费，获得更多流量、曝光和收入，而大量小众长尾的内容却容易被市场和资本忽视。从整个内容生态的良性循环来说，要保证内容的持续供应，腰部内容和小众的长尾内容的挖掘和打磨是必不可少的。

在内容策略制定上，千聊采用"打造头部精品+扶持长尾内容"的模式，依托头部精品引流，扶持长尾内容构建多元化的内容生产体系。平台邀请头部内容生产者制作课程吸引用户消费，并通过扶持不同行业不同领域的腰部内容生产者搭建多元化内容体系。千聊邀请了李静、李银河、蒋方舟等各行各业的专家、精英和大咖，推出头部精品课程，同时与 MCN 内容机构合作，保证平台优质内容的持续供给，提升平台内容竞争力。

10.5.2　渠道策略

千聊采取内外渠道共建的策略，深度融合微信社交生态，利用微信获取用户流量，扩大内容传播效果，并通过自建网络化分发渠道体系的方式实现精准营销，掌握用户流量入口。

10.5.2.1　结合微信平台生态扩大传播效果

1. 适配微信生态设计产品功能

微信是一个十分成熟的生态圈，让用户"足不出户"就可以获取信息以及消费内容。千聊是首个在微信生态圈内提出直播+知识付费的平台。创立初期，千聊是一款帮助内容生产者突破微信语音直播不便、社群人数限制的知识分享工具。

千聊开通了微信公众号，增设创建直播间和查看正在直播功能，将微信公众号打造成一个内容展示与课程分发的"微"窗口，用户关注千聊公众号就可以获取课程推送等内容。同时为内容生产者提供直播间绑定微信公众号的功能，让内容生产者在微信应用场景下，借助千聊将内容直接变现；随后还推出"建群宝"社群裂变辅助工具，该工具具有自动进群、课程推送等功能，用户在购买课程后自动扫码进群，内容生产者能够通过社群运营维系用户，有效提升用户黏性和课程复购率。千聊利用微信完成内容分发和课程营销，打造社交营销渠道。

通过开发适配微信生态的产品功能，内容生产者从千聊获得的流量可以顺利沉淀到微信公众号和社群，不用担心出现因平台迁移而导致的用户流失状况。海量内容生产者的粉丝也能低成本转化为平台的潜在用户，实现了微信与千聊流量的双向无缝流通。

2. 利用微信社交助推课程分发

社交裂变是社交媒体时代最高效、快捷的传播方式，借助微信这块流量"洼地"，千聊为内容生产者提供了拼课、任务邀请卡、分销、砍价、优惠券等营销功能。内容生产者可以设置课程分发规则，在微信生态中利用用户社交红利完成课程裂变，从而实现用户增长、引流和变现。

3. 开发小程序扩充用户流量入口

2017 年 1 月 9 日，微信小程序正式上线。在头部应用把持流量、用户对新应用兴趣降低的背景下，小程序凭借微信的流量红利和轻量级应用的低开发模式，在一年时间内就吸引了超过 100 万的应用开发者，应用数量超过 58 万，成为新的流量入口和分发渠道。千聊利用微信生态新场景，开发"千聊知识店铺"小程序，将课程同步到新平台上，用户可以直接在小程序中浏览内容，购买课程。与此同时，千聊帮助平台内的内容生产者开发属于自己的知识店铺小程序，打造独立入口，助力内容生产者个人品牌塑造。"千聊知识店铺"使 1600 间知识店铺变现过亿流水。

10.5.2.2 打造自有分发渠道实现精准营销

1. 布局多平台联动立体传播体系

千聊开通了官方"微信公众号""微博"，推出了客户端，全方位构建新媒体传播矩阵，对平台的知识产品进行多平台联动的立体化推广传播。千聊通过微信公众号持续向用户推送直播间信息和课程内容，以图文形式满足用户碎片化阅读的习惯，在图文中设置课程链接以便用户点击即直达课程页面，并在公众号菜单栏提供"我的课程"等入口，让用户可以通过微信公众号直接学习课程，无须退出微信跳转平台。同时，千聊利用微博这一社会化媒体向社会大众输出品牌信息，扩大品牌知名度和影响力。另外，作为用户学习的主要载体和工具，千聊客户端首页的内容分布和推荐机制成为内容强曝光的主要方式，千聊完善了首页推荐机制，增强平台内容的流动性，提升客户端渠道影响力。多平台联动的立体化传播，扩展了千聊知识产品的传播渠道，也提升了平台渠道的综合实力。

2. 面向内容生产者推出"知识通"

千聊利用新媒体构建官方传播矩阵，铺设了面向大众的知识产品传播通路，一定程度上能够提升产品的传播效果和销售收入，但也存在一定限制。受制于第三方平台的使用规范，千聊无法满足内容生产者和平台的个性化内容生产和传播需求，同时也无法全面掌握用户数据，了解用户偏好与真实需求。面对激烈的市场竞争，只有开辟基于自身平台生态的渠道才能提升平台核心竞争力。

"知识通"是千聊 2017 年启动的专为自媒体服务的课程分发平台，"知识通"平台上有海量经过测试的优质课程，内容生产者可以一键转发课程到自己的直播间。对于有粉丝流量但欠缺持续创作能力的直播间，可以转发课程充当渠道商，通过分销赚取佣金，同时维系直播间粉丝黏性。对于有内容创作能力但欠缺流量的直播间，上传优质课程到知识通商城，由流量主转发推广课程，可以提高内容变现效率。平台巧用分销激励机制，将内容分发责任转移到内容生产者身上，为内容生产者搭建以优质内容为核心的分销渠道。

3. 面向内容消费者推出"珊瑚计划"

除了面向内容生产者的内容分发计划，千聊也推出了面向普通用户的"珊瑚计划"，利用用户社交圈，以个体为节点实现内容分散式传播。用户加入"珊瑚计划"充当"课代表"，可以获得分销特权、社群培训、购买课程享受优惠以及获得专属券等福利。对普通用户而言，他们可以通过该计划享受一定特权，分销课程赚取佣金，获得额外收入和人脉资源；对于平台的内容生产者而言，利用用户社交圈可以快速实现大规模的社交裂变，提高知识产品变现效率；对千聊而言，分销模式拓宽了课程分发渠道，增强了内容生产者或者内容本身与粉丝的联系，带动了粉丝数量增长，提升用户黏性。

通过自建网络分发渠道，千聊能够获取用户偏好和市场效益等原始数据，真实掌握用户偏好和课程营销状况，掌握渠道竞争的主动权，更好地为平台发展变革服务。

课后作业

1. 试比较在不同知识付费平台上进行营销的差异。
2. 请举例说明你曾在知乎平台上看到过的营销案例，并说明它们的优缺点。

11

技术赋能下的数字营销

学习目标

➤ 了解 LBS 在数字营销中的作用

➤ 了解 AI、5G 等新技术给数字营销带来的变化

➤ 了解新技术在数字营销上的现实应用

推荐阅读

➤ 公众号"TopMarketing"《虚拟主播，会是直播带货的下一个风口吗？》（2022-06-21）

➤ 公众号"36 氪研究院"《36 氪研究院｜2022 年技术赋能 DTC 营销研究报告》（2022-04-25）

技术赋能万物互联的背景下，新一轮的科技变革与产业变革正在加速上演，人工智能、5G、AR/VR 等新技术就像一只看不见的手，将颠覆人类生活及商业经济的发展、模式甚至形态。

而作为维系生产及生活运转的传送带，人与人之间的沟通和协作方式也将发生极大的改变。未来，视频协作、语音协作、内容协作、数据分享将无缝融合在一起，真正打破时间、空间、地域的界限，新的营销思路和模式也在技术的革新中酝酿。

11.1　LBS 精准营销

11.1.1　LBS 营销的应用原理与内容

LBS（移动位置服务，Location Based Service）的应用原理首先是通过电信移动运营商的无线通信网络（如 GSM 网、CDMA 网）或外部定位方式（如 GPS）获取移动终端用户的位置信息（地理坐标或大地坐标），再在地理信息系统（GIS，Geographic Information System）平台的支持下为用户提供相应服务的一种增值业务。

LBS 包括两层含义：一层是确定移动设备或用户所在的地理位置，另一层是提供与位置相关的各类信息服务。总结起来，LBS 营销就是借助互联网，在固定用户或移动用户之间完成定位和服务功能，如用户可通过移动终端打开定位系统，然后在用户当前位置的一定范围内（如 1000 米附近）寻找宾馆、影院、图书馆、加油站等。

LBS 营销的产生和发展离不开移动互联网技术和移动电子商务的支持，同时，精准营销思维在营销活动中的普及为其提供了巨大动力，让 LBS 营销在准确性、互动性、经济性、可控性和动态性上发挥出更大的价值。

11.1.2　LBS 营销的特点与价值

11.1.2.1　LBS 营销的特点

1. 精准营销

LBS 营销是一种十分精准的营销，可以将虚拟化社会网络和实际地理位置相结合。运营商通过用户的签到、点评等可以抓取用户的消费行为轨迹、时间和地点等信息；企业可以通过用户使用的 LBS 服务分析出用户的签到商家数等 LBS 数据，掌握用户的生活方式和消费习惯。使用 LBS 营销方法能够有针对性地为用户推送更精准的销售信息，还可以根据移动用户的消费特质制订更加准确、有效的市场细分策略和营销方式。

2. 注重培养用户习惯

LBS 营销有两个基本前提，一是用户主动分享自己的地理位置，二是允许接收企业的推广信息。因此进行 LBS 营销时，一定要重视用户的习惯培养，要让用户乐于接收位置营销信息，这样才能更好地发挥 LBS 营销的价值。

3. 保护隐私安全

LBS 营销是基于用户定位的营销方式，不可避免地要涉及用户位置隐私。LBS 营销在为用户提供服务便利的同时，如果不能妥善地处理好用户隐私问题，就会造成用户兴趣爱好、运动模式、健康状况、生活习惯、年龄、收入等信息的泄露，甚至造成用户被跟踪、被攻击等严重后果。因此，LBS 营销必须用严密的手段保护好用户隐私。

10.1.2.2　LBS 营销的价值

LBS 营销的价值主要体现在两方面，一是产品促销，二是口碑传播。

1. 协助品牌进行产品促销

当用户登录 LBS 客户端时，LBS 将自动获取用户当前所在位置，并显示附近正在或即将举行活动的地点，用户可以点击查看活动详情，并选择前往任意地点参加活动。这种定位式广告特别适用于有线下门店的品牌，通过线上定位和优惠策略将用户直接领到门店，促进其线下消费。

2. 通过同步形成口碑传播

社会化媒体平台上的口碑对于品牌来说是提高形象和驱动销售的最直接动力。目前，几乎所有 LBS 应用都可以绑定微博和常用的社交媒体，通过 LBS 客户端，商家优惠信息等可以同步到这些平台。巧妙的营销机制，如活动优惠、福利打折等，可以让用户成为品牌的传播因子，以该用户为核心，通过朋友圈形成更大范围的口碑传播。

无论 LBS 营销的价值以何种方式体现，都要利用用户的位置进行推荐。几乎所有的 App 都会在用户安装后的第一时间询问用户是否允许获得地理位置，其最大的作用就是收集用户的位置，进而做精准推荐。

11.1.3　LBS 的营销应用

11.1.3.1　LBS+地图模式

1. 导航服务

导航 GPS 即电子地图的基本服务，如高德地图的导航功能。

2. 生活服务

餐饮、住宿、娱乐、出行等本地生活服务几乎都需要将地理位置信息推送给用户，如通过百度地图查找附近的酒店并导航。联网、公交换乘等服务也需要借助 LBS 的地理位置服务。

3. 安全设备

随着技术的发展，很多物品都具有定位功能，可以方便用户通过 App 实时获取物品的地理位置信息，比如一些儿童手表等。

4. 社交

社交可以说是当前与 LBS 结合最紧密的互联网运营模式。凭借 LBS 技术，可实现定位服务和社交功能的组合，从而使网络社交顺利地完成从虚拟社交到现实社交的转变，LBS 顺理成章地成为连接社交和商业的渠道，如很多社交应用具有的"查找附近好友"功能。微信作为一款圈子型的社交工具，也提供了基于 LBS 技术的"摇一摇""附近的人"功能，从而将微信的熟人社交延伸到陌生人领域，让用户能够基于地理位置扩大好友群体。

11.1.3.2 LBS+O2O 模式

O2O 商业模式是指将线下的商务机会与互联网结合，让互联网成为线下交易的平台。相比于普通的网络购物，在线下的商品交易提高了消费者的信任程度，O2O 商业模式就显得更为可靠。但是，这种模式是消费者主动去搜索商家和商品信息，具有消费口味的局限性和消费欲望的不定期性，让商家处于被动，无法掌握消费者的口味与消费欲望。而 LBS+O2O 模式能解决信息不对称而带来的服务供给和需求在生活中不匹配的问题，为消费者提供精准的需求推荐，促进消费者对商品的购买欲望，为消费者提供了更多的便利。

LBS+O2O 的商业模式在餐饮行业被广泛使用。例如，大众点评于 2006 年借助 LBS+O2O 的商业模式定位于电子优惠券、关键词推广和团购等精准营销，在个人中心将点评、用户签到、用户关注、签到活动等整合到一起，增加了用户之间的互动。同时，用户可以把体验好的商家通过新浪微博、微信等分享给好友，商家通过用户的好友圈进行口碑传播。另外，大众点评还新增了迷你地图标记商家具体位置等功能，有助于提高人机交互体验。

11.1.3.3 基于 LBS 的广告推送

使用先进的网络科技，可以定向发布消息，精准投放广告内容，在不同的网络平台投放不同的广告内容。同时，广告形式也呈现多样化，包括文本链接、广告横幅、多媒体宣传等多种方式。此外，在网络广告传播的过程中结合 LBS 技术，可以有效标记嵌入广告的地理纬度，在消费个体产生目的的行为的过程中对消费信息进行记录和分享，形成关系链作用。LBS 形式下的网络广告传播让广告信息的获取更加便利，网络广告的投放和传播获得及时反馈，改变了人们的消费行为形式。

一般来说，基于 LBS 应用的网络广告传播具有以下特点。

1. 信息主导

LBS 技术在实际的应用过程中能够实现对信息的控制，这是因为在网络广告传播中，信息传播的载体显示出信息源地理定向，信息来源同信息流向在虚拟空间中均发生了重要变化。网络广告传播的信息控制权开始转向传播末端，信息受者充分掌握了信息控制权，可以自主、自发地对网络广告传播内容进行重新编辑。基于 LBS 应用的网络广告传播更是因为地理位置的关联性直接被卷入用户的消费行为中，使广告传播更具信息主导性和控制性。

2. 信息接触与传染

在 LBS 技术基础上，网络广告传播以手机终端为主要信息载体，依靠位置核心对个体化特征加以分析，从而对消费者基本生活轨迹和消费方向进行描绘，发掘出信息的接触点，圈出目标受众，以过滤掉其他非目标群体，使网络广告的传播能够充分接触目标群体。与此同时，在信息后续传播被引发之后，同一品牌、同一实体店凭借地理位置的核心聚集力形成人际网络，利用用户之间的相互影响和互动，让网络广告形成扩散传播和后续传播。

11.1.3.4 LBS 营销困境

1. 无法精确判断用户所在地

很多 LBS 服务商提供的其实都是基于 GPS 定位，如果依靠运营商，则需要和运营商有良好的互动关系，但在中国的移动网络，运营商的强势地位对 LBS 服务商限制较多。

2. 支付问题

理想的模式应该是用户拿着签过到的手机去和商家结算，然后由 LBS 作为支付环节的第一道口，再和商家结算——这已经非常像团购的支付流程了，但国内的手机移动支付却依然有许多实际的环节未准备好。

3. 商家对支付途径的认可程度

2011 年 5 月 26 日，中国人民银行向国内 27 家第三方支付企业颁发了首批《支付业务许可证》，支付宝、财付通等第三方支付平台算是有了合法身份，不过市场接受程度不是一纸文书就能搞定的。即便移动支付环节走得畅通，但说服本地商家让 LBS 成为支付的第一道流程却不那么轻松。商业社会上，谁实力强，谁就有主动权，LBS 总体业态偏小，想让商家放弃获得消费金额后的返点，谈判之艰难，可想而知。

11.2　智能营销

本书在以往学者讨论和研究的基础上认为，智能营销是以大数据和人工智能为基础，智能分析和预测营销活动中隐藏的模式和发展趋势，提升企业营销的效率和效果，最终实现企业与用户之间价值共创的营销模式。下面将从人工智能营销的基础、特征和目的进一步阐述其内涵。

11.2.1　智能营销的基础：大数据和人工智能

大数据和人工智能的结合是人工智能营销的重要基础。首先，数据是人工智能营销底层逻辑中的关键要素。在数字化时代，用户搜索、浏览、点击、购买、评论、分享等行为数据和产品属性数据以数字、文本、语音、图片、视频等各种形式源源不断地实时产生，形成了具有大规模、高速度、多样性特点的营销大数据。人工智能做出的判断和预测需要依托对这些海量营销数据的分析和学习。其次，人工智能是人工智能营销发展的支撑要素。人工智能的本质是进行生产力升级，其应用越贴近生产环节的核心，越能发挥出技术的价值。一般认为，人工智能分为计算智能、感知智能与认知智能三个层次。计算智能即快速计算、记忆和储存的能力；感知智能即视觉、听觉、触觉等感知能力；认知智能则包括了分析、思考理解、判断等处理复杂的事实和情形的能力。从现阶段人工智能的发展情况来看，非结构化数据的价值被重视和挖掘，语音、图像、视频、触点等与感知相关的感知智能在快速演进，并且已经在"听、说、看"等领域达到或超越了人类水准，正在向更进一步的外部知识、逻辑推理的认知智能领域延伸。本轮人工智能技术红利将在未来一段时间内持续释放，与其他技术分支交叉融合，驱动多领域、多场景的落地应用与产业升级发展。

11.2.2　人工智能在营销中的应用体现

11.2.2.1　营销策略的调查研究阶段

营销调查研究是营销活动的起点，通过提前调研，企业可以了解市场占有情况、消费者意愿、目标消费群体需求等重要信息。数据技术以及人工智能技术的应用，极大地提高了企业营销活动前期的营销调研效率。

首先，人工智能营销能够实现对用户的立体洞察。一方面，人工智能可以分析更多样化的信息，如利用语音识别、人脸识别、视频结构化处理和机器学习等来衡量线上和线下购物者的情绪。另一方面，人工智能可以关联更多来源的数据并分析其中隐藏的模式。除了企业网站上用户点击和购买等直接相关的数据，人工智能还能够分析其他来源的潜在相关数据，如社交媒体平台上大量用户生成的内容，从而向营销者揭示关于用户潜在需求、偏好、情感、态度的洞察，为企业产品、服务开发和创新提供宝贵资源。

然后，基于对用户的立体洞察，人工智能可以进一步预测用户的意图，更好地挖掘用户价值。如使用预测模型进行前景评估，寻找高质量的潜在用户，通过预测领先得分确定用户的购买意图。基于先进的人工智能算法，企业甚至比消费者更了解其自身的需求，能够更好地为用户提供产品和服务。例如，IBM（国际商业机器公司或万国商业机器公司，International Business Machines Corporation）[①] 的人工智能系统 Watson 有一个语气分析器，可以理解用户的自然语言，并且能够持续学习，通过语气分析器洞察用户对不同方案的反应，并通过推理不断调整产品或服务。

11.2.2.2　营销策略的制定阶段

人工智能技术从全网智能抓取相关数据，通过智能分析帮助营销人员完成寻找吸引消费者的创新点环节，摆脱了以往只依赖于营销人员自身经验判断和小范围营销调研结果的限制。同时，人工智能技术借助仿真技术、生物识别等技术创造"人工脑"，完成营销策略制定过程中的一部分思考工作，如创意筛选、优化等方面。

一方面，对于海量的内容，人工智能可以快速从中提取有价值的信息，提升处理效率。如应用图像识别和机器学习等技术，可以对大量素材执行自动化识别、聚合、提取、标记等操作，有效实现内容分类和标记，并检查是否存在内容编辑错误、遗漏和其他相关问题，控制内容质量，有效解决了人工处理能力有限的问题。

另一方面，人工智能可以智能化创作内容，提高内容产出。如基于机器学习和自然语言理解等技术，将内容分解为基本的构成元素及模式，并利用已有的数据训练创作能力，根据不同用户的需求和偏好，智能提取、组合数据库中的原始素材，创作出包含文字、图像或其他创造性元素的千人千面甚至一人千面的内容。智能化的内容创作突破了以往人工创意有限的局限性，能够帮助营销人员有针对性地生成多样化的内容，提升营销效果。例如，阿里巴巴的 AI 设计师"鲁班"通过对海量商品自动抠图和对大量设计海报的识别学习，在 2017 年的"双 11"活动中创作了 4 亿张海报。

11.2.2.3　营销策略的执行阶段

人工智能技术根据网络热度数据分析，可以自行筛选出适合企业产品宣传的网络平台，并且根据用户使用偏好数据测算出适合的营销时间点、次数等，在用户进行相关网络访问时个性化推送符合该用户需求特征的营销方案。

---

① 总公司在纽约州阿蒙克市。1911 年由托马斯·沃森于美国创立，是全球最大的信息技术和业务解决方案公司。

首先，人工智能能够及时响应用户，扮演智能客服的角色。智能客服提供有形和无形两种交互形式，有形交互即用户与有形的智能机器人互动，无形交互则是用户与在线虚拟助手的互动。基于语音识别和自然语言理解等技术，智能机器人和虚拟助手不仅能够有效接收用户所说的信息，还能通过分析句子结构、单词语义和上下文语用准确理解用户的产品咨询或售后服务等方面问题和需求，及时提供针对性解决方案。机器学习算法的加持则让智能机器人和虚拟助手拥有灵活的自主学习能力，可以在用户的提问和互动反馈中不断积累新知识，扩大理解和解决问题的范围，提升处理效率和准确率，以此减轻人工客服的负担，从而有效降低服务成本、提高服务效率，更好地满足用户及时性的需求。希尔顿酒店就选择了雇用机器人礼宾来辅助酒店员工，及时为顾客提供信息，满足客人的一般需求。

其次，人工智能可以有效评估不同的投放方案，实现智能投放。人工智能具备强大的数据分析和计算处理能力，能够通过算法确定消费者的特征和需求，判断用户最可能购买或点击广告的时刻与内容，通过对比上万种广告投放方案快速判断出最佳方案。人工智能通过实时分析数据不断评估和调整方案，自动完成广告媒介的购买和投放，实现高效、精准、动态的智能投放。例如，杜蕾斯采用智能的程序化购买方式，通过人群标签优化、页面关键词优化、时间优化实现精准投放，提升实时传播效果。

最后，人工智能能够实时分析用户的偏好，以进行智能推荐。人工智能的应用使企业有更全面的渠道和更多样的方式获取用户的相关信息，同时基于深度学习和知识图谱等技术，推荐系统能够实时分析和更新用户偏好，有效缓解冷启动和推荐滞后的问题，从而在以往个性化推荐的基础上实现更精准有效的智能推荐。

11.2.2.4 营销效果的评估阶段

传统的营销活动效果评估需要事后进行监测，而人工智能技术的应用帮助企业实现了实时监测，系统自动在全网络进行相关内容的数据抓取和分析处理，并将监测效果及时反馈给营销人员，方便营销人员根据消费者反应及时修改营销方案，降低了突发事件对企业营销活动的影响。

首先，人工智能和大数据的结合能够帮助企业进行实时监测评估。如利用数据挖掘和机器学习等技术，企业可以实现对数据的实时监测和反馈，并根据反馈数据主动做出应对。即时的数据反馈和机器学习的迭代优化使企业具备实时调整的动态能力，让内容创作和广告投放等活动更加精准，投资回报等指标也能得到更准确的衡量，从而帮助企业做出更明智的营销决策。例如，谷歌智能广告平台 AdSense[1]通过实时监测和记录广告投放过程中的各种数据，智能分析出广告与品牌、效果之间的因果关系，为广告主提供决策信息。

另外，借助人工智能监测可以有效识别不适当或虚假的信息。如基于数据的物理属性和网络属性、用户的异常行为等信息，对虚假信息进行追踪和智能化处理，帮助企业得到更加真实的监测数据；或使用机器学习算法来分析和识别假新闻，帮助企业了解品牌是否以及如何与假新闻联系在一起，并制定有效的策略避免假新闻威胁企业和品牌的声誉。

---

① AdSense 是个合成词。其中 ad 是"广告"之意，sense 是"感知"之意，综合起来的意思就是相关广告。Google 通过程序来分析网站的内容，并且投放与网站内容相关的广告。Google AdSense 是由 Google 公司推出的针对网站主（简称发布商）的一个互联网广告服务。

11.2.3 人工智能应用于智慧营销的发展趋势

1. 满足用户"精准、互动、价值"的新需求

人工智能技术可以使用大数据对营销信息进行汇总、分类、筛选和分析，为企业提供精准的数据分析结果，根据不同用户的需求预测并提供个性化营销信息。在纷繁的信息、数据和营销广告面前，消费者更加青睐精准的信息服务、优质的购物体验、创新的营销文案以及能够正确传递感知价值的营销决策，因此，将人工智能技术应用于智慧营销活动全过程，可以满足用户"精准、互动、价值"的新需求。

2. 创新营销媒体流量变现的新期待

如何将广告流量进行变现、有效降低营销成本是品牌营销的核心问题。根据相关专业机构的调查数据显示，58.5%的营销媒体难题体现在"广告数量与用户体验之间的矛盾"，过多的营销媒体广告加载率，或者是粗暴的广告展示方式，都影响着浏览的用户对广告的接受与体验。AI 技术可以帮助企业根据用户在各大搜索引擎的点击频率和次数筛选客户，有针对性地投放媒体广告，制定有创意的广告策略和方案，提高流量变现能力。语音、视觉和机器学习等 AI 技术应用在市场营销领域，将带来更原生的广告形式、更精准的广告投放、更实时的投放优化等。

3. 挖掘营销海量数据价值，创新营销活动模式

营销的 O2O 模式不断发展，智慧营销数据既来源于线上，也来源于线下，因此，需要分析的数据量更大，数据维度更广。如何进行同源数据汇总与分析是智慧营销使用数据分析结果的突破点。对用户的链接点击、下载应用、购物过程、消费评价、产品分享等行为数据进行交叉分析，企业可以获取到更广泛、更精准的用户动态，从而开展精准的营销预测。

11.2.4 人工智能时代市场营销面临的挑战

1. 人工智能背景下复合型营销人才的不足

当前，智能营销领域的一个显著问题就是技术与营销的进一步深度衔接问题，懂技术、懂市场的复合型人才的不足使得企业在应用人工智能过程中遇到很大障碍。一些机构掌握着最新智能技术，积累了海量数据；另一些机构则了解市场，不掌握技术，导致技术应用与市场营销之间的衔接出现了隔阂。人工智能技术的场景应用给所有领域的营销人员都带来了挑战，人才和工作需求双向失衡。企业必须培养复合型的营销人才，引进新技术培训课程，提升现有营销人员的整体技术素质。

2. 人工智能营销过程中暴露的数据隐私保护和流量造假问题

各种数据隐私新闻案件的曝光，让越来越多的用户对新技术的使用保持着高度敏感。大量未经用户本人同意的数据非法监测和解读严重干扰着消费者的日常生活，一些企业甚至利用智能技术对用户个人信息进行预测分析，从而获取用户隐私。流量数据造假问题则更是进一步瓦解了消费者对网络消费活动的信任。一些企业为了短期盈利，通过机器或人工方式刷榜、刷量、控评，营造虚假流量，不仅误导消费者，更严重干扰了正常的市场竞争秩序。因此，必须及时惩治非法获取消费者隐私的企业，营造良好的网络使用环境，同时企业也要加

强内部管理，提升营销人员的道德素养。

3. 全方位人工智能营销环境下的消费者心理倦怠问题

首先，用户有时也会拒绝提供个人信息以避免隐私泄露。当企业多渠道收集数据、数据采集的方式越来越具有侵入性、数据收集缺乏透明度和责任条款时，用户会产生被利用的感觉。此时，数据收集可能会威胁到用户对个人数据的所有权，影响个人控制感，引发强烈的抵触心理，导致用户拒绝披露和分享自身的数据。尤其是当个人数据将被如何使用以及由谁使用的不确定性很高时，用户会放弃共享数据。

其次，在个性化推荐中，用户可能认为企业在试图说服并操纵自己的选择，感知决策自由权和自治权受到侵犯，从而产生抗拒心理。另外，随着个性化推荐频率的提高，用户甚至会出现倦怠心理，产生更严重的抵触情绪，部分用户可能故意做出与预测结果不一致的其他选择，甚至会因过于精准的推荐结果而放弃消费。

最后，用户对智能客服的抗拒主要是由其主观感知影响的。当用户察觉其人工智能的身份后，他们会主观认为聊天机器人缺乏专业知识和同理心，从而倾向于购买更少的产品，甚至提前终止对话。在涉及个性化、高卷入度和情感性的任务时，用户往往认为人工智能缺乏执行这样的任务所需的情感能力和同理心。

11.3　5G 与新场景

11.3.1　5G 融合应用发展态势

1. 全球 5G 网络持续普及，行业终端成为市场发展新蓝海

全球 5G 网络建设稳步推进，中国 5G 发展走在世界前列。截至 2021 年 10 月底，超过三分之一的国家/地区进入 5G 时代，已有 1831 家网络运营商开始提供 5G 业务（含固定无线和移动服务）。截至 2021 年二季度末，全球 5G 网络已经覆盖全球近五分之一的人口，5G 网络人口覆盖为 19.6%。截至 2022 年 4 月末，中国已建成 5G 基站 161.5 万个，成为全球首个基于独立组网模式规模建设 5G 网络的国家。5G 基站占移动基站总数的比例为 16%。根据不完全统计，5G 独立组网仅在包括中国在内的约 9 个国家/地区实现商用。我国独立组网（SA）模式的核心网已建成运营，三大运营商均已实现 5G 独立组网（SA）规模部署。相较而言，日韩两国 5G 网络建设仍以非独立组网模式为主，重点满足个人用户的发展需求。

2. 全球 5G 应用初显成效，但整体仍处于初期阶段

全球积极开展 5G 融合应用探索，围绕产业数字化、数字化治理和数字化生活三个方向开展，呈现出垂直行业市场、传统消费市场齐头并进的态势。总体上，全球 5G 应用整体处于初期阶段，在工业互联网、医疗健康、智慧交通和城市、公共安全和应急等领域已有小范围落地应用，但大规模、可复制应用仍有待时日。

3. 我国 5G 应用正从"试水试航"走向"扬帆远航"

中国 5G 应用发展水平全球领先。在行业应用领域，5G 应用从"样板间"转变为"商品房"，解决方案不断深入，项目数量和创新性都处于全球的第一梯队，对我国实体经济的数字赋能作用开始释放。在个人应用领域，基础电信企业和互联网企业在游戏娱乐、赛事直播、

居家服务、文化旅游等消费市场加大探索，推动网络用户向应用用户快速转化。

目前，全国 5G 应用创新的案例覆盖 22 个国民经济重要行业，在工业制造、医疗等多个领域应用场景加速规模落地，5G 赋能效果逐步显现。工业行业围绕研发设计、生产制造、运营管理、产品服务等环节，形成 5G+质量检测、远程运维、多机协同作业等典型应用。

顶层设计逐步完善，初步形成 5G 应用推进合力。"十四五"时期是中国 5G 规模化应用的关键时期。《中华人民共和国国民经济和社会发展第十四个五年规划和 2035 年远景目标纲要》提出"构建基于 5G 的应用场景和产业生态"。工信部深入贯彻落实党中央、国务院决策部署，按照《政府工作报告》要求，加大 5G 网络和千兆光网建设力度，丰富应用场景。工信部联合中央网信办、发展改革委等九部门印发《5G 应用"扬帆"行动计划（2021—2023 年）》。《行动计划》统筹推进 5G 应用发展，把握 5G 应用关键环节，赋能 5G 应用重点领域。

4. 5G 技术的四大应用场景

第一，三维互联网，即在现有架构下，互联网网站和 App 全面兼容 3D 技术以提供 2D、3D 服务，实现互联网的三维互联。相较传统二维互联网，三维互联网具有空间坐标信息更多、信息覆盖更全面、更多人机互动等显著优势。裸眼 3D 技术已逐渐成熟，智能终端与互联网在未来都将全面实现三维化，催生更多的移动网络应用场景，如 3D 院线、3D 社交、3D 购物、3D 浏览器、3D 视觉训练。

第二，车联网。驱动汽车变革的关键技术——自动驾驶、编队行驶、车辆生命周期维护、传感器数据众包等都需要安全、可靠、低延迟和高带宽的连接，这些连接特性在高速公路和密集城市中至关重要，只有 5G 可以同时满足这样严格的要求，因此车联网将成为 5G 时代重要的场景。

第三，智能家居。智能家居连接上 5G 物联网之后，可以实时监控家居状况并发出指令，处理出门忘关空调等琐碎小事。

第四，IoT（物联网，Internet of Things）。IoT 分消费级和工业级，简单来说，消费级就是与消费者息息相关的家庭环境内部的万物互联应用。工业级物联网的范围则更大一级，不但万物互联，而且所有物件都可追根溯源，使得有限的资源被更加合理地使用分配，从而提高了行业效率和效益。在家居、医疗健康、教育、金融与服务业、旅游业等与生活息息相关的领域，极大改进了服务范围、服务方式和服务质量，提高了人们的生活质量；在国防军事领域，虽然还处在研究探索阶段，但物联网应用带来的影响也不可小觑，大到卫星、导弹、飞机、潜艇等装备系统，小到单兵作战装备，物联网技术的嵌入有效提升了军事智能化、信息化、精准化，极大提升了军事战斗力，是未来军事变革的关键。

11.3.2　5G 时代数字营销新趋势

5G 不仅仅是简单的速度变化，也是对整个营销领域的改变，它不仅带来了传输内容宽度的增加，也带来了未来产业升级和创新发展的可能。

11.3.2.1　5G 为精准营销提供更多机遇

精准营销，来源于精准的客户数据信息。5G 时代下，网络的最终目标是让终端用户始终处于联网状态，而 5G 网络支持的设备远远不止是智能手机，它还支持智能手表、健身腕带、智能家庭设备等。众多终端设备的涌入，使得数据来源更多样，数据信息更多元，从而让企业能更清楚消费者的喜好与习惯，为消费者提供更好的个性化服务。与此同时，5G 时代数据传输速度加快，单位时间里能抓取到的数据更多，数据的处理也会更高效，用户画像会更精准，更有时效性。用户可能在 2 分钟前刷了一个关于香水的微博，并点了个赞，再切换到购物平台，就马上会有相应的好物推荐。数据的快速处理和用户画像的高效构建，能使数字营销更好地做到"千人千面"，精准营销。

11.3.2.2　5G 推动沉浸式体验营销发展

世界上没有完全相同的两种体验，沉浸式体验营销不仅仅是让消费者简单地体验产品，更多的是让消费者能够体验到产品带来的感觉，从而加深对产品的了解。

5G 时代，XR（扩展现实，Expanded Reality）、AR（增强现实，Augmented Reality）、VR（虚拟现实，Virtual Reality）、360 全景等技术不断走向成熟，可以更大限度地融合虚拟与现实，带来更多元的内容和信息。以往，消费者大都通过文字、图片、视频了解产品，但如今，消费者不再轻易地被这种简单的文字、视频方式所打动。5G 的到来则能够让消费者领略"视觉、听觉、嗅觉、味觉、触觉"相融合的沉浸式体验营销，企业能向消费者传递更多有价值、有意义的信息。并且，在 AR、VR 等众多技术的支持下，消费者足不出户便能全方位了解产品，例如，网络购物不仅可以通过 VR 和 AR 感知衣服上身的效果，还可以通过物联网感知衣服的质地等。这些技术使营销摆脱传统媒介的束缚，通过各种新兴技术让产品实物逼真地出现在消费者面前，让消费者与产品实现真正的零距离互动，对品牌产生更加深刻的印象。

11.3.2.3　5G 革新内容形式与传播方式

当下的 4G 时代，视频、音频已逐渐赶超图文，并且，随着移动互联网短视频和直播应用的发展，UGC 内容获得了前所未有的大规模增长。而 5G 将推动信息传播的加速变革。5G 的特点可以用"两高两低"来概括，即高速率、高容量、低时延、低能耗。其中，信息传输的高速率意味着视频语言将取代文字语言成为社会交流的主要表达形式，与此同时，中长视频必然强势登场，成为社会性表达的中心和主流。

传统上，视频仅仅是以提供娱乐为主，对主流新闻的表达、主流价值观的承载是不足的。4G 时代，随着短视频的出现，视频开始逐渐介入社会影响力的中心，对主流事件、重要事项的关键性发展发挥自己的作用。但由于短视频"短"和"轻"的特点与关键逻辑表达所要求的厚重、严谨和周到相去甚远，对主流的表达影响依旧有限。短视频的衰退导致了部分影响力的让渡，但并不意味短视频数量上的减少。相反，短视频依旧在数量上对人们进行信息轰炸，但只有感兴趣的受众才会对深层次内容进行更深的接触。中长视频则在更大程度上扮演负荷重要的、系统性意思表达的角色。在 5G 高容量和低能耗的支持下，届时 UGC、PGC、OGC 联手 MGC（技术生产内容，Machine Generated Content）将共同形成内容生产的"大合唱"。

11.3.3　5G 时代虚拟主播的应用与发展

11.3.3.1　定义与来源

虚拟主播是指使用虚拟形象在视频网站上进行投稿活动的主播。在中国，虚拟主播普遍被称为虚拟 UP 主（VUP，Virtual Uploader）。在中国以外的地区，虚拟主播由于普遍活跃于

YouTube 而被称为 VTuber（Virtual YouTuber）。

　　虚拟主播以原创的虚拟人格设定、形象在视频网站、社交平台上进行活动，形象多以 MMD 或 Unity 的 3D 模型或 Live2D 制作的 2D 模型出现，并以真人声优配音。虚拟主播的概念是由公认的第一个虚拟 YouTuber 绊爱在 2016 年 11 月以虚拟 YouTuber 的形式开创的。自绊爱大热以后，2017 年出现了大量的虚拟 YouTuber。部分虚拟 YouTuber 会借助安置在头部与肢体上的传感器，通过光学动作捕捉系统捕捉真人动作和表情，将动作数据同步到虚拟角色上。借助于实时运动捕捉的机制，虚拟主播还可以通过多种方式与现实世界中的粉丝进行交流。

11.3.3.2　应用场景

　　在 5G 等科技的加持下，虚拟主播逐渐得到了广泛的应用，下面主要就新闻报道和直播电商两个方面进行介绍。

1. 常态化播报栏目成主要应用领域

　　2022 年全国两会期间，人民法院新闻传媒总社推出的虚拟主播"夏静"首次正式上岗。"夏静"是通过采集人民法院新闻传媒总社旗下中国法院网视频部副主任、人民法院新闻传媒总社主持人裴夏静的形象和声音，使用人工智能技术合成制作。2022 年全国两会期间，"夏静"重点进行了《对话代表委员》《与大法官"云连线"》《庆祝"女法官国际日"》等报道，节目通过形式创新，有效实现了观感的升级，赋予节目更强的可看性与连续性。

2. 虚拟主播助力直播电商

　　近年来，随着网络直播的迅速发展，用户对于直播场景、直播内容都有着更多元化的要求。淘宝天猫、京东、网易严选、快手、字节跳动等互联网企业纷纷推出虚拟数字人主播，并抢注虚拟主播商标。此外，传媒、汽车和金融等行业也纷纷推出相关虚拟数字人服务大众，一时间虚拟数字人成为潮流。例如，京东在 2022 年打造了美妆虚拟主播"小美"，现身科颜氏、欧莱雅等超 20 多个美妆大牌直播间，并联合百度通过虚拟数字人的方式，发布了《618 消费趋势洞察报告》。虚拟直播的加入让电商销售增添了更多的"元宇宙"氛围，也让直播电商更多元、更"可控"。

11.3.3.3　发展建议

　　首先，虚拟主播的形象应进一步优化。在已有的针对虚拟助手的研究中发现，当虚拟助手的外表真实性越高时，消费者对其的行为真实性就会有更高的期望。因此，在虚拟主播中，若是采用接近真人的虚拟形象，其外观设计和行为互动就应更接近真人。

　　其次，虚拟主播的完善需要从认知性、情感性和社会性来实现。消费者对于虚拟主播影响其产品的购买意向，是通过认知、情感和社会的相关反馈来实现的。因此在对虚拟主播的直播内容上，应注意对消费者情感上的把握，如设计得更有娱乐性并引起情感的共鸣，就能够顺畅地与消费者互动与交流。

　　另外，针对不同使用程度的消费者，虚拟主播应有不同的互动方式。消费者对于虚拟助手的使用阶段不同，其在使用时的诉求也有所不同。对于探索期的用户，主要希望通过虚拟主播获取更多的信息，来评估其潜在的价值；对于积累期的用户，已经对其有一定的了解，因此社会性的内容如关系的建立就变得更为重要；对于成熟期的用户，主要关注其娱乐性上和情感性，因此在互动中就应强调相关内容。

11.3.4　5G 时代品牌如何调整营销策略

在面对原有场景的转变和新场景的开拓时，品牌营销手段和形式也要做出相应的升级和变化。

11.3.4.1　用户管理：智能化

5G 之下的万物互联，意味着品牌能够采集到更全面的数据，用以分析用户的行为和消费偏好，进一步赋能品牌的大数据能力，让对的内容或广告，找到对的人。

1. 数据收集更全面，解决用户 ID 问题

5G 凭借高速率、低延时、大容量，使用户和其所拥有、触及的设备实现更广泛、更高速的连接，这意味品牌收集到的数据将更加全面立体。

在 AI 技术助力下，品牌基于多渠道的数据资源，自动化跨渠道打通 ONE_ID[①]，打破数据孤岛，全方位、立体式洞察、透视、评估、运营用户的多边关系，多维度精准刻画用户画像，从而帮助品牌精准洞察用户需求，开展个性化推荐和营销沟通服务，精准触达目标用户。

2. 建立用户营销机制，提升转化率

5G 生态中，品牌营销的着眼点，不只是在信息触达与交互，更要有点击之后的转化。

从用户营销机制入手，为用户提供更好的个性化和定制化的服务。比如，当一个人在浏览购物网站过程当中，这个平台就可以根据用户的过往消费记录以及实时反馈，为用户自动化推荐一系列合适的商品，从而实现用户拉新、盘活已有用户、SCRM 管理（Social Customer Relationship Management，社会化客户关系管理）等，并为最终的销售转化、复购率提升，乃至品牌形象的加分等带来促进作用。

11.3.4.2　营销场景：多元化

5G 时代，消费者越来越趋于从营销场景中感受产品和品牌，精心搭建的场景更容易激发消费者的行为，特定的场景更容易激发消费者的代入感，触发消费者内心深处的情感共鸣，激励消费者产生购买行为。对于品牌而言，以往大渠道、大投放的策略开始失去优势。为了提升营销效果，品牌需要从过去线上或线下单一的场景，转变为跨行业、跨领域的多元化营销场景，全方位捕获受众的注意力，抢占用户心智。

1. 营销内容

在消费者对广告"言听计从"的年代，品牌营销的理念："消费者集中到哪里，我们的广告就打到哪里。"而如今，消费者不再是被动接受者了，单调重复、缺乏创意的广告形式、内容只会让消费者"止步门外"，甚至渐行渐远。因此，无论外界如何变化，深耕内容仍是品牌持续发力之处，内容仍旧是抓住消费者的关键，消费者的体验将成就差异化。

例如对于可口可乐来说，"饮料+美食"具有天然消费场景的匹配性，如何拓展到更多佐餐渠道，形成新增长？2019 年，可口可乐基于美团的大数据分析，挖掘出了 30 个中国城市的

---

① 指统一数据萃取，是一套解决数据孤岛问题的思想和方法。

代表性美食，定制了 30 款"城市美食罐"，再以"城市美食罐"为载体，线上通过 AR 趣味互动解锁美食故事，发放优惠好礼吸引到店体验，传递 30 城传统美食情怀。在线下，美团点评在 30 城招募上万家优质风味餐厅，铺设城市美食罐物料，为品牌规模化触达线下餐厅，增加新的供给渠道，帮助可口可乐与多元化的本土美食场景绑定，打造"Food+可口可乐"场景营销，促成品牌与生意双增长。

2. 营销方式

在 5G、AI 等新一代信息技术的加持下，品牌与用户的互动方式也呈现多元化的趋势。内容互动、直播营销、活动营销、积分营销、流量营销以及基于大数据的个性化内容营销方式百花齐放。企业及品牌商家以丰富多元的营销体系以及精准个性的用户互动体验，成功进入用户心智，并实现深度的连接与交互。例如，2020 年直播模式大爆发，直播电商迅猛发展，万物皆可播。借助直播技术不仅能看到直播间的整体情况，还能放大局部细节，让消费者能更清晰地看到商品情况，拥有更真实的购物体验，并通过与主播的沟通互动融入购物场景中。

另外，5G 技术的加持让品牌营销的方式延伸至消费者的触觉感受。例如，触觉物联网（Tactile Internet）的运用能够增强人体感官全方位感知。触觉互联网可以看作物联网的高端发展，意味着未来传递的信息将超越图片、文字、声音、视频，传递味觉、触觉，甚至情感，将使增强现实和虚拟现实更具沉浸感。在 5G 时代，通过触觉物联网、虚拟场景和 AI 智能的进一步发展，我们很可能得到如同亲手触摸的真实感受。这种感受会让品牌和产品的体验变得更深刻、更具体，让品牌和用户更直接、更透明、更真实地互动起来。

11.4 元宇宙：感知体验的维度叠加

11.4.1 元宇宙：下一代沉浸式互联网

2020 年是人类历史上虚拟化的一个临界点。受新冠肺炎疫情影响，人们的生活发生了巨大变化。一方面，疫情加速了社会虚拟化，在疫情防控措施下，"宅经济"快速发展；另一方面，线上生活由原先短时期的例外状态成为常态，使得更多现实社会无法实现的需求转而用线上方式来满足。具体来说，疫情迫使老年人上网，远离互联网的人群实现在线化；日常工作中，人们更为习惯使用线上会议软件开会讨论业务；有了基本的水电气保障、到家电商的流行以及网络信息的充分供给，疫情正推动着"宅男宅女的虚拟化生存"；除此之外，全球互联网渗透率已达较高水平，用户红利渐失且用户对更沉浸的虚拟世界有了更深入丰富多样的需求；VR/AR 硬件、人工智能、数字孪生、云计算等关键技术逐步发展迭代。

这些变化，为 2021 年成为元宇宙元年做了铺垫。

11.4.1.1 新技术由点突破连接成面，移动互联网继承者的孕育

1980—2000 年，化身等元宇宙相关的概念出现，并自小说《雪崩》正式提出"元宇宙"。2000—2010 年，元宇宙雏形的实现形式逐步被探索，*Second Life* 成为第一个现象级的虚拟世界，之后的"元宇宙第一股"Roblox 也在该阶段创立。2010—2017 年，互联网巨头开始布局元宇宙相关概念，关键的交互硬件之一——VR 设备掀起第一波投资热潮。2017—2020 年，虚

拟现实产业落地进展未达预期，投资遇冷，行业进入技术积累与蛰伏期。2020 年后，Oculus[①]发布划时代的 Quest2 一体机，压低了成本和售价，有望助力 VR 设备出货量跨越"拐点"。2021 年 Roblox 上市将元宇宙概念重新带回公众视野，热度不断攀升。

复盘元宇宙的发展历程，我们将元宇宙发展前史划分为潜伏期（2002 年前）、探索期（2003—2011 年）、资本布局期（2012—2016 年）、低潮期（2017—2019 年）、元宇宙发展早期（2020 年 10 月后），同时可以对各发展阶段元宇宙及其雏形产品的成熟度从以下八个维度进行量化：硬件，网络层，计算力，虚拟平台，协议和标准，支付方式，内容、服务和资产，消费者行为。

元宇宙是无数技术与应用落地节点的集合。在移动互联网的基础上，元宇宙对沉浸感、参与度、永续性等多方面将提出更高的要求，需要许多独立工具、平台、基础设施、协议等来支持其运行。随着 AR、VR、5G、云计算等技术成熟度的提升，元宇宙有望从概念走向现实。元宇宙的正向循环将逐步打通，即底层技术推动应用迭代，然后市场需求提升反哺底层技术持续进步迭代。

11.4.1.2　元宇宙的五大要素：永久沉浸的社交生态，广阔开放的平行宇宙

在市场对元宇宙广泛讨论的基础上，本书进一步提炼出元宇宙的五大必要要素：

1. 元宇宙将是大规模的

一方面，元宇宙的 DAU、MAU、同时在线用户数将超过现有的所有移动互联网应用及平台；另一方面，元宇宙不仅包括游戏、还包括社交、教育、移动办公、数字工业等边界广阔的丰富内容，可探索空间的大小、体验的丰富程度甚至有望超过现实世界。

2. 元宇宙将具有沉浸感

随着技术进步，这种沉浸感可以通过 VR/AR 设备乃至脑机接口触达，VR 眼镜等元宇宙端口在未来都会成为像蓝牙耳机一样的标配。同时，虚拟世界和真实世界相互交汇融合，线上+线下的沉浸式场景将成为元宇宙的重要组成。

3. 元宇宙将是强社交性的

超越现实世界和虚拟世界的元宇宙，社交是一个必备功能。用户在元宇宙可以扮演他们在真实世界中可能无法扮演的角色，并以这个身份同元宇宙中的其他人交互交往，产生协作、创造价值。

4. 元宇宙将是持续存在的

元宇宙并非某某组织某公司运营的平台，它的运营将持续存在、没有间断；作为用户，元宇宙不论其在线与否，都将持续保持运行并对用户的元宇宙角色产生影响；作为创作者，其在元宇宙中创作的价值、持有的资产将不会因为平台停运而消失。

5. 元宇宙将是开放的

一方面，元宇宙需要打通各个独立的游戏、应用、社交，实现标准、协议、货币体系的互认、互换；另一方面，元宇宙向所有第三方开放技术接口，让它们可以自由地添加内容。

---

① Oculus 是创立于 2012 年的美国虚拟现实设备品牌，后于 2014 年 7 月被美国 Facebook 公司收购。

11.4.2　元宇宙：品牌不得不面对的"四个转变"

11.4.2.1　从叙述故事，到创造故事

以往的品牌营销，大都是以品牌为出口的叙事，引导消费者产生认可或共鸣。然而，元宇宙营销将在很大程度上由创作者驱动，并提供各种各样的内容和体验。例如，Roblox 是首个定位为"工具+社区"的游戏 UGC 平台，为创作者提供技术工具以自由生产内容，为玩家提供平台以进行游戏与社交活动，截至 2021 年第四季度日活用户达 4950 万。Roblox 的用户们使用自己独特的虚拟形象，在 UGC 的数字场景中和朋友们进行拟真互动，也将线下的社交活动数字化，比如钓鱼、赛车、逛 Gucci、看视频、探险等。越多开发者创造游戏和玩法内容，玩家沉浸时间越长，通过社交网络吸引越多的新用户；玩家基础扩张的同时，由于 UGC 的激励+反馈经济系统，越来越多玩家变成开发者，互相推动，形成正向循环。元宇宙营销中的用户既是开发者，也是玩家。如何打破两者之间的界限，对于品牌来说，就需要重新审视自己的定位，从故事的叙述者转变为故事的联合创造者，让品牌故事能够源源不断地发展下去。比如品牌在一些虚拟社区中购买土地、建造社区，但社区里的故事则是由玩家互动产生。

11.4.2.2　从活动直播，到虚拟演出

百威英博全球技术和创新主管 Lindsey McInerney 曾表示，"未来的体育、媒体和娱乐是虚拟的，有差不多 25 亿人已经参与到虚拟经济中，这就是世界进化的方向，毫无疑问，和在现实世界中一样，品牌需要在虚拟的平行世界中找到立足之地"。一直以来，品牌主们都会通过赞助现场演出等方式触达消费者，运动品牌通过赞助体育赛事扩大品牌影响力，啤酒和软饮公司通过赞助买断活动现场的饮料提供权，银行和信用卡公司则利用门票预售权来推广自己。

而元宇宙的出现，让品牌的活动赞助有了更多新形态。NFT（Non-Fungible Token，非同质化代币）正在改变品牌和 IP 所有者与消费者的互动方式。这些代币在品牌、IP 所有者和消费者之间提供了一种直接的关系，可以作为已经获得的真实或数字权益的"护照/通行证"。例如，某男团在演唱会中整合 AR 技术，粉丝们坐在家中就能挥舞荧光棒，和现场音乐同步协调。而本次虚拟演出的赞助品牌，可以通过产品包装上的二维码，向全球消费者提供在元宇宙中举办的演唱会访问权。消费者根据自己所拥有的品牌 NTF 资产，还可以在这个虚拟演唱会中解锁其他权益。

11.4.2.3　从模特/代言人，到虚拟偶像/数字人

虚拟偶像，是通过绘画、动画、CG（计算机动画，Computer Graphics）等形式制作，在因特网等虚拟场景或现实场景举办活动，是以商业、文化等具体需求制作培养，但本身并不以实体形式存在的人物形象。

首先，以虚拟形象代言更节约成本，品牌无须支付高额的酬劳。其次，不必承担代言人的舆论风险。同时，品牌对虚拟代言人的形象设定、言行举止等是完全可控的，并通过不同的传播内容去丰满人物性格，使之与品牌相匹配。最后，虚拟代言人一旦设定，它将作为品牌的唯一、长期、稳定的形象代表，与品牌共同成长。

但对于品牌来说，养成一个虚拟偶像并非易事，需要持续不断的文化输出和个性一致。国外虚拟偶像 Lil Miquela 在社交网站上十分出众，会分享自己的穿搭、美食、社交，表情动

作多变，像年轻人一样。这些创作内容都是根据受众的喜好调整出来的，有利于形象向不同领域应用和场景延伸。仅靠亮眼的外形，消费者终将对虚拟偶像审美疲劳。

11.4.2.4 从面向消费者，到面向数字替身

与其他用户在同一个世界中共享虚拟场景，在虚拟世界中能有真实的存在感，这种虚拟+真实的社交性是元宇宙的一个关键要素。在元宇宙营销中，品牌要面对的不再是现实中的消费者这么简单，而是消费者及其数字替身，它具有社会人的属性，也具有虚拟交互需求。

2018 年，韩国头部互联网企业 Naver 推出虚拟形象应用 Zepeto，用户可根据个人喜好打造虚拟形象并购买虚拟服饰进行装扮。在完成虚拟形象 DIY 以后，用户可选择背景、姿势进行"拍照"，Zepeto 提供的"合影"与分享功能使其在熟人社交圈中快速扩散。为促进内容生产，Zepeto 于 2020 年推出 Zepeto Studio 以激励用户创作虚拟商品与地图，社交场景的拓宽使 Zepeto 进化为虚拟经营世界，全球用户规模已突破 2 亿。根据 Naver Z 最新披露数据，所有用户中 70%为年龄介于 13～24 岁之间的女性。由于用户画像与众多时尚品牌的目标客群高度重合，Zepeto 吸引了超过 60 个知名品牌与 IP，成为品牌营销、IP 宣传的全新阵地。

"虽然元宇宙表现为一系列实时且最终相互关联的在线体验，但它其实是由一些早就被前沿品牌和营销人员们所熟知的变革性趋势赋能和定性的，其中就包括共享社交空间、数字支付和游戏化等等。然而，元宇宙的未来则将呈现出大多数消费品牌都非常陌生的绝对进化，其中最值得注意的就是区块链技术、加密货币、数字商品、非同质化代币（NFT）和个人数字替身（Avartars）。"当然目前来看，元宇宙营销还有很长的路要走。

 **课后作业**

1. 结合现状，请阐述你对元宇宙的理解。
2. 试思考元宇宙概念为品牌带来的营销机会。
3. 请说明你对智能营销的理解。

术语表

A

adwords 关键词广告：充分利用搜索引擎开展数字营销活动的一种手段，是付费搜索引擎营销的主要形式，近年来它已成为搜索引擎营销中发展最快的一种。

AIDMA 营销法则：即注意（Attention）、兴趣（Interest）、欲望（Desire）、记忆（Memory）、行动（Action）。由电通公司针对互联网与无线应用时代消费者生活形态的变化而提出的一种全新的消费者行为分析模型。

artificial intelligence（AI）人工智能：研究、开发用于模拟、延伸和扩展人的智能的理论、方法、技术及应用系统的一门新的技术科学。

auction ads 竞价广告：是一种由用户自主投放，自主管理，通过调整价格来进行排名，按照广告效果付费的新型网络广告形式。付费竞价广告分手动和自动，手动竞价是指自己设定点击价格，而自动竞价则由广告主设定价格上限，系统将在价格上限之内自动调整点击价格，保证排名。

augmented reality（AR）增强现实：一种将虚拟信息与真实世界巧妙融合的技术，广泛运用了多媒体、三维建模、实时跟踪及注册、智能交互、传感等多种技术手段，将计算机生成的文字、图像、三维模型、音乐、视频等虚拟信息模拟仿真后，应用到真实世界中，两种信息互为补充，从而实现对真实世界的"增强"。

average revenue per user（ARPU）用户平均收入：一个时期内（通常为一个月或一年）电信运营企业平均每个用户贡献的通信业务收入，其单位为元/户。

B

banner ad 横幅广告：横幅广告是网络广告最早采用的形式，也是目前最常见的形式。横幅广告又称旗帜广告，它是横跨于网页上的矩形公告牌，当用户点击这些横幅的时候，通常可以链接到广告主的网页。

big data 大数据：或称巨量资料，指的是所涉及的资料量规模巨大到无法透过主流软件工具，在合理时间内达到撷取、管理、处理、并整理成为帮助企业经营决策更积极目的的资讯。

blind advertising 软广告：为减少公众的广告躲避而将显明的、凸现的广告形式，通过更巧妙的、更迂回的、更隐蔽的方式传达出去，使消费者在不知不觉中把广告所传达的内容接受下来的一类广告。

big data marketing 大数据营销：基于多平台的大量数据，依托大数据技术的基础上，应用于互联网广告行业的营销方式。

brand 品牌：一个名称、名词、符号、象征、设计或它们的组合，旨在标识出某一卖方或一组卖方所销售的产品或服务，并把它们与竞争对手的产品与服务区分开来。

brand attachment 品牌依恋：一种重要的品牌情感，反映出消费者和品牌之间长期关系的紧密程度。

brand attitude 品牌态度：消费者通过学习和强化习得的以一种喜欢或不喜欢的方式对品牌发生反应的习惯性倾向，是形成消费者的品牌行为（如品牌选择）的基础，表现了消费者对一个品牌的总体评价，是最抽象但又层次最高的品牌联想。

brand awareness 品牌认知度：品牌资产的重要组成部分，是衡量消费者对品牌内涵及价值的认识和理解度的标准。

brand communication 品牌传播：企业以品牌的核心价值为原则，在品牌识别的整体框架下，选择广告、公关、销售、人际等传播方式，将特定品牌推广出去，以建立品牌形象，促进市场销售。品牌传播是企业满足消费者需要，培养消费者忠诚度的有效手段，是企业家们高擎的一面大旗。

brand community 品牌社区：建立在使用某一品牌的消费者间的一整套社会关系基础上的、一种专门化的、非地理意义上的社区。

brand culture 品牌文化：某一品牌的拥有者、购买者、使用者或向往者之间共同拥有的、与此品牌相关的独特信念、价值观、仪式、规范和传统的综合。

brand element 品牌元素：包括品牌名称、品牌标识、品牌口号、品牌域名、品牌包装、品牌广告曲、品牌故事等。

brand equity 品牌资产：品牌资产是与品牌、品牌名称和标志相联系，能够增加或减少企业所销售产品或服务的价值的一系列资产与负债，可以简单地被认为是品牌的价值，它主要包括 5 个方面，即品牌忠诚度、品牌认知度、品牌知名度、品牌联想、品牌其他资产（如商标、专利、渠道关系等），这些资产通过多种方式向消费者和企业提供价值。

brand image 品牌形象：消费者对传播过程中所接收到的所有关于品牌的信息进行个人选择与加工之后留存于头脑中的有关该品牌的印象和联想的总和。

brand management 品牌管理：指针对企业产品和服务的品牌，综合地运用企业资源，通过计划、组织、实施、控制来实现企业品牌战略目标的经营管理过程。

brand marketing 品牌营销：通过市场营销使客户形成对企业品牌和产品的认知过程，企业要想不断获得和保持竞争优势，必须构建高品位的营销理念。

brand message 品牌信息：消费者和其他股东接收到的与品牌有关的所有信息。大部分品牌信息是由许多有实质内容的因素——文字、声音、行动、图示、符号或实物——以及它们所代表的意义组合而成。

brand positioning 品牌定位：企业在市场定位和产品定位的基础上，对特定的品牌在文化取向及个性差异上的商业性决策，它是建立一个与目标市场有关的品牌形象的过程和结果。

brand promotion 品牌推广：企业塑造自身及产品品牌形象，使广大消费者广泛认同的系列活动和过程。

brand recognition 品牌认同度：人们对于某件商品或是某项服务的品牌价值的判断和评价。

brand reputation 品牌美誉度：市场中人们对某一品牌的好感和信任程度，它是现代企业形象塑造的重要组成部分。

brand strategy 品牌战略：公司将品牌作为核心竞争力，以获取差别利润与价值的企业经营战略

brand value 品牌价值：指品牌在需求者心目中的综合形象——包括其属性、品质、档次（品位）、文化、个性等，代表着该品牌可以为需求者带来的价值。

brand aesthetics 品牌美学：品牌与受众通过品牌符号和品牌感知体验的审美互动而实现

品牌审美溢价价值的品牌建构理论。

branding 品牌化：指对产品或服务设计品牌名、标识、符号、包装等可视要素，以及声音、触觉、嗅觉等感官刺激，以推动产品（或服务）具备市场标的和商业价值的整个过程。

business to business B2B：指提供企业对企业间电子商务活动平台的网站。按照高盛、IDC等知名市场分析公司的看法，B2B 模式是当前电子商务模式中份额最大也最具操作性、最容易成功的模式。B2B 不仅仅是建立一个网上的买卖者群体，它也为企业之间的战略合作提供了基础。

business-to-consumer B2C：指电子商务的一种模式，直接面向消费者销售产品和服务商业的零售模式。

buyer's market 买方市场：亦称买主市场，指商品供过于求、卖主之间竞争激烈、买主处于主动地位的市场。

C

carousel advertisement 轮播广告：在单条广告中展示多达 10 个图片或视频，每个图片或视频均可设置不同的链接。

cash the flow 流量变现：指将互联网流量通过某些手段实现现金收益。

circle marketing 圈层营销：指在项目营销过程中，把目标客户当作一个圈层，通过针对他们的一些信息传递、体验互动，进行精准化营销。

cloud computing 云计算：云计算是分布式计算的一种，指的是通过网络"云"将巨大的数据计算处理程序分解成无数个小程序，然后通过多部服务器组成的系统处理和分析这些小程序，得到结果并返回给用户。通过这项技术，可以在短时间内完成对数以万计的数据的处理，从而达到强大的网络服务。

cloud storage 云存储：一种网上在线存储的模式，即把数据存放在通常由第三方托管的多台虚拟服务器，而非专属的服务器上。

CNNIC（China Internet Network Information Center）中国互联网络信息中心：工业和信息化部直属事业单位，行使国家互联网络信息中心职责，负责国家网络基础资源的运行管理和服务，承担国家网络基础资源的技术研发并保障安全，开展互联网发展研究并提供咨询。

cognition 认知：个体认识客观世界的信息加工活动。感觉、知觉、记忆、想象、思维等认知活动按照一定的关系组成一定的功能系统，从而实现对个体认识活动的调节作用。

collection ads 精品栏广告：借助精品栏广告格式，广告主能够以图像为载体打造沉浸式体验，让消费者能更轻松地通过移动设备发现、浏览和购买商品及服务。

commodity movement rate 商品动销率：经济学术语，计算方式是商品累积销售数/商品库存数。商品动销率计算公式：商品动销率=动销品种数/门店经营总品种数×100%。

communication-effect 传播效果研究：判定广告是否有效地对目标受众进行了传播。

community 社群：广义而言是指在某些边界线、地区或领域内发生作用的一切社会关系。它可以指实际的地理区域或是在某区域内发生的社会关系，或指存在于较抽象的、思想上的关系。

community economy 社群经济：社群经济是指互联网时代，一群有共同兴趣、认知、价值观的用户抱成团，发生群蜂效应，在一起互动、交流、协作、感染，对产品品牌本身产生反哺的价值关系，建立在产品与粉丝群体之间的情感信任和价值反哺之上，共同作用形成的自运转、自循环的范围经济系统。

competition ecology 行业竞争生态：指由行业中竞争对手的数量多少、强弱分布、争夺目标的数量及集中程度等构成的竞争态势。

competitive advantage 竞争优势：公司以竞争对手难以做到或无法匹敌的一种或多种方式展开经营的能力。

composite marketing 复合营销：一个公司或者一个企业集团采用两种或者两种以上营销方式及其要素，占领两个或者以上的细分市场而进行销售的一种复合化营销方式。

composite ranking index（CRI） 综合排名指数：即出价与质量度的乘积，是竞价排名机制的衡量标准。一般情况下，综合排名指数越大，在搜索结果页面的排名也就越高。

consumer to business C2B：指消费者（个人）提供产品及服务需求给公司，向公司发起消费的商业模式。

consumption action 消费行为：消费者的需求心理、购买动机、消费意愿等方面心理的与现实诸表现的总和。

content marketing 内容营销：指以图片、文字、动画、视频等介质传达有关企业的相关内容来给客户信息，促进销售，通过合理的内容创建、发布及传播，向用户传递有价值的信息，从而实现数字营销的目的。

conversion rates 转化率：指某一反应物转化的百分率或分率，转化物是针对反应物而言的。

corporate identity system 组织识别系统：有关企业形象识别的设计，包括企业名称、标志、标准字体、色彩、象征图案、标语、吉祥物等方面的设计。

corporate image 企业形象：人们通过企业的各种标志（如产品特点、行销策略、人员风格等）而建立起来的对企业的总体印象。

cost per action（CPA） 每行动成本：广告主为每个行动所付出的成本，也称按效果付费成本，是指按广告投放实际效果，即按回应的有效问卷或订单来计费而不限广告投放量。

cost per click（CPC） 每次点击成本：有的时候也被视为每千人点击成本（Cost Per Thousand Click-Through），是以每次点击（或每一千次点击）为单位进行收取的。对广告主来说，避免了只浏览不点击的广告风险，是网络比较成熟的国家常见的收费方式之一。计算公式：CPC=总成本/广告点击次数。

cost per mille（CPM） 千人成本：指由某一媒介或媒介广告排期表所送达1000人所需的成本。广告主通过比较媒体的千人成本选择媒介。计算公式如下：千人成本 =（广告费用/到达人数）×1000。千人成本只是一个辅助参考工具，并非广告主衡量媒体的唯一标准，只是为了对不同媒体进行衡量而制定的一个相对指标。

couplet advertisement 对联广告：指利用网站页面左右两侧的竖式广告位置而设计的广告形式。

cross-border electronic commerce 跨境电商商务：指分属不同关境的交易主体，通过电子商务平台达成交易、进行支付结算，并通过跨境物流送达商品、完成交易的一种国际商业活动。

culture 文化：个人需要与行为的基本决定要素。

customer experience 客户体验：一种纯主观的在用户使用产品过程中建立起来的感受。

customer loyalty（CL） 顾客忠诚：是指客户对企业产品或服务的依赖和认可、坚持长期购买和使用该企业产品或服务所表现出的在思想和情感上的一种高度信任和忠诚的程度，是客户对企业产品在长期竞争中所表现出的优势的综合评价。

customer orientation 顾客导向：指企业以满足顾客需求、增加顾客价值为企业经营出发点，在经营过程中，特别注意顾客的消费能力、消费偏好以及消费行为的调查分析，重视新产品开发和营销手段的创新，以动态地适应顾客需求。

customer value 顾客价值：基于感知利得与利失的权衡或对产品效用的综合评价。

customer stickiness 用户黏性：指用户对于品牌或产品的忠诚、信任与良性体验等结合起来形成的依赖程度和再消费期望程度。

customer-to-manufacturer C2M：C2M 模式是在工业互联网背景下产生的，由必要商城创始人毕胜 2013 年率先在中国提出并实施,指现代制造业中由用户驱动生产的反向生产模式。C2M 模式基于互联网、大数据、人工智能，运用庞大的计算机系统随时进行数据交换，按照客户的产品订单要求，设定供应商和生产工序，最终生产出个性化产品的工业化定制模式。

D

daily active user（DAU）日活跃用户数量：用于反映网站、互联网应用或网络游戏的运营情况。日活跃用户数量通常统计一日（统计日）之内，登录或使用了某个产品的用户数（去除重复登录的用户）。

data cleaning 数据清洗：指发现并纠正数据文件中可识别的错误的最后一道程序，包括检查数据一致性，处理无效值和缺失值等

digital assets 数字资产：指企业拥有或控制的、以电子数据的形式存在的、在日常活动中持有以备出售或处在生产过程中的非货币性资产。

digital economy 数字化经济：指在计算机和现代通信技术的基础上，人类社会在信息化和网络化环境中的经济形式。数字化经济包括电子商务和电子政务。

digital twin 数字孪生：充分利用物理模型、传感器更新、运行历史等数据，集成多学科、多物理量、多尺度、多概率的仿真过程，在虚拟空间中完成映射，从而反映相对应的实体装备的全生命周期过程。数字孪生是一种超越现实的概念，可以被视为一个或多个重要的、彼此依赖的装备系统的数字映射系统。

dirty read 脏数据：指源系统中的数据不在给定的范围内或对于实际业务毫无意义，或数据格式非法，以及在源系统中存在不规范的编码和含糊的业务逻辑。

domain name 域名：互联网络上识别和定位计算机的层次结构式的字符标识，与该计算机的互联网协议（IP）地址相对应。

Double 11 Shopping Carnival 双 11 购物狂欢节：双 11 是指每年 11 月 11 日的网络促销日，源于淘宝商城（天猫）2009 年 11 月 11 日举办的网络促销活动。

E

e-commerce advertisement 电商平台网络广告：电子商务平台是国内企业开展网上销售的主要渠道之一，淘宝、天猫、京东商城、拼多多、苏宁等电商平台对国内企业开展网上销

售发挥了非常重要的作用，在电商平台进行付费推广（广告）也就成为企业扩大站内信息可见度从而获得顾客的重要手段。

electronic commerce 电子商务：利用计算机技术、网络技术和远程通信技术，实现整个商务（买卖）过程中的电子化、数字化和网络化。

e-mail advertising 电子邮件广告：指通过互联网将广告发到用户电子邮箱的网络广告形式，它针对性强，传播面广，信息量大，其形式类似于直邮广告。

emotion marketing 情感营销：从消费者的情感需要出发，唤起和激起消费者的情感需求，诱导消费者心灵上的共鸣，寓情感于营销之中，让有情的营销赢得无情的竞争。

event marketing 事件营销：指企业通过策划、组织和利用具有名人效应、新闻价值以及社会影响的人物或事件，引起媒体、社会团体和消费者的兴趣与关注，以求提高企业或产品的知名度、美誉度，树立良好品牌形象，并最终促成产品或服务的销售目的的手段和方式。

experience economy 体验经济：从生活与情境出发，塑造感官体验及思维认同，以此抓住顾客的注意力，改变消费行为，并为商品找到新的生存价值与空间。

extensible markup language（XML）可扩展标记语言：标准通用标记语言的子集，可以用来标记数据、定义数据类型，是一种允许用户对自己的标记语言进行定义的源语言。

F

fan economy 粉丝经济：泛指架构在粉丝和被关注者关系之上的经营性创收行为，被关注者多为明星、偶像和行业名人等。

fifth-generation（5G）第五代移动通信技术：5G是一个真正意义上的融合网络。以融合和统一的标准，提供人与人、人与物以及物与物之间高速、安全和自由的联通。

fission marketing 裂变营销：裂变营销以传统的终端促销的加强为基础，整合了关系营销，数据库营销和会务营销等新型营销方式的方法和理念。这种裂变模式其实指的是终端市场的裂变，其核心内容是不急于发展市场，而是精耕细作，全力以赴进行单点突破。

flash mob 快闪：快闪是互联网时代流行的一种嬉皮行为，可视为一种短暂的行为艺术。简单地说就是许多人用网络或其他方式，在一个指定的地点，在明确指定的时间，出人意料地同时做一系列指定的歌舞或其他行为，然后迅速离开。

flow pool 流量池：指流量的蓄积的容器，主要是为了防止有效流量流走而设置的数据库。

flow rate 流量：最初是一个物理概念，指的是水在管子里流动和汽车在高速路上流动的一个量。数字营销领域中的流量，指在进行内容消费和内容互动时候的数据交换量。流量越大，代表用户点击和访问越多，同时也意味着用户注意力被转聚集。流量越大，则商业广告的潜在价值越大。

focus advertisement 焦点图广告：一般指在产品的销售点（卖场）、销售点附近，合理运用产品包装广告、灯箱路牌橱窗广告、产品展览会摊点摆放等多种广告组合，以实现吸引大众的注意、吸引潜在消费者进店消费扩大产品销量、树立品牌形象的目的。

full screen ads 全屏广告：在用户打开浏览页面时以全屏方式出现3秒至5秒，可以是静态的页面，也可以是动态的Flash效果，然后逐渐缩成BANNER尺寸的网络广告形式。

G

generation z Z 世代：意指在 1995—2009 年间出生的人，又称网络世代、互联网世代。他们一出生就与网络信息时代无缝对接，受数字信息技术、即时通信设备、智能手机产品等影响比较大。

gross merchandise volume（GMV） 商品交易总额：网络购物和电子商务中的一种概念，指的是网站的成交金额，用来表示用户拍下后最终未支付的订单金额（包括拍下后放入购物车未支付的订单、取消的订单、拒收商品的订单和退货的订单）和拍下后已支付的订单金额之和。

group purchase 团购：团体购买和集体采购的简称，指单次或累计购货量大、所购产品或服务直接用于自身消费、赌送，或作为继续加工的原料等购买行为。团购产品的销售方主要以追求业务量的稳定、维持持续商务关系或凝聚人气为目的，团购产品的购买方主要以获取质优价廉的产品为目的。

H

hive 数据仓库工具：基于 Hadoop 的一个数据仓库工具，用来进行数据提取、转化、加载，这是一种可以存储、查询和分析存储在 Hadoop 中的大规模数据的机制。

hyperlink 超级链接：简单来讲，就是指按内容链接。超级链接在本质上属于一个网页的一部分，它是一种允许我们同其他网页或站点之间进行连接的元素。

I

internet advertising bureau（IAB）美国互动广告局：一个在互联网上扶持广告业的组织。其成员主要是在互联网上从事于销售、测量、监控或者产品广告的公司。IAB 在环球网页上推行了一种标准尺寸大小的标语广告。

industrialization 产业化：指某种产业在市场经济条件下，以行业需求为导向，以实现效益为目标，依靠专业服务和质量管理形成的系列化和品牌化的经营方式和组织形式。

information explosion 信息爆炸：指媒介发达带来的社会信息绝对量的增加，它主要体现为人类拥有的信息量以指数函数的速度急剧增加，倍增的时间周期越来越短的现象。

information flow 信息流：人们采用各种方式来实现信息交流，从面对面的直接交谈直到采用各种现代化的传递媒介，包括信息的收集、传递、处理、储存、检索、分析等渠道和过程。

in-feed ads 信息流广告：一种融入媒介平台流动信息中的原生广告形式，它通过将自身装扮成与媒介平台信息环境接近的形态，自然地穿插在媒介内容流中进行展示，将广告作为类似媒介信息的"内容"融入用户的视野中。

instant experience 即时体验：一种全屏幕点击体验，可以在移动设备上形象生动地呈现品牌、商品或服务。在即时体验中，用户可以观看极具吸引力的视频和照片、滑动浏览轮播图片、填写表单、快速查看商品，还可以探索被标记商品的生活类图片。即时体验支持几乎所有 Meta 广告格式，包括轮播广告、单图片广告、视频广告、幻灯片广告和精品栏广告。

instant messaging（IM） 即时信息：指可以在线实时交流的工具，也就是通常所说的在线聊天工具。

intellectual property（IP）知识产权：人类用智慧创造出来的无形的财产，主要涉及著作权、专利、商标等领域。音乐和文学等形式的艺术作品，以及一些发现、发明、词语、词组、符号、设计都能被当作知识财产而受到保护。

interactive marketing 互动营销：在互动营销中，互动的双方一方是消费者，一方是企业。只有抓住共同利益点，找到巧妙的沟通时机和方法，才能将双方紧密结合起来。互动营销尤其强调，双方都采取一种共同的行为，达到互助推广、营销的效果。

internet marketing 网络营销：以互联网为核心平台，以网络用户为中心，以市场需求和认知为导向，利用各种网络应用手段去实现企业营销目的的一系列行为。

internet of things（IOT）物联网：指通过各种信息传感器、射频识别技术、全球定位系统、红外感应器、激光扫描器等各种装置与技术，实时采集任何需要监控、连接、互动的物体或过程，采集其声、光、热、电、力学、化学、生物、位置等各种需要的信息，通过各类可能的网络接入，实现物与物、物与人的泛在连接，实现对物品和过程的智能化感知、识别和管理。

interpersonal communication 人际传播：个人与个人之间的信息交流，也是由两个个体系统相互连接组成新的信息传播系统。

involvement 卷入度：卷入即吸引进去，卷入度是吸引进去的程度。卷入可以理解为对某个活动、某个事物、某个产品与自己的关系或重要性的主观体验状态。

K

key opinion leader（KOL）关键意见领袖：指拥有更多、更准确的产品信息，且为相关群体所接受或信任，并对该群体的购买行为有较大影响力的人。与意见领袖不同的是，网络时代的关键意见领袖通常是某行业或领域内的权威人士，在信息传播中，他们不依赖其自身活跃度，也容易被承认和识别出来。

knowledge payment 知识付费：主要指知识的接收者为所阅览知识付出资金的现象。知识付费让知识的获得者间接为向知识的传播者与筛选者给予报酬，而不是让参与知识传播链条的人通过流量或广告等其他方式获得收益。

L

link popularity 链接广度：1998年前后，以google为代表的搜索引擎制定了新的搜索排名算法，不仅关注网站内部的要素，也将一个网站被其他网站链接的数量作为一项主要的排名因素。其逻辑在于，网站一般倾向于链接高质量的网站，因此链接一个网站就相当于为该网站投了一票。

live streaming ecommerce 直播带货：指明星、网红、互联网营销师等通过视频直播等途径对商品进行推销。

live 直播：在现场随着事件的发生、发展进程同步制作和发布信息，具有双向流通过程的信息网络发布方式。其形式也可分为现场直播、演播室访谈式直播、文字图片直播、视音频直播或由电视（第三方）提供信源的直播，而且具备海量存储、查询便捷的功能。

M

machine generated content 机器生产内容：就是运用人工智能技术，由机器生产的内容。

marginal cost 边际成本：在经济学和金融学中，边际成本指的是每一单位新增生产的产品（或者购买的产品）带来的总成本的增量。这个概念表明每一单位的产品的成本与总产品量有关。

market demand 市场需求：一个在确定的区域、时间、市场环境中，在一项明确的营销方案实施后，一个顾客群体的估计总购买量。

market penetration rate 品牌渗透率：也称市场渗透率，指的是在被调查的对象（总样本）中，一个品牌（或者品类，或者子品牌）的产品的使用（拥有）者的比例。

market research 市场调查：用科学的方法，有目的、系统地搜集、记录、整理和分析市场情况，了解市场的现状及其发展趋势，为企业的决策者制定政策、进行市场预测、做出经营决策、制定计划提供客观、正确的依据。

market response 市场反应：企业的产品或服务，对现有的消费者产生的最直接的影响。

market segmentation 市场细分：企业按照某种标准将市场上的顾客划分成若干个顾客群，每一个顾客群构成一个子市场，不同子市场之间，需求存在着明显的差别。

market shares 市场份额：一个企业的销售量（或销售额）在市场同类产品中所占的比重。

marketing tactics 营销策略：企业以顾客需要为出发点，根据经验获得顾客需求量以及购买力的信息、商业界的期望值，有计划地组织各项经营活动，通过相互协调一致的产品策略、价格策略、渠道策略和促销策略，为顾客提供满意的商品和服务而实现企业目标的过程。

marketing 市场营销：创造、传播、交付和交换那些对顾客、客户、合作伙伴和社会有价值的市场供应物的活动、制度和过程。

metaverse 元宇宙：创造一个平行于现实世界的人造虚拟空间，承载用户社交娱乐、创作展示、经济交易等一切活动，因其高沉浸感和完全的同步性，逐步与现实世界融合、互相延伸拓展，最终达成超越虚拟与现实的元宇宙，为人类社会拓宽无限的生活空间。

mixed reality（MR）混合现实技术：是虚拟现实技术的进一步发展，该技术通过在现实场景呈现虚拟场景信息，在现实世界、虚拟世界和用户之间搭起一个交互反馈的信息回路，以增强用户体验的真实感。

multi-channel network 多频道网络：一种多频道网络的产品形态，将 PGC 内容联合起来，在资本的有力支持下，保障内容的持续输出，从而最终实现商业的稳定变现。

N

network medium 网络介质：指网络传输数据的载体。

new media 新媒体：以数字技术为基础，以网络为载体进行信息传播的媒介。

non-fungible token（NFT）非同质化代币：指使用区块链技术，对应特定的作品、艺术品生成的唯一数字凭证，在保护其数字版权的基础上，实现真实可信的数字化发行、购买、收藏和使用。

O

occupationally-generated content（OGC） 职业生产内容：是视频、新闻等网站中，以提供相应内容为职业（职务），如媒体平台的记者、编辑，既有新闻的专业背景，也以写稿为职业领取报酬。

occupationlly enerated video（OGV） 机构生成视频：机构制作的视频，包括电影、电视剧、动画等。

omni-channel marketing 全渠道营销：指品牌方根据不同目标顾客对渠道类型的不同偏好，实行针对性的营销定位，设计与之匹配的产品、价格等营销要素组合，并通过各渠道间的协同营销为顾客提供一体化的无缝购物体验。

online to offline O2O：即在线离线/线上到线下，指将线下的商务机会与互联网结合，让互联网成为线下交易的平台。

operating activities 活动运营：指活动公司针对不同活动、不同性质的活动进行运营，包含活动策划、活动实施以及嫁接相关产业打造产业链。

operating cost 运营成本：也称经营成本，指企业所销售商品或者提供劳务的成本。

operating model 运营模式：指对企业经营过程的计划、组织、实施和控制，是与产品生产和服务创造密切相关的各项管理工作的总称。

opinion leader 意见领袖：在非正式的、与产品有关的传播中对一个特定的产品或品类提供意见或信息的人。

P

pain point 痛点：通常指用户对产品及服务不满意的情况，这种不满意表现出来就是一种"痛"。消费者在产品对比的过程中形成心理落差，企业通过这种心理落差让消费者产生一种不买自己的产品就会感觉到后悔或者不满，即"痛点"。

pareto principle 帕累托法则：社会上20%的人占有80%的社会财富，即财富在人口中的分配是不平衡的。

perceptual marketing 感性营销：指企业的营销活动情感化，将"情感"这根主线贯穿于其营销活动的全过程。其主要有两方面的含义：一是要研制开发出富有人情味的产品（或服务）；二是要采用充满人情味的促销手段。

performance ratio 性价比：性价比=性能/价格，反映了单位付出所购得的商品性能，是用来权衡商品在客观的可买性上所做的量化。

persona 用户画像：根据用户的属性、偏好、生活习惯等信息抽象出来的标签化用户模型。

personify 人格化：指童话语言等文艺作品中常用的一种创作手段，对动物植物以及非生物赋予人的特征，使它们具有人的思想感情和行为。

pop-under 弹出广告：弹出广告由于对用户正常浏览信息和使用网络服务产生影响而导致用户的拒绝心理，但从效果来看，弹出的广告的点击率却是最高的，Pop-Under（弹出式广告）不影响用户正常浏览网页，只是在用户关掉网页后发现该广告，所以效果要比Pop-Up（弹出式）更好。

portal 门户网站：是指通向某类综合性互联网信息资源并提供有关信息服务的应用系统。

positioning 定位：设计公司产品和形象，以在目标消费者头脑中占据一个独特位置。

potential consumer 潜在消费者：当前尚未购买或使用某种商品，但在将来的某一时间有可能转变为现实消费者的人。

preceived quality 品牌认知：一个成功的品牌，首先应该具备比较高的知名度；然后是受众对该品牌的内涵、个性等有较充分的了解，并且这种了解带来的情感共鸣是积极的、正面的；最后，在使用了产品、认可了产品价值后，还会再次重复购买，成为忠诚的消费者。

precision marketing 精准营销：在精准定位的基础上，依托现代信息技术手段建立个性化的顾客沟通服务体系，实现企业可度量的低成本扩张之路，是有态度的数字营销理念中的核心观点之一。

private sphere 私域：指品牌拥有可重复、低成本甚至免费触达用户的场域。私域业态是线上线下一体化的品牌自主经营阵地，也是品牌自主发展、全面掌握客户关系、线上线下联动的一个新业态。

product attribute 产品属性：产品本身所固有的性质，是产品在不同领域差异性（不同于其他产品的性质）的集合。

product experience 产品体验：用户在使用产品过程中建立起来的一种纯主观感受，也称用户体验。

product marketing 产品营销：把产品带向市场的过程。这个过程包括了产品的定位和消息传递，推广产品，让销售人员和客户了解产品，旨在推动产品的需求和使用。

product placement marketing 植入式营销：将产品或品牌及其代表性的视觉符号甚至服务内容策略性融入电影、电视剧或电视节目各种内容之中，通过场景的再现，让观众在不知不觉中留下对产品及品牌印象，继而达到营销产品的目的。

product sales 产品销售：指产成品、代制品、代修品、自制半成品等产品和工业性作业的销售。

product strategy 产品战略：指企业对其所生产与经营的产品进行的全局性谋划。

product 产品：可以提供给市场以满足各种需求的任何商品，包括实体产品、服务、经历、事件、人员、地点、属性、组织、信息和思想。

professional generated content（PGC） 专业生产内容：指专业生产内容。经由传统广电业者按照几乎与电视节目无异的方式进行制作，但在内容的传播层面却必须按照互联网的传播特性进行调整。

professional user generated content（PUGC） 专业用户生产内容：即专业用户生产内容或专家生产内容。它是以 UGC 形式产出的相对接近 PGC 的专业音频内容，兼具 UGC 的个性化特征和 PGC 的精良制作。

professional user generated video（PUGV） 专业用户生成视频：PUGV 介于 OGV（机构制作的视频）和 UGV（普通用户制作的视频）之间，指视频创作者在自己的专业领域，发布的一系列精心制作和剪辑的视频。

promotion 促销：企业利用各种有效的方法和手段，使消费者了解和注意企业的产品、激发消费者的购买欲望，并促使其实现最终的购买行为。

public crisis 公关危机：即公共关系危机，是公共关系学的一个较新的术语。它是指影响组织生产经营活动的正常进行，对组织的生存、发展构成威胁，从而使组织形象遭受损失的某些突发事件。

public domain 公共版权：一部文学或艺术作品，只要著作权权利保护期终止，就算进入了公有领域。

public relations in crisis 危机公关：是指由于企业的管理不善、同行竞争甚至遭遇恶意破坏或者外界特殊事件的影响而给企业或品牌带来危机，企业针对危机所采取的一系列自救行动，包括消除影响、恢复形象等行为。

public relations 公共关系：指组织机构与公众环境之间的沟通与传播关系。

publicity 宣传：以非付费报道的形式在印刷媒体和广播媒体上推广某事。

put a spin on something 造势：多指政府、企业、个人为了提高知名度、销量等目的而采取一些措施，从而达到吸引群众、消费者关注等目的。

R

recommendation algorithm 推荐算法：计算机专业中的一种算法，是利用用户的一些行为，通过一些数学算法，推测出用户可能喜欢的东西。

rectangular advertisement 矩形广告：也被称为"画中画"广告，通常被嵌入新闻或者专题报道等文章内页，四周为文字环绕，访客在阅读文字时通常会关注相关广告。

relationship marketing 关系营销：把营销活动看成一个企业与消费者、供应商、分销商、竞争者、政府机构及其他公众发生互动作用的过程，其核心是建立和发展与这些公众的良好关系。

retailing 零售：将商品或服务直接卖给最终消费者个人使用，而非转卖他人。

return on investment（ROI） 投资回报率：指企业从一项投资性商业活动的投资中得到的经济回报，是衡量一个企业盈利状况所使用的比率，也是衡量一个企业经营效果和效率的一项综合性的指标。公式：投资回报率（ROI）=（税前年利润/投资总额）×100%。

rich media 富媒体：并不是一种具体的互联网媒体形式，而是指具有动画、声音、视频和/或交互性的信息传播方法，包含下列常见的形式之一或者几种的组合：流媒体、声音、Flash以及Java、Javascript、DHTML等程序设计语言。富媒体可应用于各种网络服务中，如网站设计、电子邮件、BANNER、BUTTON、弹出式广告、插播式广告等。

risk assessment 风险评估：量化测评某一事件或事物带来的影响或损失的可能程度。

risk investment 风险投资：指具备资金实力的投资家对具有专门技术并具备良好市场发展前景，但缺乏启动资金的创业家进行资助，帮助其圆创业梦，并承担创业阶段投资失败的风险的投资。

risk management 风险管理：指如何在项目或者企业一个肯定有风险的环境里把风险可能造成的不良影响减至最低的管理过程。风险管理对现代企业而言十分重要。

S

satisfaction 满意度：一个人通过对一个产品的可感知的效果或结果，与他或她的期望值相比较后所形成的愉悦或失望的感觉状态。

scene marketing 场景营销：基于网民的上网行为始终处在输入场景、搜索场景和浏览场景这三大场景之一的一种新营销理念。浏览器和搜索引擎则广泛服务于资料搜集、信息获取和网络娱乐、网购等大部分网民网络行为。

search advertisement in address bar 地址栏搜索广告：地址栏搜索广告是指广告客户将自己的公司名、产品名注册为网络实名，用户输入这些实名时就可以直达相关网站，从而实现营销。属于第三代的中文上网方式，用户无须记忆复杂的域名，直接在浏览器地址栏中输入中文名字，就能直达企业网站或者找到企业、产品信息，为企业带来更多的商业机会。

search engine 搜索引擎：根据用户需求与一定算法，运用特定策略从互联网检索出指定信息反馈给用户的一门检索技术。搜索引擎依托于多种技术，如网络爬虫技术、检索排序技术、网页处理技术、大数据处理技术、自然语言处理技术等，为信息检索用户提供快速、高相关性的信息服务。

search engine advertising（SEA） 搜索引擎广告：指广告主根据自己的产品或服务的内容、特点等，确定相关的关键词，撰写广告内容并自主定价投放的广告。

search engine optimization（SEO） 搜索引擎优化：指利用搜索引擎的规则提高网站在有关搜索引擎内的自然排名。

segmentation targeting positioning（STA） 市场目标定位：市场细分的概念是美国营销学家温德尔·史密斯在1956年最早提出的，此后，美国营销学家菲利浦·科特勒进一步发展和完善形成了成熟的STP理论（市场细分（Segmentation）目标市场选择（Targeting）和市场定位（Positioning），它是战略营销的核心内容。

semi-structured data 半结构化数据：和普通纯文本相比，半结构化数据具有一定的结构性，OEM（Object exchange Model）是一种典型的半结构化数据模型。

six degrees of separation 六度分割理论：你和任何一个陌生人之间所间隔的人不会超过六个，也就是说，最多通过六个中间人你就能够认识任何一个陌生人。

skyscraper ad 摩天楼竖幅广告：一般出现在右侧，垂直位置的广告，宽度有限，但高度很高。

small-town and rural markets 下沉市场：指的是三线以下城市、县镇与农村地区的市场，范围大而分散，且服务成本更高是这个市场的基本特征。

snail mail 平邮：平邮是邮政中一项寄送信与包裹业务的总称，包括普通的寄信。平邮是所有邮政递送业务中速度最慢的业务。

social customer relationship management（SCRM） 社会化客户关系管理：通过社交媒体与客户建立紧密联系，在社交媒体中与客户互动，并通过社交媒体中提供更快速和周到的个性化服务来吸引和保持更多的客户。

social fission 社交裂变：一种利益驱动的商业模式或营销模式，通过人与人之间的社交促进产品的传播与销售，通俗一点来说就是一传十，十传百。

social marketing 社交营销：一种基于社交关系的营销模式，参与程度高、互动性强、主题特定、具有心理归属感的网络社交便于企业向用户传达品牌信息，尤其是通过用户间口碑传播的力量更使品牌传播效果迅速增长。

social media advertisement 社会化媒体广告：社会化广告是一种融合了消费者同意展示及被分享的用户交互广告，在广告内容中有发布人的图像或用户名，使得用户可以与广告发布者产生交互。

social mobile 移动社交：是指用户以手机、平板等移动终端为载体，以在线识别用户及交换信息技术为基础，按照流量计费，通过移动网络来实现的社交应用功能，移动社交不包括打电话、发短信等通信业务。

social network service 社会化网络：致力以网络沟通人与人，倡导通过网络拓展人际关系圈，让用户尽情享受社交和沟通的乐趣。

social value 社会价值：市场价值、个别价值的对称，是由社会必要劳动时间决定的商品价值。

stakeholder theory 利益相关者理论：是指企业的经营管理者为综合平衡各个利益相关者的利益要求而进行的管理活动。

stock keeping unit 最小存货单位：即库存进出计量的基本单元，可以以件、盒、托盘等为单位。

structured query language 结构化查询语言：指一种特殊目的的编程语言，是一种数据库查询和程序设计语言，用于存取数据以及查询、更新和管理关系数据库系统。

supply chain 供应链：指生产及流通过程中，涉及将产品或服务提供给最终用户活动的上游与下游企业所形成的网链结构，即将产品从商家送到消费者手中整个链条。

T

target customer 目标客户：指企业提供产品和服务的对象

text link ads 文字链接广告：以一排文字作为一个广告，点击可以进入相应的广告页面。这是一种对浏览者干扰最少却较为有效果的网络广告形式。

the internet of things 物联网：把所有物品通过射频识别等信息传感设备与互联网连接起来，实现智能化识别和管理。物联网通过智能感知、识别技术与普适计算、泛在网络的融合应用，被称为继计算机、互联网之后世界信息产业发展的第三次浪潮。

the long tail effect 长尾效应：指那些原来不受到重视的销量小但种类多的产品或服务由于总量巨大，累积起来的总收益超过主流产品的现象。

the marketing theory of 4Cs 4C 营销理论：美国学者罗伯特·劳特朋教授提出了与传统营销的 4P 相对应的 4Cs 营销理论。具体表现为产品（Production）向顾客（Consumer）转变，价格（Price）向成本（Cost）转变，分销渠道（Place）向方便（Convenience）转变，促销（Promotion）向沟通（Communication）转变。

the marketing theory of 4Ps 4P 营销理论：是指市场需求或多或少地在某种程度上受到所谓"营销变量"或"营销要素"的影响。产品（Product）、价格（Price）、渠道（Place）、促销（Promotion），即著名的 4Ps。

theme marketing 主题营销：通过有意识地发掘、利用或创造某种特定主题来实现企业经营目标的一种营销方式。

token 代币：一种形状及尺寸类似货币，但限制使用范围、不具通货效力的物品。代币通常需要以金钱换取，用在商店、游乐场、大众运输工具等地方作为凭证以使用服务、换取物品等。代币的材质以金属或塑胶为主。

two-hop rate 二跳率：二跳量与到达量的比值称为广告的二跳率，该值初步反映广告带来的流量是否有效，同时也能反映出广告页面的哪些内容是购买者所感兴趣的，进而根据购买者的访问行径，来优化广告页面，提高转化率和线上交易额，大大提升了网络广告投放的精准度，并为下一次的广告投放提供指导。

U

uniform resource location（URL） 统一资源定位符：因特网上标准的资源的地址。它最初是由蒂姆·伯纳斯·李发明用来作为万维网的地址的。后来被万维网联盟编制为因特网标准 RFC1738 了。

unique vIsitor 唯一身份访问者：独立访客数记录标准一般为"一天"，即一天内如果某访客从同一个 IP 地址来访问某网站 n 次的话，访问次数计作 n，独立访客数则计作 1。

unstructured data 非结构化数据：指数据结构不规则或不完整，没有预定义的数据模型，不方便用数据库二维逻辑表来表现的数据。

user generated content（UGC） 用户生成内容：UGC 的概念最早起源于互联网领域，即用户将自己原创的内容通过互联网平台进行展示或者提供给其他用户。UGC 是伴随着以提倡个性化为主要特点的 Web2.0 概念而兴起的，也可叫作 UCC（User-created Content）。它并不是某一种具体的业务，而是一种用户使用互联网的新方式，即由原来的以下载为主变成下载和上传并重。

user operation 用户运营：指以用户为中心，遵循用户的需求设置运营活动与规则，制定运营战略与运营目标，严格控制实施过程与结果，以达到预期所设置的运营目标与任务。

user retention rate 用户留存率：指在某一统计时段内的新增用户数中再经过一段时间后仍启动该应用的用户比例。

V

vertical field 垂直领域：互联网行业术语，指的是为限定群体提供特定服务，包括娱乐、医疗、环保、教育、体育等产业。

viral marketing 病毒营销：利用网络创造口碑效应以支持营销活动和目标。

virtual community 虚拟社群：又称电子社群或电脑社群，是互联网用户交互后产生的一种社会群体，由各式各样的网络社群所构成。Rheingold 在其著作中指出虚拟社群系源自电脑中，介传播所建构而成的虚拟空间，是一种社会集合体，它的发生来自虚拟空间上有足够的人、足够的情感、与人际关系在网络上长期发展。

virtual hosting 虚拟主机：一种在单一主机或主机群上，实现多网域服务的方法，可以运行多个网站或服务的技术。

virtual reality（VR）虚拟现实：称虚拟实境或灵境技术，其基本实现方式是以计算机技术为主，利用并综合三维图形技术、多媒体技术、仿真技术、显示技术、伺服技术等多种高科技的最新发展成果，借助计算机等设备产生一个逼真的三维视觉、触觉、嗅觉等多种感官体验的虚拟世界，从而使处于虚拟世界中的人产生一种身临其境的感觉。

virtual streamer 虚拟主播：指使用虚拟形象在视频网站上进行投稿活动的主播。

visual identity 企业视觉识别：指企业所独有的一整套识别标志，它是企业理念的外在的、形象化的表现，理念特征是视觉特征的精神内涵。

visualization 可视化：利用计算机图形学和图像处理技术，将数据转换成图形或图像在屏幕上显示出来，再进行交互处理的理论、方法和技术。

W

we media 自媒体：在互联网空间，私人化、平民化、普泛化、自主化的传播者，以现代化、电子化的手段，向不特定的大多数或者特定的单人传递规范性及非规范性信息的新媒体的总称。

web 2.0：由用户主导而生成的内容互联网产品模式，相对于由专业人员主导的内容生产（web 1.0，2003 年以前的互联网模式），是所有用户参与织网的创新民主化进程。

web crawler 网络爬虫：指一种按照一定的规则，自动地抓取万维网信息的程序或者脚本。

weight 权重：一个网站的重要性指标概念。以"微博权重"为例，微博权重指的是微博官方对微博号的评分，主要体现在搜索和评论时的排序，权重越高，排序越靠前，因此权重也会影响到微博号的流量数据。

window advertisement 视窗广告：互联网信息服务提供者通过互联网网站或网页上以网络视窗为平台播出的视频广告。

参考文献

[1] 居斯塔夫·勒庞. 乌合之众[M]. 杭州：浙江文艺出版社，2015.

[2] 让·波德里亚，思维社会[M]. 南京：南京大学出版社，2001.

[3] 埃里克·莱斯. 精益创业[M]. 北京：中信出版社，2012.

[4] 迈克尔·波特. 竞争战略[M]. 北京：中信出版社，2014.

[5] 纳西姆·尼古拉斯·塔勒布. 反脆弱[M]. 北京：中信出版社，2014.

[6] 斯蒂芬森. 雪崩[M]. 成都：四川科学技术出版社，2009.

[7] 唐·E. 舒尔茨，菲利普 J. 凯奇. 全球整合营销传播[M]. 北京：机械工业出版社，2012.

[8] 尤瓦尔·赫拉利. 人类简史[M]. 北京：中信出版社，2014.

[9] DUTKA SOLOMON，COLLEY RUSSELL. Defining Advertising Goals for Measured Advertising Results[M]. Lincolnwood: NTC Contemporary Pub，1995.

[10] Meltwater 融文. 2019—2020 中国社媒 App 企业白皮书[R/OL]. 2020-12[2022-05-17]. http://www. chuangze. cn/attached/file/20201210/20201210171785308530. pdf.

[11] Mob 研究院. 2020 中国短视频行业洞察报告[R/OL]. 2020-10[2022-05-17]. https://www. ssreport.cn/report/pages/download?uuid=059ae135525a47d4a963d8d0cae4bf16&fileType=pdf&sid=242986&token=93036b384c314c2fd5a7a840ed629a82.

[12] Quest Mobile. 2020 微信小程序生态洞察报告[R/OL]. 2021-11-03[2022-05-17]. https://www.ssreport.cn/report/pages/download?uuid=400e94b79c7f4fb59b85220a180488aa&fileType=pdf&sid=242986&token=fa5a4809b9b291d5542ce26dc6a6a1b1.

[13] SHANNON CLAUDE ELWOOD. The mathematical theory of communication [M]. Urbana: University of Illinois Press，1949.

[14] 阿里研究院. 2020 中国淘宝村研究报告[R/OL]. 2020-09[2022-05-17]. https://i.aliresearch.com/img/20201019/ 20201019163537. pdf.

[15] 艾瑞咨询. 2019 年中国车载音频营销价值研究报告[R/OL]. 2019-07[2022-05-17]. https://www.ssreport.cn/report/pages/download?uuid=915b524edd9e485b8441d9fb752cd528&fileType=pdf&sid=242986&token=b53b2f0f0bcbdcd4b333d1265acb26ae.

[16] 艾瑞咨询. 计算机——云原生下的智能营销研究报告[R/OL]. 2021-12[2022-05-17]. https://pdf.dfcfw.com/pdf/ H3_AP202201131540164128_1.pdf?1642089420000.pdf.

[17] 爱分析. 2022 爱分析人工智能应用实践报告[R/OL]. 2022-02[2022-05-17]. https://www.ssreport.cn/report/pages/download?uuid=b67de5c83b0e4fc4a637a90216f9c1b9&fileType=pdf&sid=242986&token=82c49300b408f20ab8ebc34d48b5c72a.

[18] 毕马威，阿里研究院. 迈向万亿市场的直播电商[R/OL]. 2020-10-12[2022-05-17]. https://assets.kpmg/content/dam/kpmg/cn/pdf/zh/2020/10/live-streaming-e-commerce-towards-trillion-market.pdf.

[19] 陈德人. 网络营销与策划：理论、案例与实训（微课版）[M]. 北京：人民邮电出版社，2019.

[20] 陈东军，谢红彬，孙耕. 知识付费服务的运营逻辑——以得到 App 为例[J]. 商业经济，2018（1）：53-54+101.

[21] 陈贵. 消费 4.0 时代重构"人、货、场"三大核心要素[J]. 发现，2020（2）：94-95.

[22] 陈菡，张佳林，罗冬秀. 拼多多的崛起路径与创新机理[J]. 财会月刊：财富文摘，2021（1）：155-160.

[23] 陈晓潇，刘文华. 拼多多电商平台的网络营销策略分析[J]. 今日财富，2021（1）：81-82.

[24] 邓行. 从 4I 理论看网络的传播营销策略[J]. 传播与版权，2020（6）：135-136+142.

[25] 丁依文. 国内外品牌整合传播策略研究之文献综述[J]. 广西质量监督导报，2019（10）：201-201.

[26] 丁毓. 拼多多——弯道超车的社交电商[J]. 上海信息化，2018（3）：72-74.

[27] 抖音，巨量算数. 2021 抖音电商生态发展报告：新生意、新选择[R/OL]. 2021-04 [2022-05-17]. https://www.ssreport.cn/report/pages/download?uuid=d77ac677b60744b3a0cfb 6bd9c684158&fileType=pdf&sid=242986&token=42289a5762e1356ae1d46ca15883b264.

[28] 方正证券. 2021 哔哩哔哩专题研究报告:从"人货场"看 B 站社区生态的养成[R/OL]. 2021-02-22[2022-05-17]. https://www.ssreport.cn/report/pages/download?uuid=45017c3deb 114d19b7a2c8557d21560d&fileType=pdf&sid=242986&token=5a87ef0b24c46d6dfa251398 d0470987.

[29] 菲利普·科特勒，凯文·莱恩·凯勒. 营销管理[M]. 15 版. 何佳讯，于洪彦，牛永革，等，译. 上海：上海人民出版社，2016.

[30] 冯英健. 网络营销基础与实践[M]. 5 版. 北京：清华大学出版社，2016.

[31] 葛梦麒. 喜马拉雅 FM 付费音频内容研究[D]: 呼和浩特：内蒙古师范大学，2020.

[32] 工业和信息化部，教育部. 关于组织开展"5G+智慧教育"应用试点项目申报工作的通知[EB/OL]. 2021-09-22[2022-05-17]. https://www.miit.gov.cn/zwgk/zcwj/wjfb/tz/art/2021/art_ 9962509f1e1f47c3a7675a7e473d5522. Html.

[33] 工业和信息化部，中央网络安全和信息化委员会办公室，国家发展和改革委员会，教育部，财政部，住房和城乡建设部，文化和旅游部，国家卫生健康委员会，国务院国有资产监督管理委员会，国家能源局. 5G 应用"扬帆"行动计划（2021—2023 年）[EB/OL]. 2021-07-12[2022-05-17]. https://www. gov. cn/xinwen/2021/05/01/5604358/files/876a9770dbbc 42 eca60db96c5 c3bd405.pdf.

[34] 工业和信息化部，中央网络安全和信息化委员会办公室，科学技术部，生态环境部，住房和城乡建设部，农业农村部，国家卫生健康委员会，国家能源局. 物联网新型基础设施建设三年行动计划（2021—2023 年）[EB/OL]. 2021-09-29[2022-05-17]. http://www.cac. gov.cn/2021-09/29/c_1634507925423247. htm.

[35] 工业和信息化部. "双千兆"网络协同发展行动计划（2021—2023 年）[EB/OL]. 2021-03-15 [2022-05-17]. https://mp. weixin. qq. com/s/9wQ1aDyXAA2J9bjxOUMq6A.

[36] 工业和信息化部. 工业和信息化部办公厅关于印发"5G+工业互联网"512 工程推进方案的通知[EB/OL]. 2021-05-31[2022-05-17]. https://mp.weixin.qq.com/s/kpqGZ_KzARsTOrrB Hf67QA.

[37] 工业和信息化部. 关于推动 5G 加快发展的通知[EB/OL]. 2020-03-24[2022-05-17]. https:// www.miit.gov.cn/xwdt/gxdt/sjdt/art/2020/art_6e86c2e853144eaba382dbb0ae242f6a.html.

[38] 郭学超，池轶鹏. 抖音视频电商模式及趋势[J]. 天津商务职业学院学报，2021，9（3）：75-80.

[39] 国海证券. 传媒行业深度报告：快手，算法之上的普惠，短视频的长逻辑[R/OL]. 2020-12-22[2022-05-17]. https://www.dydata.io/datastore/download/eyJ0eXAiOiJKV1QiLC JhbGciOiJIUzI1NiJ9.eyJkYXRhSWQiOjIwNDM5NjMwNTkyNDM5Nzg3NTIsImV4cCI6M TY1MjgwMzgyM30. bUSY-wjTx4hV-aEbtjndtMiQVYgWG7StimTicJK1S9k/?file_type=pdf.

[40] 国家发展改革委，国家能源局，中央网信办，工业和信息化部. 能源领域 5G 应用实施方案[EB/OL]. 2021-06-07[2022-05-17]. https://www.gov.cn/zhengce/zhengceku/2021-06/12/5617357/files/dee249852 d5541b59d9c69aaf7b7743b.pdf.

[41] 国元证券. 2022 年新零售行业年度报告：解构"人货场"，掘金新成长[R/OL]. 2021-12-09 [2022-05-17]. https://pdf. dfcfw. com/pdf/H3_AP202112121534174548_1. pdf?1639328541000. pdf.

[42] 海天电商金融研究中心. 一本书玩转互联网品牌营销[M]. 北京：清华大学出版社，2017.

[43] 何晓兵. 网络营销基础与实践[M]. 北京：人民邮电出版社，2017.

[44] 黄河，江凡，王芳菲. 新媒体广告[M]. 北京：中国人民大学出版社，2019.

[45] 黄靖婷. 基于社会化媒体平台的品牌传播[J]. 青年记者，2019（18）：80-81.

[46] 极光. 内容生态搜索趋势研究报告[R/OL]. 2020-12[2022-05-17]. https://pdf.dfcfw.com/pdf/H3_AP202012 311445567241_1. pdf?1609420435000. pdf.

[47] 江礼坤. 网络营销推广实战宝典[M]. 北京：电子工业出版社，2016.

[48] 江晓. 有声阅读平台的运营策略研究——以喜马拉雅 FM 为例[J]. 新闻世界，2021（9）：19-24.

[49] 巨量算数，创业邦. 中国泛知识付费行业报告："求知" 2.0 时代[R/OL]. 2021-12 [2022-05-17]. https://www.ssreport.cn/report/pages/download?uuid=67bb3f082c514eb19919e 31723bf0936&fileType=pdf&sid= 242986&token=bfe0f1d5f4f5385b7ff592813b2b2c70.

[50] 巨量算数. 2020 年抖音用户画像报告[R/OL]. 2021-02[2022-05-17]. https://www.sohu.com/a/423860669_654419. pdf..

[51] 巨量引擎，埃森哲. 2020 年数字营销与商业增长白皮书：万物生长，新思维激发新可能[R/OL]. 2020-12[2022-05-17]. https://pdf.dfcfw.com/pdf/H3_AP202101041446869365_1.pdf?1609779843000. pdf.

[52] 克劳锐. 传统品牌 vs 新消费品牌社交营销差异化分析报告[R/OL]. 2020-12[2022-05-17]. https://www.ssreport.cn/report/pages/download?uuid=536466963d404b3693b4c6d00e5497c6&fileType=pdf&sid=242986&token=0c21f6bbd3569381d6b55a1636c7887f.

[53] 黎万强. 参与感—— 小米口碑营销内部手册[M]. 北京：中信出版社，2014.

[54] 李倩. 小红书协作式内容生产研究[D]. 上海：上海师范大学，2020.

[55] 廖秉宜. 大数据时代移动营销十大趋势[N]. 中国保险报，2015-06-03（005）.

[56] 林华安，张盈，陆焰，等. 新媒体平台运营实战：从入门到精通[M]. 北京：人民邮电出版社，2019.

[57] 刘慧琳，刘莉琼. 知识付费盈利模式问题及对策——以"得到 App"为例[J]. 科技创业月刊，2019，32（8）：37-40.

[58] 刘家楠. 移动广播 App 的知识付费领跑策略——以喜马拉雅 FM 为例[J]. 传媒，2018（12）：55-56.

[59] 刘健，欧阳日辉，文丹枫. 社交电商全运营手册——战略框架+案例解析+实战技巧[M]. 北京：人民邮电出版社，2017.

[60] 龙共火火. 高阶运营——从小编到新媒体操盘手[M]. 北京：人民邮电出版社，2018.

[61] 麦德奇，保罗·布朗. 大数据营销：定位客户[M]. 北京：机械工业出版社，2014.

[62] 倪宁，金韶. 大数据时代的精准广告及其传播策略：基于场域理论视角[J]. 现代传播，2014，36（2）：102.

[63] 倪宁，金韶. 大数据时代的精准广告及其传播策略：基于场域理论视角[J]. 现代传播，2014，36（2）：102.

[64] 裴奔，李若山，李宇培. 拼多多平台社区团购"多多买菜"的 SWOT 分析[J]. 经济研究导刊，2021（24）：35-37.

[65] 平安证券. 电商研究框架：从"多快好省"到"人货场供需一体化"模型[R/OL]. 2021-12-24 [2022-05-17]. http://pdf. dfcfw. com/pdf/H3_AP202112241536461691_1. pdf.

[66] 千聊. 2021 知识付费行业研究报告[R/OL]. 2021-01[2022-05-17]. https://www. ssreport. cn/ report/pages/download?uuid=9bdde8157af14e509550029895a32d74&fileType=pdf&sid=242 986&token=240a2a4d9bce80d030cf86fd25ecb70e.

[67] 乔治·贝尔奇，迈克尔·贝尔奇. 广告与促销：整合营销传播视角[M]. 11 版. 郑苏晖，林薇，陈宇，等，译. 北京：中国人民大学出版社，2019.

[68] 清华大学全球产业研究院. 2020 中国企业数字化转型研究报告[R/OL]. 2020-12 [2022-05-17]. https://www.ssreport.cn/report/pages/download?uuid=b53a4f7bb12149d2b137 628bc6236a82&fileType=pdf&sid=242986&token=f5f485f8525ab9c5ae1674cb4e6c6beb.

[69] 全贞花，谢情. 知识付费产品用户使用行为实证研究：以得到 App 为例[J]. 广告大观：理论版，2017（4）：71-79.

[70] 赛迪. 虚拟现实产业发展研究报告（2020）[R/OL]. 2020-10-19[2022-05-17]. https://docs. qq. com/pdf/DT2pLb09 pTUVzcFNK.

[71] 神策数据. 2020 微信生态运营全景解读白皮书：10 大热门场景、5 大案例剖析[R/OL]. 2020-11[2022-05-17]. https://www.ssreport.cn/report/pages/download?uuid=66c367a013774 fc0af3b1362cdcc6457&fileType=pdf&sid=242986&token=8273bb21256343b701a7c0fe6882 0dfc.

[72] 视灯数据. 2020 视频号发展白皮书[R/OL]. 2021-01[2022-05-17]. https://www. ssreport. cn/report/pages/download?uuid=9e298f7740b144be93be6694da9c1c71&fileType=pdf&sid=2 42986&token=92e95acc52bf53b40d5c33c851a0d317.

[73] 舒扬. 共鸣：内容运营方法论[M]. 北京：机械工业出版社，2017.

[74] 舒咏平，鲍立泉. 新媒体广告[M]. 2 版. 北京：高等教育出版社，2016.

[75] 宋晓晴，唐红梅，苗小刚. 新网络营销：新工具、新思维、新方法[M]. 北京：人民邮电出版社，2017.

[76] 孙开晗. UGC 模式下移动音频产品的生产与传播分析——以喜马拉雅 FM 为例[J]. 视听，2021（9）：180-181.

[77] 谭贤. 新媒体运营从入门到精通[M]. 北京：人民邮电出版社，2017.

[78] 汤姆·邓肯. 广告与整合营销传播原理[M]. 2 版. 北京：机械工业出版社，2006.

[79] 唐·舒尔茨，斯坦利·田纳本，罗伯特·劳特朋. 新整合营销. [M]. 水利水电出版社，2004.

[80] 天风证券. 互联网传媒：Metaverse 元宇宙：游戏系通往虚拟现实的方舟[R/OL]. 2021-05-01[2022-05-17]. https://www.ssreport.cn/report/pages/download?uuid=95064c516c194592bd0bed75e5c3f6f3&fileType=pdf&sid=242986&token=a6c20e4ca219a6e8c522a70ec2a2175c.

[81] 天风证券. 数字媒体行业深度研究-喜马拉雅-深耕"耳朵经济"-场景生态打开用户空间[R/OL]. 2021-12-17[2022-05-17]. https://pdf.dfcfw.com/pdf/H3_AP202112171535146377_1.pdf?1639773176000.pdf.

[82] 头豹研究员. 2021 年中国直播电商平台"618"盘点[R/OL]. 2021-06[2022-05-17]. https://pdf. dfcfw. com/pdf/H3_ AP202107011501085552_1. pdf?1625134961000. pdf.

[83] 头条易. 新引爆点：抖音运营从 0 到 1 实战指南[M]. 北京：台海出版社，2019.

[84] 汪宏升. 基于数字化传播的场景叙事探析[J]. 视听，2021（5）：168-169.

[85] 王春梅，马雪松，闫红博. 网络营销理论与实务[M]. 北京：清华大学出版社，2018.

[86] 王琴琴，杨迪. 人工智能背景下本土化智能营销策略研究[J]. 新闻爱好者(理论版），2019（11）：55-59.

[87] 王赛. 首席增长官：从 CMO 到 CGO[M]. 北京：清华大学出版社，2017.

[88] 微博数据中心. 微博 2020 用户发展报告[R/OL]. 2021-03-12[2022-05-17]. https://data.weibo.com/report/file/view?download_name=4a774760-40fe-5714-498e-865d87a738fe&file-type. Pdf.

[89] 尉凯婉. PDD 营销模式的分析与探究[J]. 广西质量监督导报，2019（11）：241-242.

[90] 吴声. 场景革命=Contextual revolution：重构人与商业的连接[M]. 北京：机械工业出版社，2015.

[91] 鲜军，陈兰英. 网络整合营销：从入门到精通：微课版[M]. 北京：人民邮电出版社，2019.

[92] 小米营销，中国传媒大学广告学院. AIoT 智能生活场景营销研究报告[R/OL]. 2021-02[2022-05-17]. https://www.ssreport.cn/report/pages/download?uuid=3d979674bb2843149a93f468b332fe33&fileType= pdf&sid=242986&token = 4b4dc18c6a0d8836e9704771cd76e60b.

[93] 肖洋. 自媒体平台社群营销的关系链研究[J]. 编辑之友，2018（12）：27-30.

[94] 谢金钿，周建青. 知识付费运营特点及提升路径——以"得到"App 为例[J]. 视听界，2017（5）：76-79.

[95] 谢金钿，周建青. 知识付费运营特点及提升路径——以"得到"App 为例[J]. 视听界，2017（5）：76-79.

[96] 谢克俊. 电商的运营模式——以哔哩哔哩为例[J]. 中小企业管理与科技，2019（9）：124-125.

[97] 新华社. 政府工作报告[EB/OL]. 2022-03-14[2022-05-17]. http://www.locpg.gov.cn/jsdt/2022-03/14/c_1211605758.htm.

[98] 新华社. 中华人民共和国国民经济和社会发展第十四个五年规划和 2035 年远景目标纲要[EB/OL]. 2021-03-13[2022-05-17]. http://www. xinhuanet. com/fortunepro/2021-03/13/c_1127205564_10.Htm.

[99] 徐扬. 微播易：短视频营销进入"AI+"时代[J]. 成功营销，2018（Z1）：54-55.

[100] 叶亚南. 喜马拉雅 FM 有声读物商业模式探析[D]. 上海：上海师范大学，2020.

[101] 尹高洁. 网络营销：从入门到精通[M]. 北京：清华大学出版社，2015.

[102] 有米云. 电商新风口：二类电商+直播带货[R/OL]. 2020-10[2022-05-17]. https://www. ssreport.cn/report/pages/download?uuid=d55cebdb46334824b25c3cf4566a82bf&fileType=pdf&sid=242986&token=8607b15176103813b2a5bc8c31bee73d.

[103] 喻国明. 网络新媒体导论[M]. 北京：人民邮电出版社，2021.

[104] 运营研究社，零一裂变. 2020 私域运营爆款案例手册[R/OL]. 2020-12[2022-05-17]. https://www.ssreport.cn/report/pages/download?uuid=fb5be60ec47e4a779636ebf9602e0157&fileType=pdf&sid=242986&token=0069e63aeea9aa56fd919c353bb13c0c.

[105] 昝辉. 网络营销实战密码：策略、技巧、案例[M]. 北京：电子工业出版社，2013.

[106] 臧丽娜，刘钰莹. 基于 SIVA 理论的品牌传播场景构建[J]. 当代传播，2019（2）：97-100.

[107] 张剑，温进浪. 移动互联时代场景营销的维度分析[J]. 石油实验地质，2020（14）：78-80.

[108] 张珊珊，朱瑾. 内容电商平台中的价值共创机理——基于小红书的案例研究[J]. 现代商业，2021（8）：76-78.

[109] 长江证券. 微信视频号的商业化猜想：流量支持下的广告与电商变现[R/OL]. 2020-12-20[2022-05-17]. https://www.ssreport.cn/report/pages/download?uuid=1d8e3deef13a4a47b6c53906ea2310b7&fileType=pdf&sid=242986&token=1e75ee593cf289c76f330e6da11d0aaa.

[110] 赵丽霞，张篇，陈红玲. 基于"社群经济"的电商发展路径研究——以拼多多为例[J]. 中国商论，2021（8）：31-33.

[111] 郑雨萌. 网络整合营销 4I 理论视角下的广告分析——以迪奥小姐香水广告为例[J]. 视听，2020（4）：229-230.

[112] 中国互联网络信息中心（CNNIC）. 第一次中国互联网络发展状况调查统计报告（1997 年 10 月）[R/OL]. 1997-10[2022-05-17]. http://www.cac.gov.cn/files/pdf/hlwtjbg/hlwlfzzkdctjbg001.Pdf.

[113] 中国互联网络信息中心（CNNIC）. 第 48 次中国互联网络发展状况统计报告[R/OL]. 2021-8[2022-05-17]. https://cit.buct.edu.cn/_upload/article/files/78/6b/7f0d8df1428caae3a7d0a24d5050/b3d5c087-8ab5-463a-a1fe-c7d20c2ef708.Pdf.

[114] 中国互联网协会社交电商工作组，数字 100，创奇. 2020 社交电商消费者购物行为研究报告：传统与创新进入融合时代[R/OL]. 2020-11[2022-05-17]. https://www.ssreport.cn/report/pages/download?uuid=9664afb1f8b041cdaad72593b903b7bd&fileType=pdf&sid=242986&token=a76767721f9edbb059d782b1c33f06fb.

[115] 中国信通院. 大数据白皮书（2021 年）[R/OL]. 2021-12-20[2022-05-17]. http://www.caict.ac.cn/kxyj/qwfb/bps/202112/P020211220495261830486.Pdf.

[116] 周游，张淑燕. 大数据时代广告关系链传播的策略[J]. 青年记者，2017（29）：102-103.

[117] 符国群. 消费者行为学[M]. 2 版. 北京：高等教育出版社，2010.

[118] 澎湃新闻. 中国新消费时代：年轻人成消费主力，消费价值观差异大[EB/OL]. 2022-01-05[2022-08-15]. https://www.thepaper.cn/newsDetail_forward_16136177.

[119] 高之良. 了解新生代消费者[J]. 中国质量万里行，2017（10）：1.

[120] Quest Mobile. 2020 年中 90 后人群洞察报告[EB/OL]. 2020-09-07[2022-08-15]. https://m. thepaper. cn/baijiahao_ 9064993.

[121] 京东研究院. 90 后人群消费白皮书[EB/OL]. 2022-04-04[2022-08-15]. https://www. aisoutu.com/a/2347973.

[122] 腾讯社交洞察. 腾讯 00 后研究报告[EB/OL]. 2021-09-21[2022-08-15]. https://www. sohu. com/a/491153607_ 407401.

[123] 姜旭平. 网络整合营销传播——当代市场营销的发展趋势[J]. 企业导报，2006（10）：4.

[124] Eric|王亮. 网易云课堂分析：如何从职业课堂破局在线教育行业？[EB/OL]. 2018-10-23 [2022-08-15]. https://www.woshipm. com/evaluating/1534204.Html.

[125] 陈蕾. 中国在线教育平台盈利模式探析——以网易云课堂为例[J]. 视听，2018（5）：2.

[126] 刘雨农，刘敏榕. 社会化问答平台的社区网络形态与意见领袖特征——以知乎网为例[J]. 情报资料工作，2017（2）：7.

[127] 黄静. 物联网综述[J]. 北京财贸职业学院学报，2016, 32（6）：6.

[128] 喻国明. 5G 时代的传播发展：拐点，挑战，机遇与使命[J]. 传媒观察，2019（7）：3.

[129] 36 氪 To B 产业报道. 创投观察|当我们在聊"游戏陪玩"时，我们在聊什么？[EB/OL]. 2018-08-03[2022-08-15]. https://36kr. com/p/1722684112897.

[130] 范孝雯. 虚拟主播在直播电商中的应用策略研究[J]. 现代营销，2021, 000(031)：62-63.

[131] 豆瑞星. 传统行业与互联网融合新趋势[J]. 互联网周刊，2011（24）：26-28.

[132] 黄琪. 网络品牌传播策略研究[J]. 中国传媒科技，2010（04）：53-56.

[133] 李付. 自媒体时代下网络营销的发展趋势研究[J]. 现代营销（下旬刊），2019(02)：24.

[134] ABDULLA ARIPOV NIGMATOVICH, DANILOVA ANASTASIYA MIKHAYLOVNA. 企业网络营销中的搜索引擎优化（SEO）策略分析[J]. 科教文汇（下旬刊），2015（10）：188-190.

[135] 何美杉，谭文青，谢若一，等. 品牌形象策划与网络营销策略分析[J]. 商场现代化，2022（02）：54-56.